中国经济与世界经济

转型与挑战

张瑾 张来明 —— 编著

国务院发展研究中心公共管理与人力资源研究所 —— 译

Routledge
Taylor & Francis Group

China and the World Economy: Transition and Challenges, 1st edition
edited by Jin Zhang, Zhang Laiming/9780367886134
©2018 selection and editorial matter, Jin Zhang and Zhang Laiming;
individual chapters, the contributors

All Rights Reserved. Authorized translation from the English language edition published by Routledge, a member of the Taylor & Francis Group.
所有权利保留。本书原版由 Taylor & Francis 出版集团旗下 Routledge 出版公司出版，并经其授权翻译出版。版权所有，侵权必究。

The Commercial Press is authorized to publish and distribute exclusively the Chinese (Simplified Character) language edition. This edition is authorized for sale throughout Mainland of China. No part of the publication may be reproduced or distributed by any means, or stored in a database of retrieval system, without the prior written permission of the publisher.
本书中文简体翻译版授权由商务印书馆独家出版并限在中国大陆地区销售。未经出版者书面许可，不得以任何方式复制或发行本书的任何部分。

Copies of this book sold without a Taylor & Francis sticker on the cover are unauthorized and illegal.
本书封面贴有 Taylor & Francis 公司防伪标签，无标签者不得销售。

致谢

本书的出版得益于许多人的帮助和支持。十分感谢国务院发展研究中心李伟主任对本项目的大力支持,没有他的支持就没有本书。非常感谢剑桥大学发展研究中心的创办主任彼得·诺兰教授在项目期间的不懈支持。感谢本书的撰稿人参与此项目,并在编辑和准备出版过程中保持耐心。感谢来自国务院发展研究中心的李建伟博士、吴振宇博士、程国强博士、蒋希衡、肖庆文、郭伟、冯巍和周雨,他们高效的协调工作帮助此项目顺利进行。感谢剑桥大学发展研究中心的张燕博士、刘运翔和徐静,感谢他们帮助校对部分章节的英文翻译和文稿的格式。感谢劳特利奇出版社的编辑彼得·索登(Peter Sowden)在文稿准备和本书出版过程中给予的支持。

撰稿人简介

马丁·唐顿（Martin Daunton），于1997年起担任剑桥大学经济史教授，2012年起担任人文社会科学学院院长，2015年退休。曾任伦敦大学学院英国史教授。他在经济和社会政策方面，特别是英国的税收和公共财政领域著述颇丰；目前正在撰写一本关于1933年以来世界经济治理的书，将由企鹅出版社出版。

保罗·登宾斯基（Paul Dembinski），经济学和政治学出身，弗里堡大学教授，讲授国际竞争和战略。他也是Eco'Diagnostic（1989）的创始合伙人。Eco'Diagnostic位于日内瓦，是独立经济研究机构，为公共和私人客户服务。登宾斯基教授曾担任经合组织和联合国贸发会议等国际组织的高级顾问。他也是金融观察站基金会（1996）和国际"金融道德与信任奖"（2005）的发起人和主任，目前该奖已颁发六届。登宾斯基教授创办了《金融与共同利益》双语杂志，担任编辑。他的主要著作包括《崩溃的种子——计划经济的逻辑》（1991），《金融市场——不可能的任务？》（1993），《经济和金融全球化：数字说明什么》（2003），《金融：仆人还是骗子？处于十字路口的金融化》（Palgrave, 2009），《金融的伦理与责任》（2017）。登宾斯基教授是Rentes Genevoises（半公共年金公司）的董事会主席。登宾斯基教授1955年出生于波兰克拉科夫，已婚，育有三个孩子和三个孙子。

马丁·弗朗斯曼（Martin Fransman），经济学教授，曾是爱丁堡大学日本-欧洲技术研究所的创始人和主任。他是创新和全球竞争力领域的专家，曾为众多公司、政府和国际组织提供咨询。他是英国政府成立的英中创新合作专家小组的成员，也作为三十位"思想领袖"之一，受《经济学人》邀请参加英国经济未来竞争力会议。他已经出版了13本书，并获得了三个重要奖项：《新信息通信技术生态系统》（2010）获得2008—2010年约瑟夫·熊彼特奖，《互联网时代的电信》获得沃兹沃思（Wadsworth）最佳商业历史书奖，《市场和其他》获得大平正芳奖。他即将出版《创新生态系统——创新如何发生》一书。

高世楫，国务院发展研究中心资源与环境政策研究所所长、研究员。本科毕业于国防科技大学数学专业（学士），在英国城市大学获得系统管理博士学位。随后，他在英国苏塞克斯大学担任博士后研究员。曾任国家发展和改革委员会经济体制与管理研究所副所长、国务院发展研究中心发展战略与区域经济研究部副部长、国务院发展研究中心信息中心主任。研究领域包括经济和社会发展政策、治理研究、监管改革、生态文明、信息和通信技术发展公共政策、国家创新体系等。

郭焦锋，国务院发展研究中心资源与环境政策研究所所长助理、研究员。毕业于中国石油大学（理学学士）、中国石油天然气勘探开发研究院（硕士）和中国科技大学（工商管理硕士）。在中共中央党校学习法律并攻读研究生。曾任中国石油天然气勘探开发研究院地理部高级工程师、国务院发展研究中心工商企业法律咨询服务中心副主任。研究领域包括能源经济、经济法和石油勘探。

来有为，国务院发展研究中心办公厅副主任、研究员。毕业于北京大学，获得经济学学士、硕士和博士学位。曾任国务院发展研究中心产业经济研究部研究处副处长。研究领域是产业经济、服务业发展政策和发展战略。

帕斯卡尔·拉米（Pascal Lamy），世界贸易组织前总干事（2005—2013）。曾在巴黎高等商学院、雷恩政治学院和法国国家行政学院学习并获得学位。

1985—1994年曾任欧盟委员会主席雅克·德洛尔（Jacques Delors）的幕僚长。之后担任里昂信贷银行首席执行官。1999—2004年回到布鲁塞尔担任欧委会贸易专员。2015年5月，拉米先生被任命为法国竞选主办2025年世界博览会的部际代表。他在许多国际事务组织中担任职务，包括雅克·德洛尔研究所名誉主席、世界旅游伦理委员会主席、牛津大学马丁学院未来世代委员会主席、欧洲进步研究基金会副主席、平等机会倡议联合主席、世界经济论坛全球治理全球议程理事会主席。他的最新著作包括《现在该看长期了》（2013）、《日内瓦共识》（2013）、《当法国觉醒时》（2014）。

李建伟，国务院发展研究中心社会发展研究部副部长、研究员。山东财经大学经济学学士和北京交通大学工程硕士。之后在中国社会科学院学习经济学，并获得理论经济学博士学位。曾在剑桥大学做访问学者。曾任国务院发展研究中心宏观经济研究部主任。研究领域是经济增长和金融发展。

李伟，国务院发展研究中心主任、研究员。毕业于上海电视大学，学习中国语言和文学。就任国务院发展研究中心主任（部长级）之前，李伟曾担任朱镕基总理办公室主任、国务院研究室副主任、中共中央金融工作委员会党委副书记、中国银监会副主席和国务院国有资产监督管理委员会副主席。2003—2005年，他参与了农村信用合作社改革，参与起草和制定了中共中央和国务院政策文件。政策研究领域包括宏观经济、企业改革、金融政策和社会创新。

隆国强，国务院发展研究中心副主任、研究员。毕业于北京大学，获得学士、硕士和博士学位，曾在北京大学城市与区域科学系任教。曾任国务院发展研究中心对外经济研究部部长和布鲁金斯学会东北亚政策研究中心的访问研究员，中国国际经济合作学会副会长，中国国际贸易学会、中国世贸组织研究会理事，以及世界经济论坛2009年全球贸易议程委员会副主席。研究领域包括中国的对外经济政策、宏观经济、产业政策、粮食经济和汽车工业等。

吕薇，国务院发展研究中心国际技术经济研究所所长、研究员。大连理工大学工学学士，中国社会科学院经济学硕士，同济大学管理学博士。曾在美国明尼苏达大学经济系做访问学者，并参加了哈佛大学的公共管理培训课程。1984年起在国务院发展研究中心工作，曾任国际技术经济研究所所长、副所长。当选全国人大常委会委员、财经委员会委员。研究领域包括创新体系和政策、产业政策、知识产权、中小企业政策、竞争政策、工程经济和装备产业。

马名杰，国务院发展研究中心国际技术经济研究所副所长、研究员。大连理工大学工业电气自动化专业工学学士，清华大学工商管理硕士，中国社会科学院管理学博士。曾在哈佛大学做访问学者。研究领域包括创新绩效和经济增长、创新体系和政策、产业创新和竞争力、创新和创业融资、基础设施融资和技术安全。

彼得·诺兰（Peter Nolan），剑桥大学中国发展研究崇华基金会名誉教授，剑桥大学发展研究中心创始主任，剑桥大学中国企业管理高级研修班主任。哥本哈根商学院名誉博士。诺兰教授在经济发展、全球化和前计划经济体转轨等方面进行广泛研究、著述和教学。他的研究领域包括：中国和印度的比较发展；中国农业；中国和苏联的制度变革；贫困、饥荒、不平等和移民；全球商业革命时代大型跨国公司的重组；1980年代以来中国大型企业的转型；中国政治经济的演变；中国企业和跨国公司的相互关系；资本主义全球化的矛盾性。他的新书包括：《融纳中国：走向协调的市场经济》（2008），《十字路口：野蛮资本主义的终结》（2009），《中国正在"购入"整个世界吗？》（2012），《中国企业及全球企业：全球化时代的产业政策》（2014），《理解中国：丝绸之路和共产党宣言》（2016）。

沈联涛（Andrew Sheng），香港大学亚洲全球研究院高级研究员，中国银行业监督管理委员会首席顾问，马来西亚国库控股公司董事，中投公司、国家开发银行、中国证券监督管理委员会、印度证券交易委员会和印度尼西亚银行研究所的国际顾问委员会成员。曾任香港证券及期货事务监察委员会主席，曾在香港金融管理局和马来西亚国家银行工作。他经常为报业辛迪加、亚洲新闻网以及中国和亚洲的主要经济杂志和报纸撰写关于国际金融和货币经济学、金融监管和全球治理的文章。他的最新著作是《中国的影子银行：金融改革的契机》，由约翰·威利出版社出版。

石光，国务院发展研究中心技术经济研究部副研究员。获浙江大学管理学学士学位、北京大学经济学博士学位。研究领域为经济增长、产业经济和技术创新。

马丁·沃尔夫（Martin Wolf）爵士，伦敦《金融时报》的副主编和首席经济评论员。2000年被授予大英帝国司令勋章，表彰他对金融新闻业的贡献。沃尔夫先生于1989年和1997年两次成为温考特基金会优秀金融新闻高级奖的联合得主。2009年获得路德维希·艾哈德经济评论奖。2012年获得第33届伊斯基亚国际新闻奖。2010—2011年任英国银行业独立委员会委员。他的最新著作是《修补全球金融系统》（2008，2010）和《改变与冲击：我们从金融危机中学到了什么，还需要学什么》（2014）。

吴振宇，国务院发展研究中心宏观经济研究部副部长、研究员。毕业于中国社会科学院，获得经济学博士学位。曾在剑桥大学做访问学者。研究领域是宏观经济。

许召元，国务院发展研究中心产业经济研究部研究员。毕业于北京大学光华管理学院，获得经济学博士学位。曾在国务院发展研究中心企业研究所工作。研究领域包括经济增长、区域经济和产业经济。

余斌，国务院发展研究中心办公厅主任、新闻发言人、研究员。毕业于北京大学经济系，获得学士和硕士学位。曾在浙江大学经济系任教。1992年进入国务院发展研究中心工作，历任企业研究所副所长，宏观经济研究部副部长，中国经济时报社副主编、社长、党委书记。研究领域包括宏观经济、经济改革、区域和城市经济。

张承惠，国务院发展研究中心金融研究所所长、研究员。毕业于中国社会科学院，获得经济学博士学位。曾任国务院发展研究中心国际技术经济研究所副所长和金融研究所副所长。主要研究领域为金融改革和中小企业融资。负责的研究项目包括中国货币市场调控与管理研究，中日公共投资比较研究，民营经济融资渠道拓展研究，保险业系统性风险的预测、防范和化解机制研究，中国健康保险市场发展研究。

张瑾，剑桥大学中国发展基金会高级研究员、剑桥大学商学院国际商业经济副教授、剑桥大学沃尔森学院研究员、剑桥大学中国企业管理高级研修班副主任。授课内容包括国际商业经济学、技术政策的政治经济学以及大企业与中国。研究重点是中国和发达国家的大企业战略和结构以及它们之间的关系、国家结构和跨国公司行为。著作包括《中国的赶超与竞争力：大型石油企业》（2004，2016年平装本）和《全球商业革命和瀑布效应：航空航天、饮料和零售业的系统整合》（2007）。她目前正在写一本关于中国商用飞机产业的书。

张军扩，国务院发展研究中心副主任、研究员。西北大学经济学学士、华中科技大学经济学硕士。1985年进入国务院发展研究中心工作，1988—1989年在新华社香港分社研究部担任研究员。历任国务院发展研究中心市场经济研究所所长、发展战略和区域经济研究部部长、办公厅主任。曾在芝加哥洛约拉大学和世界银行做访问学者，并担任世界银行和亚洲开发银行的项目顾问。研究领域包括宏观经济和经济改革。

张来明，国务院发展研究中心副主任。毕业于北京大学，获得法学学士和法学硕士学位，专攻宪法学，曾任教于外交学院。随后在中共中央政策研究室工作，担任政治研究局副局长和国际研究局局长。研究重点是政治和法律问题、社会发展和政策、国际事务。

张丽平，国务院发展研究中心金融研究所副所长、研究员。南开大学经济学学士，对外经济贸易大学经济学硕士，北京师范大学经济学博士。曾在日本国际货币事务研究所和美国彼得森国际经济研究所担任访问学者。曾在天津市经济委员会和国务院发展研究中心对外经济研究部工作。研究领域包括国际金融、国际贸易、国际投资和国际经济合作。

赵昌文，国务院发展研究中心产业经济研究部部长、研究员，国务院发展研究中心学术委员会委员。毕业于西南财经大学，获得经济学博士学位。曾在牛津大学、利物浦大学、香港中文大学和美国密歇根大学做访问学者。曾任四川大学副校长、国务院发展研究中心企业研究所所长。《中国金融》杂志主编，《金融研究评论》和《国际与公司治理评论》学术委员会成员。研究领域包括国有企业改革、产业经济、科技金融、公司金融和发展经济学。

赵福军，国务院发展研究中心对外经济研究部副研究员。毕业于中南财经政法大学，获得经济学博士学位。研究领域包括对外贸易和投资。

赵晋平，国务院发展研究中心对外经济研究部部长、研究员。在山西大学数学专业学习，并获得日本立教大学经济学硕士和博士学位。曾在庆应义塾大学和日本通商产业省做访问学者。曾任国务院发展研究中心宏观经济研究部副部长、对外经济研究部副部长。现任中国国际贸易学会常务理事、中国国际交流协会常务理事、中国人民外交学会理事、中国国际文化交流中心主任、中国日本经济研究会副会长、中国拉美研究会副会长、中韩友好协会理事。研究领域包括宏观经济、国际经济、对外经济政策和跨境投资。

朱鸿鸣，国务院发展研究中心金融研究所副研究员。毕业于四川大学，获得学士、硕士和博士学位，公司金融专业。他的研究重点是金融改革、科技金融、经济增长战略。

序一 / 李伟

本书是中国国务院发展研究中心与剑桥大学发展研究中心双方学术合作与交流的重要成果。本书聚焦中国与世界可持续发展，期望通过汇集中国与世界著名学者的优秀研究成果，集思广益，促进中国与国际学术交流，为推动中国与世界可持续发展做出贡献。

世界发展历史表明，以合作促进共同发展，是全球可持续发展的必由之路。在从1980年到2015年的35年中，全球经济保持了年均3.5%的持续增长。全球经济的持续繁荣受益于各国之间的密切经济合作。全球商品贸易和服务贸易规模分别从1985年的41090亿美元、8000亿美元扩大到2015年的332480亿美元、127050亿美元，分别增长了7倍和15倍；全球外商直接投资净流入规模从1980年的530亿美元扩大到2015年的20404亿美元，增长了37.5倍；投资组合证券净流入规模从1980年的155亿美元扩大到2014年的11161亿美元，增长了71倍。全球商品、服务、资本和技术贸易规模不断扩大，在促进全球资源优化配置、提升全球经济一体化程度的同时，也实现了全球经济的共同繁荣发展。回顾历史，全球经济能够渡过1997年的亚洲金融危机和2008年爆发的美国金融危机，也是各国通力合作的结果。

中国是通过全球合作实现共赢发展的典范。在过去的35年中，中国经济保持了年均9.72%的持续高速增长，GDP规模从1980年的2998亿美元（4587亿元人民币）扩大到了2015年的109068亿美元（685505亿元人民币），创造了世界经济发展的历史奇迹。中国经济的成功发展，源于中国的改革开放，受益于全球经济的合作发展，也对全球可持续发展做出了重要贡献。

根据世界银行的测算数据，1980年中国对全球经济增长的贡献只有3.85%，2007年提高到18.83%，成为全球经济增长最大的贡献者，2011—2014年，中国对世界经济增长的贡献率平均在26.09%。根据IMF的统计数据，新兴市场和发展中经济体在全球经济总量中的份额由1980年的24.8%上升到2015年的39.5%，在提升的14.6个百分点中，中国就贡献了约12.1个百分点。作为一个日益开放的经济体，中国对全球贸易增长也做出了巨大贡献。根据世贸组织的数据，1978年，中国进口总额只有111.3亿美元，占全球进口总额的0.8%；从2010年开始中国成为全球最大的商品进口国，到2015年，中国进口总额高达16819亿美元，占全球进口总额的10.3%，比三十多年前提高了9.5个百分点。随着对外开放程度的不断提高和对外合作规模的不断扩大，中国在持续利用外资的同时，对外直接投资规模也不断扩大，中国利用外资和非金融类对外直接投资规模已分别从2006年的630亿美元、211亿美元扩大到2015年的1262亿美元、1457亿美元；从2014年开始，中国非金融类对外直接投资规模超过利用外资规模，成为直接投资净流出国家。中国经济的持续发展和对外开放程度的不断提高，不仅扩大了全球市场，还通过使中国融入全球经济体系，优化了全球的资源配置，提高了世界经济的运行效率，为世界经济结构调整特别是发达国家的产业升级提供了广阔空间。

中国的开放对全球可持续发展的意义，不仅在于促进了全球经济的可持续发展，还为全球社会可持续发展做出了重大贡献。一方面，中国为人类从根本上摆脱贫困状态做出了重要贡献。中国是人口大国，也曾经是贫困人口比较集中的国家。据世界银行2013年发布的《全球发展指标》，中国极度贫困人口占世界极度贫困人口总数的比例从1981年的43%下降至2010年的13%，30年贫困人口减少6.6亿，为全球减贫做出了巨大贡献。中国在实现自身发展的同时，还为许多发展中国家实现千年发展目标提供了力所能及的援助。另一方面，中国为广大发展中国家摆脱贫困、走向富裕提供了可供参考的发展经验。中国在取得巨大发展成就的同时，也积累了丰富的发展经验，主要有以下四个方面：一是在开放中谋求发展。通过设立经济特区、开放沿海城市，以及随后加入世界贸易组织，逐渐深入参与全球分工，广泛动员潜在的发展要素，提高资源配置和利用效率，充分释放发展潜力。二是构造多元动力并存的增长格局。通过不断培育包括民营企业在内的各种发展新主体，公平对待各种所有制经济，激发全社会创业、创新、创造的活力。三是把保持社会和谐稳定作为发展的基本前提。通过正确处理中央和地方之间的权责关系，通过促进发展成果的公平分享，为发展创造稳定有序的国内环境。四是以不断的改革增强体制的灵活性。通过改革,释放被束缚的生产力;适应经济结构和社会结构的新变化,进一步完善体制机制,以推动生产力的新发展。当然,由于各国历史文化传统、资源环境条件不同,中国的发展经验未必完全适用于其他国家,但可以肯定的是,中国的经验有不少值得借鉴的地方。

当前,全球可持续发展面临多方面挑战,包括2008年经济危机之后全球经济复苏乏力,逆全球化的"黑天鹅"事件频发,贸易投资保护主义抬头,地缘冲突风险加剧等。中国经济在经过三十多年的持续高速增长之后,也进入了经济社会的重大转型期,今后一个时期也面临着结构性矛盾突出、资源环境约束增强、金融和房地产领域风险积聚、收入分配差距过大、人口快速老龄化等多方面挑战。为促进全球可持续发展,2015年联合国发展峰会通过了《2030年可持续发展议程》,提出了"促进持久、包容性和可持续经济增长"的新发展目标。应对全球可持续发展面临的挑战,落实2015年后可持续发展议程,需要国际社会加强合作,在合作中实现共赢发展。

面对新环境、新挑战和新要求,中国有条件有信心实现经济社会可持续发展。中国将一如既往地在开放中谋求发展,坚持利用好两个市场、两种资源,还将通过全面深化改革,加快转变发展方式,以新的发展方式实现新阶段的发展,以更高水平、更高质量的发展为全球可持续发展做出新的贡献。为加强国际合作、促进共同发展,中国政府提出了建设"一带一路"的倡议,主导设立了"丝路基金",倡导建立了亚洲基础设施投资银行,为区域各国经济社会发展提供资金支持。中国也正在积极推动与周边国家和其他国家的合作,已与韩国、澳大利亚、新西兰等13个国家签订了自由贸易协定,着力推进区域经济合作,谋求在合作共赢中推动各国经济共同发展。中国政府也正在全面深化改革,通过创新、协调、绿色、开放和共享发展,增强自身的可持续发展能力。

作为一个人口大国、经济大国和贸易大国,中国实现《2030年可持续发展议程》所提出的各项目标,必将有力地推动全球实现可持续发展。全球可持续发展不仅是发展中国家的事,也是发达国家的事。西方有句谚语,大意是如果你的邻居很穷,你也会穷。因此,发展机会,各国应该共享;严峻挑战,各国必须共同应对。各国应该秉承开放包容、合作共赢的理念,在应对全球可持续发展面临的各种挑战中,开展更加紧密的合作。

第一,各国要进一步相互开放市场。相互开放市场,对于各国和全球发展都具有十分重要的意义,这是国际社会的普遍共识。《2030年可持续发展议程》也突出强调,要"在世界贸易组织下,建立一个普遍基于规则开放、非歧视和公平的多边贸易体系"。不无遗憾的是,在WTO多哈回合谈判进展缓慢的情况下,贸易保护主义有所抬头,这应当引起我们的警惕。

第二,在优化全球经济治理格局的过程中,要更多地考虑发展中国家的利益,赋予发展中国家更多的话语权。进入21世纪以来,国际经济格局迅速变化,优化全球治理秩序,在全球治理中更多地反映发展中国家的诉求,是适应这种变化的一个必然选择。与此同时,也要看到,只有发达国家和发展中国家进行更加平等的对话和合作,全球可持续发展才会有更可靠的保障。

第三，要共同创造合作机会和发展机遇。人类社会在发展与机遇的关系上，大致有两种态度：一种是抓住机遇，求得自我发展；一种是创造机遇，推动共同发展。在当今全球化深入发展，各国利益、发展和命运联系日趋紧密的时代，我们更需要后一种态度。中国提出"一带一路"倡议，正是想为世界各国的发展搭建合作平台、创造更多机会、开辟广阔空间，从而实现共同富裕。

第四，各国应共享发展知识。16世纪，英国哲学家培根曾说过这样一句话，"知识就是力量"。今天，落实《2030年可持续发展议程》，促进全球可持续发展，更需要知识这一强大的力量。而知识只有共享，才能最大程度地发挥它的作用。中国改革开放以来，取得如此重大的发展成就，是与中国分享了其他国家的发展知识密不可分的。譬如，世界银行1985年发布的《中国：长期发展的问题和方案》，以及同年与中国国家经济体制改革委员会等单位联合举行的"巴山轮会议"，就对推动中国的改革，起到了积极的作用。近年来，中国国务院发展研究中心与多国智库进行合作研究，包括中国国务院发展研究中心国际局与剑桥大学发展学研究中心正在开展的学术交流与合作，旨在在更广范围内、更深程度上分享各国发展的理念和有益经验，促进中国与全球可持续发展。

全球可持续发展的道路是曲折的，但发展前景是美好的。古罗马时代的哲学家塞内加说过："只要持续地努力，不懈地奋斗，就没有征服不了的东西。"我相信，面对挑战，只要我们锁定目标，永不言弃，风雨同舟，携手共进，就一定能实现全球可持续发展的宏伟目标。

序二：全球化的双刃剑 / 彼得·诺兰

从20世纪70年代开始，全球经济进入了一个新的时代。国际贸易和投资流动的壁垒被打破。发达国家和发展中国家开始经历国有资产的广泛私有化。在被孤立了数十年之后，"计划经济"重新融入全球经济体系。资本主义发展中国家从"内向型"进口替代发展战略转向与国际经济"深度融合"。在这个时代，发展中国家利用其后发优势，吸收高收入国家的现代技术和资本。低收入国家的人均GDP增长率超过了高收入国家，发展中国家GDP（按购买力平价计算）在全球的比重从1980年的36%增加到2016年的58%（IMF，2016）。这个时代释放了前所未有的经济活力，使发达国家和发展中国家人民极为受益。然而，这个时代也产生了深刻的矛盾（Nolan，2008，2009）。这些问题只能通过发达国家和发展中国家之间的非零和合作来解决，从而以符合全人类利益的方式进行全球经济体系治理。

全球化的成就

从大自然的暴政中解放出来。 资本主义全球化时代见证了人类从大自然的暴政中解放出来的空前进步。化石燃料供应远未面临枯竭危险，技术进步如此之快，以每桶70美元计算，石油和天然气储量可以说是用之不竭。[①] 如今，化石燃料占一次能源供应总量的80%；预计2014—2030年，60%的增长量将来自化石燃料（BP，2016）。受到市场力量和监管的压力，生产一单位最终产品所需的一次能源量大幅降低。1990—2014年，单位能源的GDP生产量上升了40%（World Bank，2016）。[②] 技术进步使得现有技术可以将全球二氧化碳排放稳定在现有水平，包括：建造更多核电站，改进建筑技术，风力涡轮机，重新造林，化石燃料发电站的碳捕获和封存，光伏电池，用天然气取代燃煤发电站等。汽车、卡车、火车、飞机和船舶制造巨头之间激烈的寡头竞争，推动了运输技术的快速变革。汽车构造、发动机设计和材料使用的新技术，以及信息技术的整合，极大降低了车辆重量、燃料消耗和维护成本，同时车辆的可靠性和安全性也在不断提高。资本主义全球化时代见证了人员和货物运输成本的大幅下降，为人类福祉带来巨大的积极影响。这一时期还见证了由IT巨头之间的寡头竞争所推动的电信革命。到2014年，高收入经济体（HIEs）每100人中

---

① 包括通过更好的开采技术从现有油田、煤炭（煤炭液化）、焦油砂和页岩中获得的石油，从页岩和"天然气水合物晶体"中获得的天然气。
② 以2011年购买力平价美元计算的每公斤石油当量的GDP。

的移动用户达到124人,中上收入经济体(UMIEs)达到105人,中下收入经济体(LMIEs)达到91人,低收入经济体(LIEs)达到60人(World Bank,2016)。这一时期,移动电话功能取得革命性进步,电信的实际价格也在不断降低。这些变化表明,我们极大增进了全世界处在各发展阶段的人民的福祉。

摆脱他人控制。在现代全球化时期,城市化水平显著提升。从1990年到2015年,城市人口在中下收入经济体中的比例从30%增加到39%,在中上收入经济体中从43%增加到64%(World Bank,2016)。城市化使人们的日常生活发生了天翻地覆的变化。总体上,年轻人,特别是女性,从他们的家庭,特别是他们的父母那里获得了更大的自主权。与农村相比,城市的就业机会大幅增加。城市使人们有更多机会通过正规和非正规教育提升个人技能、建立社区和组织。即使是最穷的移民,也很少有人愿意回到农村生活。女性的自主权大幅提升。根据2008—2015年期间可获得的最近一年的数据,15—49岁已婚妇女的避孕普及率在中下收入经济体中为52%,在中上收入经济体中为81%。根据2005—2014年期间可获得的最近一年的数据,女性中学毕业率在中下收入经济体中上升到74%,在中上收入经济体中上升到89%(World Bank,2016)。

摆脱贫困。对于发展中国家的人民来说,最重要的发展目标是摆脱绝对贫困。从1980年到2015年,中等和低收入经济体的人口从36亿上升到62亿。尽管人口大幅增加,但发展中国家在这个时期的民生福祉实现了巨大进步。中等和低收入经济体中每日生活费低于购买力平价1.25美元(按2005年价格计算)的人口比例从 1981 年的 52% 下降到 2008 年的 22%。同一时期内，日生活费低于购买力平价 2.00 美元的人口比例从 70% 下降到 43%（World Bank，2012）。1990—2014 年，低收入经济体的平均预期寿命从 50 岁上升到 61 岁，中下收入经济体从 60 岁上升到 67 岁，中上收入经济体从 68 岁上升到 74 岁（World Bank，2016）。取得这一成就，得益于粮食生产的进步（如改良种子，改进农业设备）以及粮食市场运作水平的提升（如信息技术的进步使知识传播更为高效，运输体系的发展改善了粮食分配水平）；此外，还得益于医疗设备和药品的技术进步。

全球文化。在现代全球化的时期，国家经济边界被以空前的规模打破。国际贸易占全球 GDP 的比重从 1990 年的 38% 上升到 2015 年的 59%（World Bank，2012，2016）。全球对外投资存量占 GDP 比重从 1990 年的 10% 增加到 2015 年的 34%（UNCTAD，2016）。大型企业在其市场、所有权、管理和内部沟通语言方面变得越来越国际化。从前的"国家冠军企业"，现在往往由外国人领导，外国人拥有的股份也通常多于其总部所在国拥有的股份。英语成为大多数国际公司的通用语言。资本主义全球化有助于在广大民众中创造一种全球文化。1990—2008 年，全球出境游客总数从 3.8 亿增长到 12.2 亿（World Bank，2016）。英语确立了其全球大众媒体通用语言的地位。如今，奥运会、世界杯等国际体育赛事将世界各国人民团结起来。2008 年北京奥运会的口号是："同一个世界，同一个梦想。"

全球化的矛盾

资本主义自由是一把双刃剑。在全球化的时代,资本主义自由的矛盾进一步加剧。当人类通过市场机制把摆脱根本约束的能力提升到新的高度时,他们对自己所创造的结构的不可控力也达到了新的深度。在把人类从根本约束中解放出来的同时,全球资本主义也对人类生存构成了特殊、强烈的威胁。

环境。世界野生动物基金会估计,1970—2012年,脊椎动物的全球指数(鱼类、两栖动物、爬行动物、鸟类和哺乳动物)下降了58%,[①]这种自然生态系统的退化速度在人类历史上是前所未有的(WWF,2016)。哈佛大学生态学家爱德华·威尔逊警告说,如果按照现今的物种灭绝趋势,到本世纪末,人类将生活在一个"孤独的时代"。在大多数发展中国家,市场经济的扩张与环境恶化的长期强化阶段有关。发展中国家的首要任务是要解决它们急迫的污染问题,从而改善自己人民的生活。高收入经济体的生产、分配和消费模式则是肆意挥霍化石燃料。2013年,高收入经济体每人消耗4765千克的能源(石油当量),而中上收入经济体则为2190千克,中下收入经济体为639千克(World Bank,2016)。2013年,高收入经济体每人产生11.0吨二氧化碳,而中上收入经济体为6.6吨,中下收入经济体为1.4吨(World Bank,2016)。

---

① 报告称,海洋物种中活体脊椎动物存量下降了36%,陆地物种中活体脊椎动物存量下降了38%。淡水物种中活体脊椎动物存量下降了81%。

如果今天的发展中国家照搬发达国家的发展模式,未来世界环境将令人担忧:"按照现在的模式,中国和印度的人均收入水平要想达到与工业化国家相当,所需的能源用量水平将超出世界能源资源禀赋和地球生态系统的吸收能力。"(IEA,2007:215)

全球商业革命。现代全球化时代见证了产业的爆炸性整合,资产剥离、合并和收购活动剧增。领先企业在采购、研发、品牌和人力资源收购方面利用了规模经济和范围经济的优势。在"系统集成企业"中出现了全球产业的高度集中。同时,这些企业对其供应链施加了巨大的整合压力,以便能够投资全球"准时制"生产系统并保持高水平的研发支出,从而实现系统集成企业所需的技术进步。经过二十多年的全球商业革命(Nolan,2001;Nolan,2014),商业力量集中在以高收入国家为总部的企业手中。2015年,高收入国家的企业占全球外国直接投资总量的78%(UNCTAD,2016)。2014年,高收入国家的企业占世界前2500名(G2500)企业研发支出总额的十分之九以上,而在信息技术和硬件领域,美国企业占研发支出总额的67%(EU,2015)。在全球经济的现代部门中,伴随着商业力量的爆炸性整合,整个发展中世界还存在着大量中小企业。中小企业主要来自非正规部门,利用劳动密集型技术,为"中产阶级"以外的广大民众生产低质量、低附加值的商品和服务。

全球不平等。在全球化时代,发展中国家的平均收入增长快于发达国家,从而小幅减轻了全球收入不平等程度。1988—2008年,全球收入分配的基尼系数从0.722下降到0.705(Lackner and Milanovic,2015)。然而,全球收入分配仍然严重不平等,发达国家和发展中国家之间的平均收入差距很大。2015年，低收入经济体的人均国民总收入（按购买力平价美元计算）为1602美元，中下收入经济体为4409美元，中上收入经济体为15659美元，而高收入经济体为45366美元，北美地区为56189美元（World Bank, 2016）。据估计，在2015年，世界人口的前1%拥有全球总财富的50%，前10%拥有总财富的85%，而后50%的人口拥有不到1%的全球总财富（Kerseley, 2016）。全球化为高收入国家人民带来了相互矛盾的结果。一方面，通过进口来自低薪酬发展中国家制造的低价产品，全球化促进了实际收入的增长。另一方面，信息技术革命和中等及低收入国家40多亿工人融入全球劳动力市场所带来的综合影响，削弱了劳工的议价能力，加深了他们的不安。许多发展中国家的不平等现象也有所加剧，这与它们深入融入全球经济有关。那些位于中等和低收入经济体中的财力雄厚的跨国公司，让这些国家进入了就业和薪酬方面的"21世纪"，即薪酬和工作条件要对标全球标准。然而，在这些条件下就业的人口只占非农业人口的一小部分。在他们周围是人口远超于他们的城市非正规部门工人，他们的薪资和工作条件不是由国际市场，而是由大量未充分就业的农村人口决定的。

金融。金融市场有一种固有倾向，即偏向投机和资产价格泡沫。一旦投机开始，强大的正反馈回路就会推动市场不断上扬。在抵押资产价格上涨的基础上发放信贷，推动了资产价格进一步上涨，以及信贷进一步扩张。房地产价格一直是多数投机行为的核心。在现代全球化时代，由于各种形式的货币大量增加，投机行为在自我强化的循环中推动了资产价格上涨，西方国家因此涌现出空前规模的资产泡沫。从以国家为主的金融市场过渡到全球金融市场,这一过程并没有伴随着国际监管治理的加强。作为全球商业体系的核心,大型全球银行对高收入经济体的政府施加了强大的影响力。基于"市场原教旨主义"的观点,即不受监管的金融市场会进行自我纠正,这些大型全球银行成为取消监管背后的推动力。国际货币基金组织,这个本应为全球金融体系提供指导的机构,被称为"流动性海洋中的无舵之船"。全球金融体系制定出的工具是如此地复杂,即使存在监管金融体系的政治机制,也无人知道该如何进行监管,这使得监管者所面临的问题雪上加霜。2008年,全球金融危机爆发。为缓解金融危机的影响,高收入经济体的债务水平进一步升级。2014年,德国债务相对于GDP水平达到188%,美国为233%,日本为400%(McKinsey,2015)。在和平时期,这样前所未有的债务水平之所以能够持续,只是因为利率同样达到了空前的低水平。利率的大幅上升将威胁到西方世界的整个债务大厦,而西方世界仍然在全球金融体系中占据着主导地位。

结论

两千多年来,中国一直以务实、非意识形态的方式进行市场经济调控,以满足广大人民群众的利益。英国工业革命中许多最重要的创新都起源于中国,跨越中亚和中国南海的丝绸之路到达欧洲。中国长久以来都在努力平衡市场力量的"无形之手"和政府监管的"有形之手"。市场经济的矛盾性为全球政治经济提出了深层次挑战。在这一背景下，中国有可能对全球经济体系监管做出深刻而持久的贡献，从而造福于世界人民。这将标志着人类在未来数百年甚至数千年的时间里，开启一个崭新的黄金时代。在英国工业革命前的两千多年里，中国为人民实现了和谐发展。而这样的和谐发展未来可能在全球范围内得到普及。这是一个没有选择的选择，因为其他选择将为人类带来灾难性的后果。

参考文献

BP. (2016) *BP Energy Outlook 2016 Edition: Outlook to 2035.* accessible at www.bp.com/content/dam/bp/pdf/energy-economics/energy-outlook-2016/bp-energy-outlook-2016.pdf

EU (European Union). (2015) *The 2015 EU Industrial R&D Investment Scoreboard.* Luxembourg: Publications Office of the European Union.

IMF. (2016) *World Economic Outlook* Database. accessible at www.imf.org/external/datamapper/PPPGDP@WEO/OEMDC/ADVEC/WEOWORLD

International Energy Association (IEA). (2007) *World Energy Outlook.* Paris: IEA.

Kersley, Richard and Koutsoukis, Antonios. (2016) The Global Wealth Report. Zurich: Credit Suisse Research Institute.

Lackner, Christoph and Milanovic, Branko. (2016) "Global Income Distribution: From the Fall of the Berlin Wall to the Great Recession." *World Bank Economic Review,* 30 (2): 203-232.

McKinsey Global Institute. (2015) *Debt and (Not Much) Deleveraging.* London: McKinsey.

Nolan, Peter. (2001) *China and the Global Business Revolution.* Basingstoke and New York: Palgrave Macmillan.

——. (2008) *Integrating China: Towards the Coordinated Market Economy.* London and New York: Anthem Press.

——. (2009) *Crossroads: The End of Wild Capitalism.* London: Marshall Cavendish.

——. (2014) *Chinese Firms, Global Firms: Industrial Policy in the Era of Globalisation*. New York and Abingdon: Routledge.

UNCTAD (United Nations Conference on Trade and Development). (2016) *World Investment Report*. Geneva: UNCTAD.

World Bank. (2012) *World Development Indicators*. Washington, DC: World Bank.

——. (2016) *World Development Indicators*. Washington, DC: World Bank.

WWF (World Wildlife Fund). (2016) *Living Planet Report*. Gland, Switzerland: World Wildlife Fund.

目录

引言 / 张 瑾 张来明 001

第一部分 宏观经济

1. 中国经济转型：特征与对策 / 李 伟 014
2. 转变与冲击：金融危机时代的新兴经济体 / 马丁·沃尔夫 024
3. 中国经济增长阶段转换的成因、挑战和对策
 / 张军扩 余 斌 吴振宇 040
4. 中国发展对世界经济的影响 / 赵晋平 赵福军 056

第二部分 贸易与投资

5. "不一致四方"：自由贸易与矛盾性目标之争 / 马丁·唐顿 076
6. 展望未来：贸易新世界 / 帕斯卡尔·拉米 109
7. 中国比较优势的演变和出口战略的调整 / 隆国强 122

第三部分 工业与服务业

8. 中国实体经济发展面临的挑战与对策 / 张来明 李建伟 134
9. 全球化与跨国公司的转型 / 张 瑾 148
10. 超大型企业、焦点公司与全球价值链 / 保罗·登宾斯基 181
11. 中国跨境电子商务的发展现状、发展趋势与相关政策建议
 / 来有为 209
12. 工业化后期的中国经济增长新动力
 / 赵昌文 许召元 朱鸿鸣 224

第四部分 金融

13. 进入深水区的中国金融改革需要推进关键性突破
　　　　　　　　　　　　　　　　　　　　　　　　/ 张承惠 236
14. 中国金融业的国际化　　　　　　　　　　　　　/ 张丽平 245
15. 中央银行的全新政治学：中央银行陷阱　　　　　/ 沈联涛 262

第五部分 创新

16. 中国区域创新发展现状与主要影响因素　　　　　/ 吕　薇 288
17. 从增长阶段看中国创新水平的进展和差距
　　　　　　　　　　　　　　　　　　　　/ 马名杰　石　光 309
18. 改革、创新与重组　　　　　　　　　　　　/ 彼得·诺兰 329

第六部分 能源与环境

19. 2030年中国能源体制革命的内涵与战略目标
　　　　　　　　　　　　　　　　　　　　/ 郭焦锋　高世楫 348
20. 为中国城市应对拥堵、污染和全球变暖发明和设计出行创新
　　生态系统——设计和实现　　　　　　/ 马丁·弗朗斯曼 364

引 言

张 瑾 张来明

习近平主席在亚太经合组织工商领导人峰会[①]上的讲话中,详细阐述了中国经济的"新常态"。他指出,新常态的主要特点包括:经济从高速增长转为中高速增长;经济结构不断优化升级;经济从要素驱动、投资驱动转向创新驱动。习近平主席说:"新常态将给中国带来新的发展机遇。"但是,"同时,我们也清醒地认识到,新常态也伴随着新问题、新矛盾……能不能适应新常态,关键在于全面深化改革的力度"。

中国经济经过三十多年的快速发展,已经与世界经济紧密融合。全球金融危机以来,世界面临着调整和过渡到可持续发展的

---

① 亚太经济合作组织(APEC)是一个成立于1989年的区域经济论坛。发起于1996年的亚太经合组织工商领导人峰会是亚太地区商业领袖的聚会,他们与亚太经合组织经济体领导人、政策制定者、学术界和其他首席执行官就该地区面临的问题进行讨论。峰会在亚太经合组织主办经济体举行,与亚太经合组织领导人非正式会议背靠背举行。

挑战。中国作为世界第二大经济体，正处于这一进程的中心。中国如何处理增长速度放缓和经济结构升级的问题，不仅对自身而且对世界都有重大影响。同时，中国作为世界上最大的发展中国家，在全球金融危机之后，面临着贸易、投资、技术、金融和环境等方面的巨大挑战。世界经济向何处发展，对中国的转型也至关重要。习近平主席所阐述的新常态表明，中国经济在增长率、发展模式、经济结构和增长动力方面正在发生变化。这些变化的过程已经成为中国和全世界广泛讨论的话题。中国的转型意味着什么，有哪些挑战？中国如何应对这种转型？中国经济的未来方向和在世界的地位如何？在后危机时代，世界经济面临哪些挑战？世界经济发展的历史教训和未来前景是什么？如何应对这些挑战，以实现可持续发展？

为了解答这些问题，本书汇集了来自中国国务院发展研究中心的学者和中国以外的学者的 20 篇政策性研究文章，涉及中国与世界经济的六大主题——宏观经济、贸易与投资、工业与服务业、金融、创新以及能源与环境。这些主题彼此密切相关，对中国和世界的可持续经济增长至关重要。

国务院发展研究中心的学者们对改革开放的战略问题以及国民经济和社会发展进行研究，并向中央政府提出政策建议。他们具有独特的地位，能够向读者提供对在世界经济背景下中国经济转型问题的见解。本书的国际撰稿人包括来自欧洲和亚洲的学者以及前公共政策高级官员。他们均曾在剑桥中国企业领导力高级研修班（CELP）任教，该课程的合作伙伴是中组部、国务院发展研究中心和剑桥大学发展研究中心。他们从经济、政治和历史的角度，分析了世界经济面临的挑战以及可以吸取的教训。我们将中外学者的文章结集成册，为读者提供关于中国经济和世界经济的不同视角、丰富的实证研究和有见地的分析。

本书的第一部分是关于宏观经济。在开篇中，国务院发展研究中心主任、研究员李伟阐述了中国经济转型的目标，分析了实现这一目标的挑战，并提出了应对挑战的政策措施。中国经济转型的目标是通过建立平衡、公平和可持续的中高水平发展的经济体系，使中国成为一个现代化的高收入国家，并能不断扩大经济总规模，改善人民的福祉。他认为，旧的发展模式在资源和环境上付出了过多的代价，再加上经济发展的利益没有得到充分分享，不仅不能解决现有的资源、环境和社会公平问题，而且会进一步加剧这些领域的矛盾，最终可能会扰乱中国的发展进程。中国在打造以高生产力、有效平衡供给侧结构和需求侧结构、先进的工业技术以及在全球价值链中的高附加值定位为特征的新经济体系时，面临着诸多挑战。为了应对这些挑战，李伟主任建议政策应侧重于科技创新、协调经济结构、先进制造业和持续的开放。

世界仍未摆脱全球金融危机的影响，而中国正经历着转型。在接下来的章节中，伦敦《金融时报》副主编兼首席经济评论员马丁·沃尔夫对全球金融危机的原因和世界经济目前存在的问题提出了自己的见解，并对这些问题对新兴经济体和世界的影响进行了解读。沃尔夫指出，事实证明，货币政策应对全球金融危机并不十分有效。在第15章中，他的这一观点得到了沈联涛的认同。沃尔夫指出，不受约束的信贷体系是产生不稳定的基础性因素，需要了解是什么原因导致了零利率下限和流动性陷阱。对于新兴经济体来说,加大针对流动性风险的保障力度,可以促进世界经济更好地发展,减少危机的发生。但沃尔夫也发出严厉的警告,产生危机的危险并没有消除,没有理由相信危机不会再次发生。

第3章由张军扩、余斌和吴振宇撰写,他们都是国务院发展研究中心的研究员。该章从增长阶段的角度探讨中国的转型。他们指出,对中国经济增长率的不同看法归结为对中国当前发展阶段的不同判断。他们认为,目前中国经济增长率的下行反映了中国在追赶过程中正在朝一个不同的增长阶段过渡,而不是中国已经到达了追赶周期的终点。中国仍可能在很长一段时间内保持中高速增长。中国增长阶段的过渡不会是一个平稳的过程,其面临的紧迫挑战包括:能否通过改革释放后发优势,能否建立起有利于创新的制度和社会环境,以及能否缓解财政和金融风险。

在第4章中,国务院发展研究中心研究员赵晋平和副研究员赵福军探讨了中国的发展对世界经济的影响以及世界经济的挑战和不确定性对中国发展的影响。作者认为,中国的发展促进了世界经济的增长。然而,中国要提高在世界经济中的地位,仍面临诸多挑战。中国经济"大而不强";它受到资源供给和环境保护的严重制约;它面临着世界贸易体系调整的压力,即从多边向区域经济一体化过渡,以及世界上对中国发展努力的担忧和阻力。作者建议中国以更广阔的全球视野来实现进一步的发展,在促进跨境贸易和投资的同时,不断开放经济。此外,中国需要升级其现有的自由贸易网络,并积极参与全球经济治理的改革,以建立一个支持在全球范围内分享发展机遇的道德制度体系。

第二部分是关于贸易与投资。在开篇,剑桥大学经济史教授马丁·唐顿认为,应将贸易政策置于他提出的"不一致四方"的大背景下,在贸易、汇率、资本管制和国内货币政策之间做出权衡。为此,他研究了1914年之前、两次世界大战之间、布雷顿森林体系、浮动汇率的发展以及2008年之后的大衰退等历史证据。他发现政策选择之间的权衡随着时间的推移而改变,并且在各国之间有所不同,而政策的结果反映了国内和国际关切之间的平衡。这一发现对经济治理有巨大影响。它表明,世界贸易组织(WTO)的运作应被置于更大的背景之下,与国际货币基金组织分担在世界经济运行中的责任。唐顿教授最后提出两个基本问题:如何控制国内政策的国际影响?如何理解贸易和货币或金融问题之间的相互作用?

在接下来的一章中,世贸组织前总干事帕斯卡尔·拉米展望未来,认为世界正从旧的贸易世界过渡到新的贸易世界,两者间贸易开放的方式截然不同。旧世界到新世界的过渡,是从保护(配额、关税和补贴)到防范(保障、安全、卫生健康和环境可持续性)的过渡。新的贸易世界所面临的挑战是这些防范性措施与价值观有关,而且在政治上很敏感。在全世界范围内实现这些防范性措施的统一并非易事。然而,拉米并不认为世贸组织在新的贸易世界中不再有意义。他建议世贸组织对这些防范性措施进行监督,使其不能被操纵用于保护主义目的。世贸组织要监督主要成员之间的防范措施向上对齐的进程,并通过在促贸援助计划中增加支持项目,调整对发展中国家,特别是最不发达国家的技术援助。这些都可以在现有协定和框架的基础上进行。

在过去的三十多年里,中国采取了出口导向的发展战略。自

2001年加入世贸组织以来，中国已成为世界最大的出口国。中国最大的贸易伙伴包括欧盟、美国、东亚和东盟。然而，中国的出口结构正处于转型期。在第7章中，国务院发展研究中心研究员隆国强研究了中国比较优势的演变和出口战略的调整。中国在出口方面的成功要归功于其低成本劳动力的优势。隆国强发现，维持劳动密集型产品竞争力的要素投入一直在发生着重大变化。劳动力的无限供应已经转变为总供求的平衡。此外，车间工人的短缺和工资的快速增长也带来了结构性问题。隆国强呼吁采取基于动态比较优势的出口升级战略，包括建立有利于技术创新的制度，开放国内资本和技术密集型产业，打造具有国际竞争力的跨国企业，促进资本和技术密集型产品向新兴市场的出口，发展加工贸易中上游材料和零部件的生产。

第三部分是关于工业与服务业。第8章讲的是中国的实体经济。国务院发展研究中心研究员张来明和李建伟认为，实体经济是一个国家经济的基础。他们研究了中国实体经济的现状，发现了一系列问题，包括国内需求减弱、外部需求下降、生产成本上升、税收负担重、投资收益率低。房地产泡沫吸引了大量的社会资源，推高了实体经济的融资成本和生产成本，削弱了居民消费和企业竞争力。作者建议，中国经济发展要想可持续，就要建立和完善抑制经济泡沫的监管机制，改革收入分配制度，构建开放型经济新体制，深化财税改革，只有这样才能使实体经济的发展具有可持续性，企业家才有意愿投资实体经济。

在下一章中，剑桥大学的张瑾讨论了全球化时代跨国企业的转型问题。跨国企业被认为是全球化的引擎。世界上最大的跨国企业大多来自发达国家。它们自19世纪以来在商业和组织方面有着悠久的演变历史。在当前的全球化时代，跨国企业已经深刻地改变了人们对全球市场的看法和在世界各地组织生产的实践。在这一过程中，它们在战略和组织结构方面面临着全球一体化和本地响应之间的矛盾。为了解决这一矛盾，发达国家的跨国企业经历了大规模的业务和组织结构调整，将精力完全集中在高附加值和高科技的核心业务上，并对全球的价值链活动进行了系统整合。它们在战略和组织结构方面的转变反过来也改变了其所处产业的结构。中国的大型企业能在多大程度上确立全球系统集成者的地位，仍然是一个悬而未决的问题。中国大型企业与现有的全球系统集成者之间关系的性质对全球政治经济具有重要意义。

第10章由瑞士弗里堡大学的保罗·登宾斯基撰写。该章探讨了大型企业在推动经济增长中的作用。登宾斯基教授发现，超大型企业（VLE），即那些在美国、欧洲和日本股票市场上市的最大的公司，在经济增长中贡献了很大一部分。登宾斯基教授提出的解释是，许多超大型企业在现有的和新兴的全球价值链中扮演着"焦点企业"的角色。为了实现其战略目标，"焦点企业"利用其结构性的权力和能力，组织价值链上生产和分销环节的其他企业的工作。通过这一做法，它们可以从较小的合作伙伴（无论是供应商还是分销商）那里获得一部分成果和业绩。因此，与经济中其他主体相比，一个超大型企业可以产生更高的经济效益。

第11章由国务院发展研究中心研究员来有为撰写。该章以中国的跨境电商为例，探讨了服务业。在中国经济的新常态下，跨境电商保持快速增长，成为服务业的一个亮点。来博士认为，跨境电商的发展对中国经济至关重要。它不仅会刺激中国的对外贸易和国民经济增长,而且会促进中国经济的转型和升级。然而,尽管有政府的大力支持,仍有许多问题亟待解决。来有为博士建议政府逐步建立有利于跨境电商发展的政策法规体系和环境,企业要不断开发新的商业模式,从而提高中国跨境电商服务业的国际竞争力。

在本部分的最后一章中,国务院发展研究中心研究员赵昌文、许召元和副研究员朱鸿鸣研究了不同工业化状态下的增长动力。他们认为,随着劳动力供给和资本积累对中国经济增长贡献的下降,而且还将持续下降,新的增长动力将必须来自于生产力的提升,这种提升将通过提高生产要素的质量和优化这些要素的配置来实现。此外,由于投资和出口对中国经济增长的贡献目前勉强维持在一个相对较高的水平,新的增长动力将来自于消费的增长。作者指出,新的增长动力的出现不是市场自发的过程,它需要国家适应新的发展阶段,重塑政府行为,建立一个统一开放的市场,维护公平竞争,帮助引导和激励创新。

第四部分是关于金融。对于一个经济体而言,金融部门在促进经济发展方面具有关键作用。金融是经济的命脉,与实体经济和消费者的日常生活息息相关。在过去的几十年里,中国一直在审慎推动金融部门改革。在国务院发展研究中心研究员张承惠看来,中国的金融业改革已经进入深水区,一些具有挑战性的深层次问题亟待解决。这些问题包括如何重塑政府管理金融的行为模式,如何深化主要金融机构的改革,如何使金融改革的政策制定更加科学,以及如何加强不同金融行政部门之间的协调。张承惠认为，如何处理这些问题将对中国金融改革的成功和金融业的转型产生重要影响。她建议重塑政府的金融管理行为模式，完善政策制定机制，开展试点，深化中国主要金融机构的改革。

在第14章中，国务院发展研究中心研究员张丽平研究了中国金融业的国际化问题，包括中国银行业的国际业务和人民币的国际化问题。张丽平发现，尽管已经取得了很大进展，但中国主要金融机构的国际化水平仍远远落后于国际领先银行，人民币作为国际货币的功能仍然有限。金融业在资源的全球配置和价值链跨境转移中具有关键作用。她建议，随着中国经济进入新常态，中国的金融部门需要得到加强，从而为经济的升级提供保障。

接下来的一章由香港大学亚洲全球研究院特聘研究员、中国银行业监督管理委员会高级顾问沈联涛撰写。他探讨了中央银行在全球金融危机后的作用。他指出，中央银行通过货币政策工具，在不造成通货膨胀或通货紧缩的情况下，支撑了金融稳定、就业和增长。但是，这样的货币政策似乎并不奏效，马丁·沃尔夫在第2章中也提出了这一判断。因此，中央银行被困住了。由于担心被指责使经济增速进一步放缓，或因为政治家要求它们采取更多非常规的货币措施以延缓实体部门艰难调整的到来，央行现在无法轻易退出宽松货币政策。沈联涛认为，中央银行不能解决经济中的结构性问题，只能使系统依赖软货币和低利率。他警告说，中央银行已经成为低增长流动性陷阱这一结构性问题的一部分。他建议央行行长们务必做出艰难的决定，如果他们做不到必须做的事情，那就应该把位置让出来。

第五部分是关于创新。中国的目标是到2020年成为一个创新型国家。中国政府制定并实施了一系列技术和创新政策，以支持科学、技术和创新的发展。在第 16 章中，国务院发展研究中心研究员吕薇采用了一套指标体系来评估中国 31 个省、自治区和直辖市的区域创新发展。通过对中国三个区域创新集群和三个科技资源集聚区的研究，吕薇指出：创新资源是由政府和市场共同配置的；科技基础设施的建设主要取决于政府投资；创新要素的集聚主要取决于市场环境。她的结论是，区域创新能力与收入水平、科技积累、良好的制度和政策环境以及政府的大力支持密切相关。

在第 17 章中，国务院发展研究中心研究员马名杰建立了一个衡量中国创新水平的系统，包括创新基础、创新效率和产业发展。马名杰发现，中国在金砖国家中处于领先地位。此外，以专利和学术期刊论文发表数为标志，中国的科技总产出水平甚至超过了最发达国家。然而，在基础科学的研发人员储备、人力资源和资本投入以及知识产权的国际竞争力方面，就目前水平看，中国仍落后于发达国家，也落后于大多数国家在同一发展阶段时期的水平。这表明，中国在创新驱动经济增长方面，仍有巨大的潜力。

剑桥大学发展研究中心创始主任彼得·诺兰从另一个视角看待企业层面的创新。他指出，在历史上一千五百多年的时间里，中国在创新方面一直引领世界。中国的创新主要是通过企业个体之间的竞争进行的。中国政府具有允许和刺激创新的关键职能。从中国传到西方的技术对改变世界的英国工业革命做出了重要贡献。从 19 世纪起的二百年里，全球创新一直由高收入国家的企业全面主导。在三十多年的全球化进程中，高收入国家的企业加强了它们在全球创新和全球高技术产品市场上的主导地位。诺兰教授进一步认为，大量的研发支出是高技术产业竞争成功的必要条件，但不是充分条件。企业研发支出所处的体制结构对于确保其有效性至关重要。

第六部分是关于能源与环境。2007年，中国成为世界上最大的能源生产国，2010年成为世界上最大的能源消费国，对海外石油和天然气进口的依赖程度越来越高。同时，中国致力于减少温室气体排放和空气污染。2014年，中央财经领导小组第六次会议呼吁在国内开展能源革命，目的是满足快速增长的能源需求，同时减少污染。中国政府提出在能源领域系统性改革的基础上，推进能源消费、生产、技术和国际合作方面的改革。正是在这样的背景下，国务院发展研究中心研究员郭焦锋和高世楫研究了中国能源系统革命的要求及其详细内容。他们提出了四项原则，即市场的主导作用、市场准入的标准化、能源安全和人民福祉。他们还确定了2030年实现能源系统革命的五个战略目标：完善的市场体系、运作良好的定价机制、规范的政府管理、有效的市场监管和完善的法律框架。他们还提出了关于如何推进能源系统革命的路线图。

中国和世界其他国家的许多城市都面临着高温室气体排放、污染和拥堵的挑战。解决环境问题需要创新技术和创新治理。在最后一章中，爱丁堡大学的马丁·弗朗斯曼探讨了如何实现安全、清洁、便利和负担得起的现代交通的问题。弗朗斯曼教授指出，解决这些环境问题具有挑战性。如果这些问题无法彻底解决，那么就要决定应该做些什么使情况得以改善，并有效地实施这些决定，从而实现系统定义的成功的目标，而要做到这一切同样具有挑战性。弗朗斯曼教授提出了"多式出行创新生态系统"的概念框架，该框架由四个模块组成，包括宏观框架和工具、硬件基础设施和投资、市民点对点的出行、货物最后一英里的投送和收取。在这一框架下，解决方案和参与者得以互动，协调成本和治理机制得以确定。正如弗朗斯曼教授在本章中所说，尽管不存在解决问题的"灵丹妙药"，但他希望这个框架能提供一种方法，让人们能更严谨地思考需要解决的问题和可能的解决方案。

PART ONE 第一部分

宏观经济

1

中国经济转型：特征与对策

李 伟

2012年以来，我国经济增长速度在短期内较快下滑，从2011年的9.5%下降到2015年的7%左右。这一态势引起了国内各界和国际社会的密切关注与广泛讨论。对于中国经济增长的前景，有人乐观，有人悲观。在那些相对乐观的预测中，汇丰银行的观点比较典型。其2015年11月所做的预测认为，"十三五"期间，中国的GDP可以保持年均7%左右的增长（Qu，2015）。在那些相对悲观的判断中，美国大企业联合会的观点比较典型。其2015年所做的预测提出，"十三五"期间，中国的GDP将下降到年均4.5%的水平（Erumban and de Vries，2015）。国际上这些相互矛盾的判断共存，在相当程度上反映了中国经济正处于各种有利因素和不利因素的复杂交互影响之中。一方面，经过三十多年的改革发展，中国的物质基础显著扩大，经济实力大幅增强，适应市场经济发展要求的体制机制日渐完善，在国际经济治理中的话语权明显提升，应对各种复杂局面和严峻挑战的能力大幅提升。另一方面，物质财富还需要进一步增长，而经济发展的各种约束不断增强；社会对公平正义的要求不断提高，而推出相关政策受各种不同利益诉求的困扰日益增多；人们对高质量生活环境的要求越来越迫切，而环境的治理难度日益加大；开放条件下资本、人才、技术跨境流动越来越便利，而各国获取优质生产要素的竞争更加激烈。可以肯定地说，中国的现代化业已进入转型发展的历史性重要窗口期。窗口期并非长期存在，而是有时间界限，我们必须在窗口期内完成发展的转型，否则，就迈不过"中等收入陷阱"这道坎，现代化进程就有可能中断。

发展转型的实质是发展方式的转变，最主要的任务是推动经济迈向中高端水平。经济迈向中高端水平具有丰富的内涵，其最基本的标志，概括地说，就是形成这样一种经济体系：它以新的发展方式，在以较高的生产率不断扩大经济总规模和增进人民福祉的同时，实现发展的平衡性、公平性和持续性，从而促使中国能够顺利跨越"中等收入陷阱"，成为现代化的高收入国家。之所以要形成这样的经济体系，一是因为我国经济总量虽然已经排在全球第二位，但 2015 年人均国民收入也只有 7800 美元左右，与高收入国家门槛值还相差 5000 多美元，不继续扩大总规模，中国便不能成为高收入国家。二是因为在发展进入上中等收入阶段之后，支撑中国发展的资源、要素和市场条件以及社会环境已然发生显著变化，延续过去那种资源环境代价过大、普惠程度不足的发展方式，不仅不能解决业已产生的资源环境、社会公平等方面的问题，而且会加重这些领域的矛盾，进而带来生态危机和社会危机，最终可能会导致发展进程的中断。现代世界发展史上这类案例可以说举不胜举。由此可见，当前和今后一段时间，我们一定要把构建中高端水平上的经济体系作为重大任务加以推进、加以落实。

推动经济迈上中高端水平，是一项系统的整体性工程。要顺利实施这一工程，必须比较清晰地勾勒出中高端水平经济的图景。只有这样，我们才能明确工作的方向，才能找到正确的政策着力点，才不致事倍功半，才能在尽可能短的时间内达到既定目标。我认为，迈上中高端水平的经济至少有如下四个特征：

一是要形成建立在高生产率基础上的发展方式。这样的发展方式，有助于减轻发展对资源环境造成的压力，有助于保持居民收入的持续快速增长，有助于创造更多的"社会剩余"作为促进社会公平的物质保障。从理论上讲，高生产率就是以更少的投入获取更大的回报。改革开放以来，我国的生产率有了大幅提高，但是与发达国家相比还有很大差距。根据宾夕法尼亚大学世界数据表测算（Feenstra, Inklaar and Timmer, 2015），1978年，我国的全要素生产率相当于美国的28.2%；2011年，我国的全要素生产率提升到了相当于美国36.8%的水平，与美国的水平还差63.2个百分点。即使考虑近些年中美两国生产率的变化趋势，目前中国与美国的全要素生产率差距依然很大，根据我们基于宾大世界数据表的推算，两者还有60个百分点左右的差距。正是因为有这样的差距，我国人均国民收入（GNI）与美国才会有如此巨大的差异；也正是因为有这样的差距，在经济总量与美国相差7万亿美元的情况下，我国就面临着比美国大得多的资源环境压力。因此，形成建立在高生产率基础上的发展方式，应是经济迈上中高端水平的最突出标志，也是推动经济迈上中高端水平必须始终围绕的一条主线。

二是要形成更加平衡的经济结构关系。理论和实践都表明，社会再生产的不同环节环环相扣，国民经济各行业互为支撑，各地区发展相互影响；要实现持续发展，必须平衡好社会再生产各环节、国民经济各行业和各地区的关系。而且，随着社会分工关系的复杂化，平衡各领域、各方面的关系越来越必要、越来越重要。在经济结构方面，目前存在不少比较突出的问题，比如：供给结构不能适应需求结构的变化，致使居民消费购买力难以在国内完全实现；现代生产性服务业水平不高、效率低下、结构不合理，尤其是金融业发展滞后，致使制造业的发展及其转型升级难以获得有力的支撑；区域产业同构化比较严重，致使资源要素空间配置效率低于应有的水平。这些都使国民经济总体效益产生不小的损失。经济迈上中高端水平，必须形成供给结构和需求结构有效平衡的格局，通过加大供给侧结构性改革力度，推动供给结构适应不断升级的需求结构。经济迈上中高端水平，还必须形成与中高收入阶段相适应的产业耦合关系，通过扩大现代服务业规模、提高服务业质量，为第二产业的进一步发展提供有力支撑；通过做优、做强、做大第二产业，为服务业的现代化提供需求支撑和技术支持。经济迈上中高端水平，还必须形成更为细化的区域分工关系，通过打破要素流动壁垒，建立全国统一市场，合理化中央地方权责关系，提高各地产业发展的专业化水平，使各地的产业链更加紧密地耦合在一起。

三是要实现产业技术水平的中高端化。产业技术水平，是决定生产率高低的最重要因素，也是决定经济能否迈上中高端水平的最关键因素。过去三十多年来，我国各产业的总量规模迅速扩大，目前已有200多种制造业产品产量居全球第一，技术水平也有明显提高。但要清楚地看到，我国的产业技术水平与国际前沿技术还有很大差距。这种差距存在于各产业领域，但主要存在于制造业领域。联合国工业发展组织2015年12月1日发布的《工业发展报告2016》（UNIDO，2015）显示，2013年，中国中高技术制造业增加值（MVA）占制造业总增加值的44%，比日本低11个百分点，比德国低16个百分点。从制造业中间投入品的构成来看，我国产业的技术水平显得更为落后。在传统产业中，关键装备、核心零部件和基础软件长期依赖进口，而且有些产品的进口规模不断扩大。2015年1—11月，集成电路进口总额达到2058亿美元，是我国第一大进口商品，接近于第二大进口商品原油进口额的两倍。新兴产业领域对外国技术的依赖程度更大。据国际机器人协会（IFR，2015）和中国机器人产业联盟（CRIA，2015）统计，中国自2013年开始成为全球第一大工业机器人市场。2014年，中国市场工业机器人销量达5.6万台，约占全球市场的25%；但国内生产的工业机器人只有1.7万台，仅占中国市场的30%左右，并且绝大多数国内生产企业从事的只是组装性质的机器人生产。因此，推动经济迈上中高端水平，必须把实现产业技术水平的中高端化作为核心任务。

四是要在全球分工体系中攀升到价值链的中高端位置。一个国家在分工体系中处在何种位置，不仅影响着这个国家进出口贸易的增长，还影响着这个国家国民福利的状况。如果一个国家处在价值链分工体系中的高端，那么这个国家就能以较少的资源和劳动力投入获得更多的收益，从而为保护生态、改进国民福利创造更好的基础和条件。反之，如果一个国家处在价值链分工体系中的低端，那么即便这个国家依靠廉价的资源和劳动力获得了较快的贸易增长速度和较高的全球贸易份额，人们的福利改进也不会太多。在对外交往中，我们会发现一些发达国家的居民比较悠闲。这些发达国家的居民之所有更多的闲暇时间，正是因为这些国家处于产业价值链分工的高端，能够以劳动投入少、附加值高的少量产品通过国际市场换取劳动投入多、附加值低的大量产品，供本国人民消费。

改革开放以来尤其是加入世贸组织以来，我国与全球经济的联系日益紧密，参与全球产业分工的广度和深度都大幅提升，较好地分享了经济全球化的"红利"。但是客观地说，我国在全球价值链中整体上仍处在中低端。这突出地表现为：加工贸易比重高，出口以劳动密集型和资源密集型产品为主，在技术密集产品的生产过程中处于劳动密集型和资源密集型的生产环节的比重较高。2015年，我国的加工贸易占比依然高达31.5%，大大高于许多发达国家。推动经济迈上中高端水平，必须把我国在全球价值链分工体系中的地位从低技术、低附加值的环节提升到中高技术和中高附加值的环节，从价值链"微笑曲线"的底部向"微笑曲线"的两端提升。

中高端水平上的经济不可能轻易形成，也不会一蹴而就。它需要我们以科学的理念制定正确的战略和政策，以不懈的努力落实既定的部署。最重要的是，运用好党的十八届五中全会通过的《中共中央关于制定国民经济和社会发展第十三个五年规划的建议》（CPC，2015）提出的"创新、协调、绿色、开放、共享"五大发展理念，谋划好推动我国经济迈向中高端水平的战略和政策。而深刻地理解五大发展理念，是正确运用这些理念指导实践的前提。《建议》提出的发展理念是相互联系的、有机的整体，而不是彼此无关的、分立的范畴。比如，创新发展离不开对外开放，协调发展需要秉持共享发展的原则，绿色发展离不开科技创新。因此，推动经济社会的每一个方面和每一个领域的发展，都应系统地贯彻落实五大发展理念。推动经济迈上中高端水平，也要以整体的思维落实这些发展理念。

第一，要充分发挥科技创新在全面创新中的核心引领作用，为提高国民经济整体效率奠定坚实基础。提升经济运行效率，从宏观层面上要加快改革步伐，尤其是加快供给侧结构性改革，完善市场机制，促进资源要素在空间上和行业间优化配置；从微观层面上要鼓励产品创新、商业模式创新、生产流程创新和管理方式创新。而更主要的是，要推动科技创新，强化科技创新在各类创新中的基础地位。环顾全球，那些处在高端水平上的大经济体，无一不是科技强国。我们要想推动经济迈向中高端水平，就离不开科学技术的不断进步。推动科技创新，需要处理好两大关系：一是市场选择和政府统筹的关系。面对多元化的、变化日趋迅速的需求，必须有效发挥市场在创新资源配置中的决定性作用，优化创新生态系统，充分释放各类创新主体创新、创造的活力。同时，面对我国单个创新主体所拥有的创新资源不足的现实，面对重大技术创新越来越资金密集化的趋势，也必须更好发挥政府在统筹国有创新资源和推动各类创新主体深化合作中的作用。二是自主创新和技术引进的关系。习近平总书记2016年1月4日在重庆考察时指出,核心技术不是别人赐予的,不能只是跟着别人走,而必须自强奋斗、敢于突破。我们要深刻领会习近平总书记的讲话精神,把科技创新的立足点放在自己的创新能力建设上,加强人才队伍建设,加大国家对创新基础设施和创新平台的投入力度。在创新能力建设方面,特别需要强调的是,要构建尊重人才、奖励成功、宽容失败的政策环境和社会氛围,让广大科技工作者能够全身心地投入到创新活动之中。我们也应利用好全球的创新资源,统筹好先进技术的引进、消化和吸收,通过学习国外先进技术,提升自己的创新能力。

第二,要立足当前,着眼长远,在新的发展基础上推动形成新的结构平衡关系。经济发展始终是一个从平衡到不平衡、再到新平衡的动态调整过程。当前,我国经济失衡的状况比较严重,既造成了资源的浪费,也制约了经济的持续发展和城乡居民收入的进一步提高。不尽快解决发展中的各种结构性矛盾,我国经济可能会陷入深刻的危机之中。我们必须按照中央的部署,采取更加有效、有力的措施化解过剩产能,淘汰经营难以维持的"僵尸"企业。同时,要着眼国家未来发展的战略需要,适应城乡居民消费需求变化的大趋势,以科技创新为依托,培育发展壮大一批战略性新兴产业和现代服务业,改造提升传统产业尤其是制造业,形成新的发展基础上的、耦合程度高的产业结构体系。还要把化解过剩产能、培育发展新兴产业和优化生产力空间布局结合起来,使各地的比较优势都能得到充分的发挥,使各地的发展潜力都能得到充分的挖掘。

第三,以制造业高端化为引领,着力提升产业技术水平。制造业是现代经济的基石,是决定一个国家经济实力和竞争力的根本。制造业不仅为农业和服务业的现代化提供先进的装备和技术,也蕴含着创新的机会,孕育着创新的理念,是创新实践不可或缺的重要载体,是"技术创新的第一源泉",是"实现独立发明和技术改进的核心领域"。美国的开国元勋之一、首任财政部长汉密尔顿曾说过,"与制造业繁荣休戚相关的不仅仅是一个国家的财富,甚至还有这个国家的独立"(Hamilton,1791)。推动制造业高端化,要脚踏实地、持之以恒地落实《中国制造2025》战略,要吸取历史上的教训,不能因为暂时的困难而放弃既定的目标。推动制造业高端化,最重要的工作是构建有利于制造业高端化发展的制度和政策环境。要通过实施精准的产业政策,引导资金、人才更多地向中高端制造业领域聚集。

第四,要实施体现发展新要求的对外开放战略,着力提升我国在全球价值链分工中的地位。过去三十多年来,对外开放在我国现代化的过程中起到了极为重要的引领作用。今后,还必须继续坚持对外开放的基本国策。需要指出的是,未来的对外开放,需要把提高我国在全球价值链中的分工地位作为一个明确而重大的目标。我国在全球价值链中的地位能否提升,取决于两大因素:一是国际经济秩序是否有利于发展中国家以更加平等的身份参与到全球化的进程中;二是国内能否建立有利于产品结构、产业结构升级的政策体系,能否形成推动产品结构、产业结构升级的强大合力。为提升我国在全球价值链中的地位,我们要与广大发展中国家一道,争取建立一个更加公平合理的国际经济新秩序,使全球化朝着让全人类公平分享发展成果的方向迈进。我们还要把建立对外开放新体制和提升我国在国际分工中的地位密切地结合起来，统筹谋划"引进来"和"走出去"的战略布局，调动政府、企业和公众的积极性，动员社会各方面力量，共同推动价值链分工地位的提升。

参考文献

中国机器人产业联盟（2015）：《2015 中国工业机器人产业市场报告》。

CPC Central Committee. (2015) *Recommendations for the 13th Five-Year Plan for National Economic and Social Development.* Beijing: Central Compilation & Translation Press.

Erumban, Abdul Azeez and Klaas de Vries. (2015) *Global Growth Projections for the Conference Board Global Economic Outlook 2016.* New York: The Conference Board. accessible at www.conference-board.org/attach/GFO_Methodology_Oct20151.pdf.

Feenstra, Robert C., Robert Inklaar and Marcel P. Timmer. (2015) The Next Generation of the Penn World Table. *American Economic Review* 105(10): 3150-3182. accessible at www.ggdc.net/pwt.

Hamilton, Alexander. (1791) *Report on Manufactures.* accessible at www.constitution.org/ah/rpt_manufactures.pdf.

IFR (International Federation of Robotics). (2015) *Executive Summary for World Robotics: Industry Robotics 2015 and World Robotics: Service Robotics 2015.* Frankfurt: IFR Statistical Department.

Qu, Hongbin. (2015) *China's New Course: Latest Five-Year Plan Opens Up the Economy to Maintain Growth.* HSBC Global Banking and Markets Insights. accessible at www.gbm.hsbc.com/insights/manufacturing/chinas-new-course.

UNIDO. (2015) *Industrial Development Report 2016.* Vienna: United Nations Industrial Development Organization.

2

转变与冲击：金融危机时代的新兴经济体

马丁·沃尔夫

"我认为，货币政策的改善虽不是导致'大稳健时期'到来的唯一因素，但也是其重要来源。有些人认为过去二十年宏观经济波动性下降主要是由于好运，我虽然不能说心服口服，但也的确认为好运在其中发挥了一定作用。"

——本·伯南克，美联储前董事会主席（Bernanke，2004）

过去的故事就如同另一个国度。本·伯南克论及经济学家们所盛赞的"大稳健时期"时，他所描述的情景仿佛不曾存在于这个星球一般——那是一个金融危机和经济问题从未存在、经济空前稳定、货币政策完美无缺的世界。① 这番描述或许夸大其词，但看看时任美联储主席伯南克（Bernanke，2004）的看法："货币政策

---

① 斯托克和沃森（Stock and Watson，2013）发明了"大稳健时期"这个说法。

改善所做出的重要贡献，不仅在于降低了通胀波动（这一点并不格外自相矛盾），还在于降低了产出波动。"这番言论也算是别开生面了。

结果，主流经济学界一败涂地。主流经济学界没能理解宏观经济运行，是因为他们没能理解金融风险；而主流经济学界没能理解金融风险，是因为他们没能理解宏观经济运行。而那些正确理解经济脆弱性源头的经济学家，研究成果却遭到了忽视，因为他们的观点与"潘格罗斯教授"们炮制的理性人理想世界格格不入。[1]

接下来，我想讨论四个问题：我们的现状如何？这一现状是如何造成的？这一现状对全球有何影响？这一现状对新兴经济体有何影响？

我们的现状如何？

有的时候，我真得掐自己一把，才能确定自己不是在做梦。2008年以来，高收入经济体纷纷进入了一种"受控的萧条"，具体症状为，货币政策格外扩张的同时，经济疲软、失业率高企、通胀率低迷。日本银行自1995年起，官方干预利率就趋近于零；美联储公布的利率从2008年10月以来始终接近于零；英格兰银行的利率2009年3月达到了0.5%；而发达经济体中最保守的欧洲央

---

[1] 观点广受忽视的经济学家中，最突出的是已故的海曼·明斯基（Hyman Minsky）和查尔斯·金德尔伯格（Charles Kindleberger）。见 Minsky（1986）、Kindleberger and Aliber（2011）等。

行，利率也在 2013 年 5 月达到了 0.5%，但早在四年之前，欧洲央行的公布的利率就达到了 1%，之后在 2011 年尝试上调，最终又在当年 12 月回调至 1%。但除欧洲央行之外，没有哪家央行会认为自己现在的货币政策不太紧缩。此外，这些央行除了近乎无限印钞之外，还在大举扩表（见图 2.1）。

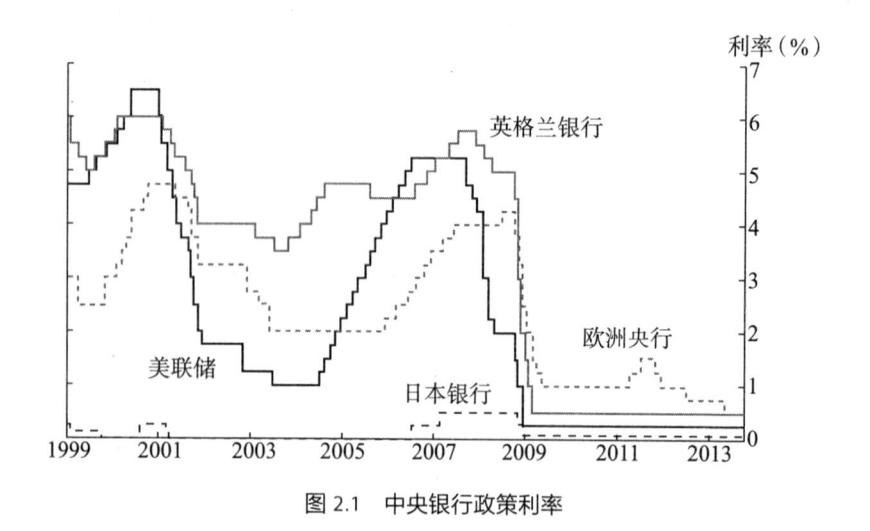

图 2.1 中央银行政策利率

即便如此，六大高收入经济体中，也只有美国和德国在 2013 年第二季度，经济增速超过了自身在金融危机前的峰值。其他经济体落后于金融危机前增长速度的幅度，则令人瞠目结舌。2013 年第三季度，欧元区经济增速同 1995—2007 年的增长速度相比下降了 13%，经济活力严重衰退；同 1980—2007 年的增长速度相比，美国经济增速下降了 14%（见图 2.2），英国经济增速下降了 18%（见图 2.3）。

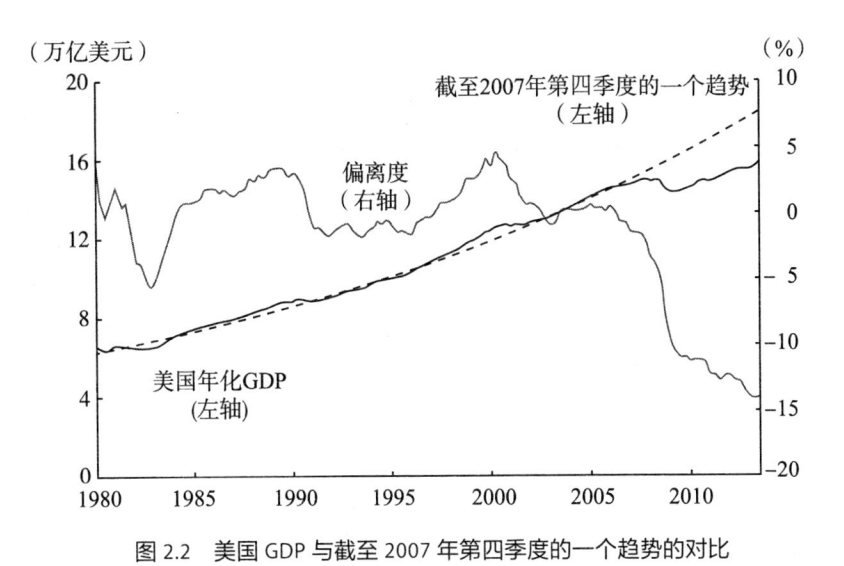

图 2.2 美国 GDP 与截至 2007 年第四季度的一个趋势的对比

图 2.3 欧元区 GDP 与截至 2007 年第四季度的一个趋势的对比

政策与效果之间之所以出现如此强烈的反差，其主要原因显而易见：信贷机器出现了故障。广义货币措施陷于严重停滞，究其根本，是由于量化宽松政策。种种证据都表明，大规模金融危机过后，货币政策就不再那么有效了（见图2.4）。

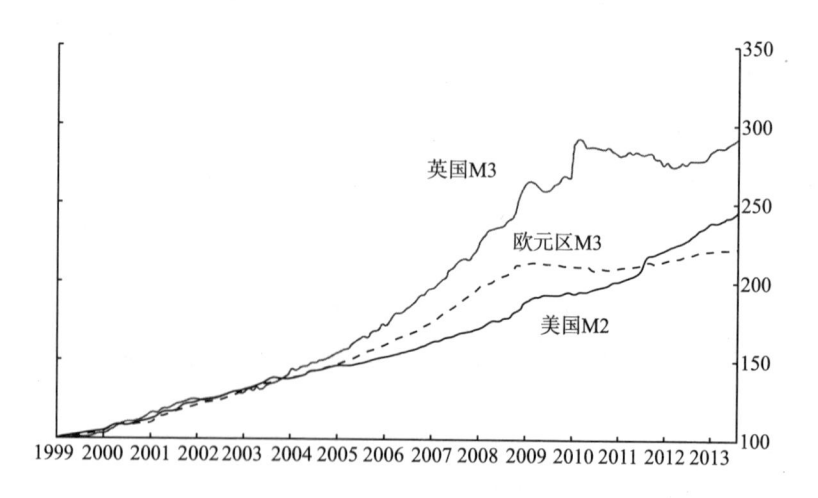

图 2.4　大衰退期间的货币供应（1999 年指数为 100）

零利率下限的确会产生负面影响，但对于动用财政刺激这一缩减过剩储蓄的直接手段，各国却缺乏充足的意愿。无论是政界还是大众，都在 2009 年、2010 年财政赤字高企时蒙受了"价签冲击"，转而支持紧缩，使得宏观经济政策的重担完全由无力的央行承担。

这一现状是如何造成的？

在我看来，危机是全球储蓄供过于求（如伯南克在美联储主席任上时所说）与脆弱的金融体系碰撞产生的结果。二者之间由于以通胀为目标的货币政策而产生联系，这种政策主要出自美国，但欧元区内部也有所实行。当金融体系迎来所谓的"明斯基时刻"时，就会造成一场规模巨大的金融危机，各国选择维持高收入国家的整个金融体系，并如我们所见，出台一系列积极的货币政策。

亚洲金融危机的爆发，适逢全球范围内实际利率骤降，这体现在指数联动型政府债券的走势中。英国指数联动型政府债券收益率在1997年年中接近4%，之后下跌至近2%。这一轮下跌，与信贷弹性供给的发达经济体房价开始攀升几乎同步。这其中的因果关系很难证明，但若要说这不过是巧合而已，也很难令人信服（见图2.5）。

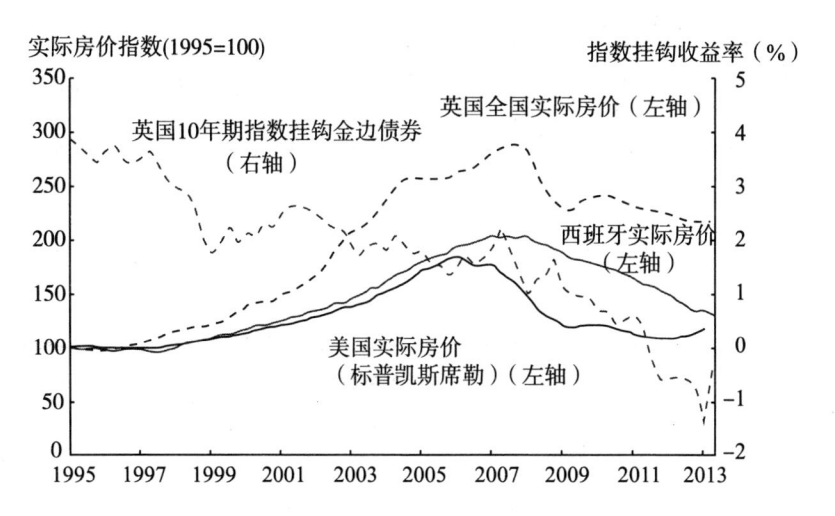

图2.5 实际房价指数和实际指数挂钩收益率

亚洲金融危机过后，包括中国在内的许多新兴经济体，决定采取大幅增加经常性账户盈余的汇率、货币政策。盈余计划增加到何种规模，至今仍不清楚。这些举动既是对亚洲金融危机的自然反应——"不再上演"成了所有人尊奉的圭臬——也是外汇市场干预措施乏力的自然结果。但这些政策得以实施的另一重要支撑，是各国发生了以利润为导向的结构性转变，中国尤其如此。

中国与其他东亚新兴经济体、石油出口国，以及德国、日本等部分老牌工业国这三大资本输出地区应运而起。与此同时，美国和欧洲边缘国家这两大资本输入地区也逐渐成形。资本输入地区无一例外，全部陷入了 2008—2010 年的金融危机。这是否也纯属巧合？我并不这么认为（见图 2.6、图 2.7）。这些国家的主要特征是增速较快、有着公认极佳的投资机遇，且决定将大笔资本借给增速较慢、投资机遇较差的经济体。它们做出这样的决定的背后，有一个重要原因：在高收入经济体，非金融企业基本都处于财务盈余状态，留存的收益超过了对外的投资。这一方面是因为利润高涨，另一方面则是由于 2000 年股市泡沫破裂后企业投资活动萎靡不振。因此在各高收入国家，伴随着资本流入的，是国内财政赤字、居民财务赤字双双产生。居民财务赤字的产生与实际房价上涨和住宅开发一派繁荣不无联系。

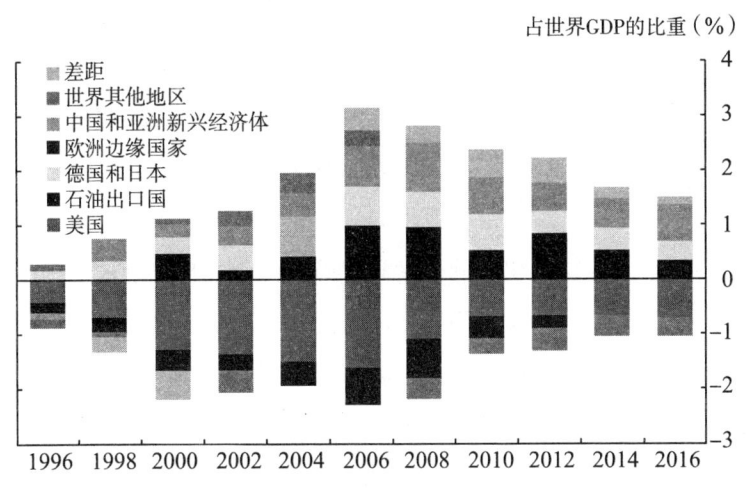

图 2.6 全球失衡占世界 GDP 的比重

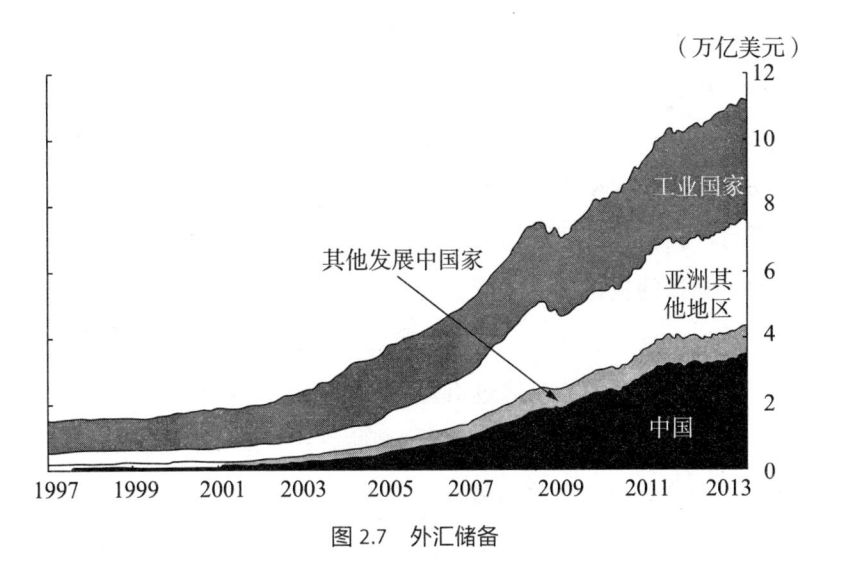

图 2.7 外汇储备

同时，在安全资产回报率低迷的环境中，我们看到了"追逐收益"，看到了金融业大量伪造 3A 级住房抵押贷款资产。照我的同事吉莉安·泰特（Tett，2009）所说，这些都是不折不扣的"愚人金"。金融业还大肆增加杠杆，以推高（未经风险调整的）股权回报率，从而给高管和员工发放丰厚的津贴。例如，21世纪头十年，英国的杠杆率中位数从20:1增加到了50:1，在金融危机过后彻底崩盘。此外，影子银行业也大规模扩张，逐渐承担了传统银行业的风险，却缺乏相应的监管和保障。金融危机史领域的专家会对此感到惊讶吗？我想不尽然，因为这不过是以往的过剩以更天马行空、科技含量更高的形式表现了出来而已，在其背后作为支撑的是一种错误的观念，那就是现代金融业复杂先进，对如何管控风险了然于胸，就连资本都完全不需要了。

美联储在这其中发挥了核心作用。为了回应其他国家采取的政策，美国外部不平衡从20世纪90年代末到21世纪头十年突飞猛进。这当时不曾是，现在也仍不是美联储直接关心的事务。但这是一股反通胀的推力，在其他条件不变的情况下，会导致产能利用不足、失业率上升、通胀率下降。作为一家实行通胀目标制的央行，美联储的任务就是要抵消外部不利影响。21世纪初，美联储以积极的货币政策实现了这一任务，但这样的货币政策是如何影响经济的？答案是，货币政策影响经济的方式，或者是通过资产价格变动，或者是通过借贷活动变动，又或者往往是二者兼而有之。美国则体现了兼而有之的影响方式。最主要的影响方式，是通过房价和与之相关的借贷、放贷活动。此外，随着（金融体系自身创造的）信贷供应增加，信贷走向了世界，寻求比美国国内更高的收益率。英国因此受到了直接影响。

欧央行在欧元区内部采取了类似的做法。信贷弹性的欧元区边缘经济体遭遇了"利率错觉",名义利率和实际利率出现了混淆,这在从未经历过如此低利率的经济体中实属自然。这些经济体中的过热现象,在一定程度上抵消了德国等债权国国内需求的极度疲软。欧央行的调控目标是欧元区平均水平,其中包括了经济过冷的部分和经济过热的部分,资本从前者大规模流向后者。

简而言之,在房价高涨、信贷大举扩张的环境下,居民和金融行业总体债务占GDP的比重迅速增加(见图2.8)。资产价格膨胀,加之整体债务水平大幅上升,足以刺激居民加大消费和住房投资支出。这一效应会对经常性项目赤字规模较大的经济体乃至整个世界发挥平衡作用。然而,这一作用实际得以发挥,已经是金融危机袭来的时候了。推高的需求旋即崩塌,政策制定者只得投身于再度推高需求的苦差之中。

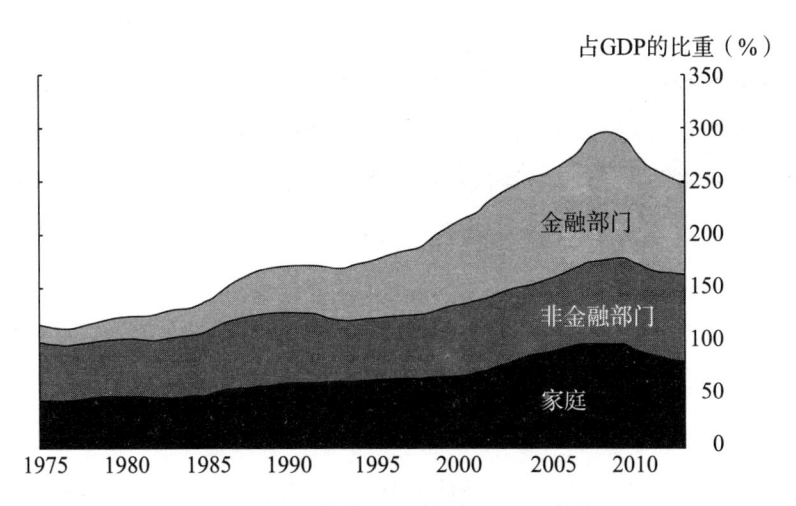

图 2.8 美国私营部门累计债务占 GDP 的比重

这一现状对全球有何影响？

所谓"发达经济体危机",不过是过去四十年间最大的一场金融危机,但这场危机远不是最早发生的。在此之前,20世纪80年代爆发了发展中国家债务危机,90年代中期爆发了龙舌兰危机,1997—1998年爆发了亚洲金融危机,等等。同样重要的还有90年代日本爆发的危机,让流动性陷阱和零利率下限重回经济学家的视野。

纵观灾难性危机史,特别是看到上一场爆发在世界上最发达的金融体系、最发达的经济体内的危机,人们不禁会提出许多重大问题。以下列出其中五个问题,并附上简短且(在我看来)发人深省的答案。

第一,类似危机是不是全球自由经济、金融体系的必然特征?

答案是:是的。这个问题的关键似乎是危机规模会有多大、会以怎样的频率发生,因为很可怕的一点是,危机发生的频率越低,规模可能就越大。稳定会增加承担风险的意愿,转而造成不稳定。

第二,通胀目标制能够稳定经济这一观念,是不是愚不可及的幻想?

答案是:是的。这一政策的批评者言之有理。稳定的通胀或许是稳定金融和经济的必要条件(但这一点也值得商榷),但显然不是充分条件。

第三,不受约束的信贷体系在催生不稳定方面发挥着什么作用？

答案是：基础性作用。金融危机或是因财政而起，或是因私营部门而起。关于财政性金融危机的起源，我们已有大致了解。私营部门金融危机的产生，是由于弹性金融体系能无限增加信贷，直到关于清偿能力的担忧踩下刹车。但信贷自身的弹性又会延缓关于清偿能力的担忧，最终促成更大规模的危机。正因如此，流动性危机到头来都是清偿危机。

第四，监管能不能让我们一边享受通胀目标制带来的好处，一边规避特大金融危机的风险？

答案是：恐怕不能。宏观审慎政策往往与货币政策相抵触。二者的紧张关系较难避免，因为货币政策最为扩张之时，也正是监管最有可能担心金融业采取不当行为之时。最不像下策的，或许就是持续强制推行更高的资本充足率要求，并采取一些半自动的逆周期调节手段。

最后，如今全球缺乏专门机构缓解危机爆发的风险，并在危机袭来时予以管控，这一点是否值得重视？

对也不对。如果 21 世纪头十年政策制定"层层累加"的突出问题能得到更清楚的认识，对于解答这个问题将有所帮助。但全球宏观经济运行以及金融业具体状况之间存在何种关联，当时并不为人知，如今对大多数人也仍是如此。即便国际货币基金组织等机构当时权力更大，这场危机也极难避免。而欧元区的经历也表明，即便有共同央行的存在，危机也不会得到避免，反而会变本加厉。

这一现状对新兴经济体有何影响？

新兴经济体在20世纪八九十年代遭遇危机后，纷纷寻求将危机风险最小化。总的来说，各经济体采取的措施包括：

- 实行保守的财税政策；
- 更加依赖本币借贷；
- 央行实行通胀目标制；
- 实行浮动汇率，或刻意压低以"低估"汇率；
- 实行外汇管制。

这些政策或多或少都产生了效果。新兴经济体面对风险的韧性比以往有所增强（见图2.9、图2.10）。在2009年，这一点得到了鲜明体现，特别是在曾陷入借贷宽松陷阱的中东欧地区。这一方面是因为新兴经济体的政策环境得到了改善，另一方面是由于中国通过大举扩张投资需求，成功应对了危机。话虽如此，美国等发达经济体的政策改变，会对所有新兴经济体造成影响，2008—2009年的时候如此，2013年夏季美联储讨论退出量化宽松政策之后亦然。当然，美联储宣布可能减慢扩表速度后，引起的震动之大确实出人意料。

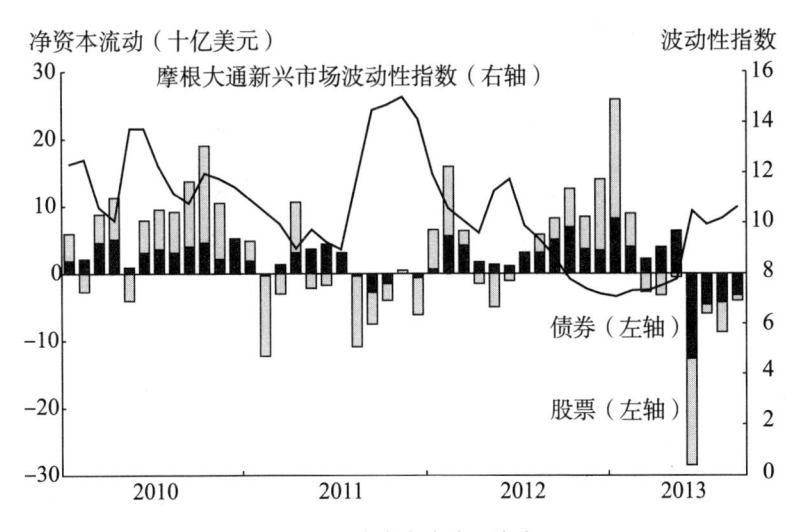

图 2.9 净资本流动和波动

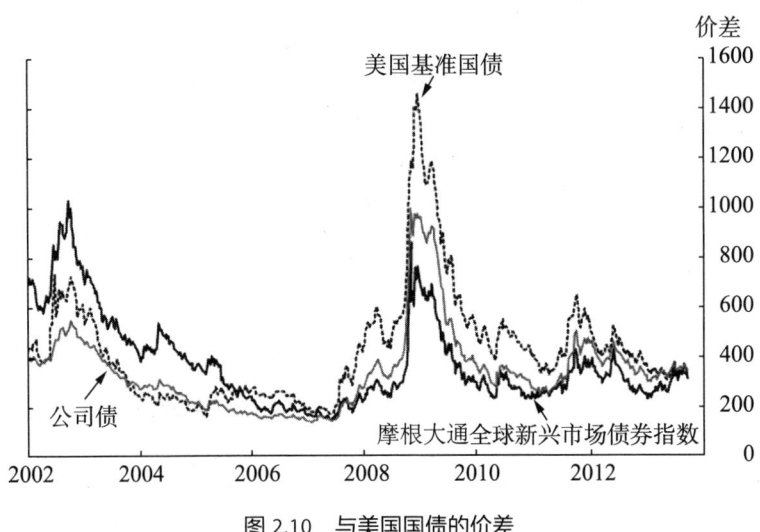

图 2.10 与美国国债的价差

如果人民币成为全球储备货币，情形是否会变化？很难说是，除非中国的政策相比美国，变得不那么关注国内，但这完全没有可能。如果新兴经济体能够选择储备货币，会不会更好？或许会，但这也有可能加剧各主要货币的不稳定性。

如果冲击发生的烈度和规模更低，新兴经济体面临的局面可能大不一样，但我不认为这种事情可能发生。所以，国际上最主要的改革应当是更大规模的保障措施，以取代过去十年对自我保障的大笔投入。为此，新兴经济体甚至可以在国际货币基金组织之外独立建立储备，但这一方案尚未得到考虑。

另一种可能性更高的方案，则是将外汇互换额度覆盖面从美联储等核心央行，逐步拓展至获批的新兴经济体央行。这有助于激励新兴经济体的改革，同时降低"急刹车"的风险，鼓励新兴经济体实现资本净输入，这绝对是发达经济体希望看到的局面。核心国家的央行也能以此为正当手段，降低自身经济遭遇不稳定性的风险。在缺乏更好的保障措施的情况下，我认为新兴经济体必须控制资本流入的净值和总量。

结论

本章有五点结论。

第一，世界经济如今的状况非常诡异，应当牢记其中的诡异和令人不安之处。

第二，应当下大力气，理解当今世界为何充斥着零利率下限和流动性陷阱。

第三，没有理由相信一切从头再来的隐患已经清除殆尽。

第四，新兴经济体对于如何应对波动已经熟稔于心，但这主要是由于它们避开了大规模资本净输入。

第五，为使得世界经济更为平衡、更不易遭遇危机，途径之一是加大新兴经济体应对流动性风险的保障力度。这也会相应地鼓励资本从投资机遇较差的国家向投资机遇较好的国家正常流动。把世界上的资本盈余拿来在富裕国家盖房子实在愚蠢；这样愚蠢的事情，我们不应再做一遍。

参考文献

Bernanke, Ben. (2004) *The Great Moderation.* Remarks at the meetings of the Eastern Economic Association, Washington, DC, 20 February, accessible at www.federalreserve.gov/boarddocs/speeches/2004/20040220/default.htm.

Kindleberger, Charles P. and Robert Z. Aliber. (2011) *Manias, Panics, and Crashes: A History of Financial Crises.* 6th ed. London: Palgrave Macmillan.

Minsky, Hyman P. (1986) *Stabilizing an Unstable Economy.* New Haven, CT: Yale University Press.

Stock, James H. and Mark W. Watson. (2003) Has the Business Cycle Changed and Why? In *NBER Macroeconomic Annual 2002,* Vol. 17, edited by Mark Gertler and Kenneth Rogoff. Cambridge, MA: MIT Press. accessible at www.nber.org/chapters/c11075.pdf.

Tett, Gillian. (2009) *Fool's Gold: How Unrestrained Greed Corrupted a Dream, Shattered Global Markets, and Unleashed a Catastrophe.* London: Abacus.

3

中国经济增长阶段转换的成因、挑战和对策[①]

张军扩　余　斌　吴振宇

2008年国际金融危机爆发后,中国经济增速持续放缓引起国内外学者的广泛关注。如果将中国经济增长放在后发国家追赶进程的框架考虑,争论的焦点可归结为对当前发展阶段的不同判断(刘世锦,2013;勃兰特和罗斯基,2009)。仔细研究追赶型国家在不同阶段的竞争优势和增长动力,特别是高增长阶段结束后的国际经验,结合中国追赶特色,可判断中国当前经济增速回落属于追赶进程中的阶段转换而不是追赶周期结束,中国仍有可能在一个较长的时期内保持中高速增长。中国的增长阶段转换不会一帆风顺,能否通过改革释放被抑制的后发优势,能否构建起有利于创新的体制和社会环境,能否化解财政金融风险,是紧迫而

[①] 本章是国务院发展研究中心2013年重大研究课题"增长阶段转换的成因、挑战和对策"主报告的缩减版。参加研究的还有刘培林、马名杰、陈昌盛、王忠宏、任泽平、吕刚、江宇、龙海波、贾坤等同志。

现实的挑战。在保持经济形势基本稳定、风险总体可控的前提下，政府需要不失时机地推进各项改革，尽快构筑起有利于增长阶段转换和新增长动力形成的体制基础。

追赶周期及其阶段特征：对后发国家经济增长规律的再认识

现代经济增长有两种典型模式：一种是以技术前沿国家为代表的扩张模式。这类国家人均收入水平高、市场体系完善、经济结构稳定，增长主要依靠技术进步开启新的商业机会。另一种是以后发国家为代表的追赶模式。这类国家利用后发优势，将充裕的发展资源与国外先进的技术和管理相结合，形成要素投入和技术进步双轮驱动的增长。这两种增长模式可解释绝大多数国家的增长历程。从增长速度上看，后发国家的追赶进程存在从低到高再逐步回归到低的周期过程，构成一个包含不同发展阶段和增长模式的"追赶周期"。

两种典型的增长模式：前沿扩张与后发追赶

前沿国家是能在局部或多个领域进行开拓性创新的高收入国家，如美国、德国、瑞典等。追赶型国家是脱离贫困陷阱，进入起飞和持续高增长阶段的后发经济体，如中国、韩国、印尼等。在前沿和追赶型国家之间是一些虽不能引领技术潮流，但能进行大规模应用性创新，达到高收入水平的经济体。还有一些发展中国家，受政治、经济等多种因素的影响，长期停留在贫困陷阱中，如撒哈拉以南的一些非洲国家。前沿扩张和后发追赶代表着两种典型的增长模式，两者甚至可以在一个国家内部共存，但处于不同发展阶段的国家，起主导作用的模式不同。

前沿国家主要依靠创新驱动经济增长。前沿国家完善的市场体系充分释放了现有技术蕴含的增长潜力。只有通过创新才能打破旧的经济循环，带来新商业机会和增长动力。然而，受技术进步速度、路线等不确定性因素制约，开拓性创新的机会稀缺、投入较大、失败风险普遍存在，所以前沿国家经济增速一般较低。

追赶型国家依靠要素投入和技术进步共同促进经济增长。后发追赶型国家尚未得到充分利用的生产要素与国外先进技术和管理经验结合，可以释放超出依靠技术边界扩张所能带来的增长潜力。这样的增长过程表现为资本存量迅速累积、技术进步快速推进等典型的挤压式增长特征。第二次世界大战后，全球化和技术进步放大了后发优势对追赶型国家的影响。经济全球化为后发国家提供广阔需求空间的同时，也提供了便利的资金和技术引进渠道；全球化以促进规模经济和专业化分工的方式提高了后发国家的全要素生产率（TFP）。正是由于存在诸多有利因素，二战后一些后发追赶型国家陆续出现了5%—10%的持续高速增长，这在经济增长历史上没有先例（林重庚和斯宾塞，2011）。

后发优势递次释放形成追赶进程的不同阶段

所谓后发优势，简单讲，就是指由于发展水平相对落后而拥有的增长潜力和增长优势，这种优势既可以表现在对先进技术、制度、管理经验等的学习、引进、借鉴方面，也可以表现在较低的劳动力及其他资源要素的成本方面，还可以表现在较为广阔的市场需求潜力方面。在追赶进程的不同阶段，后发优势的重点及其蕴藏的增长潜力不同，从而带来增速和增长动力的变化。从比较长的时间跨度看，随着后发优势递次释放，成功追赶的经济体经济增速曲线呈现倒"U"形，形成完整的追赶周期（见图3.1中日本、韩国）。

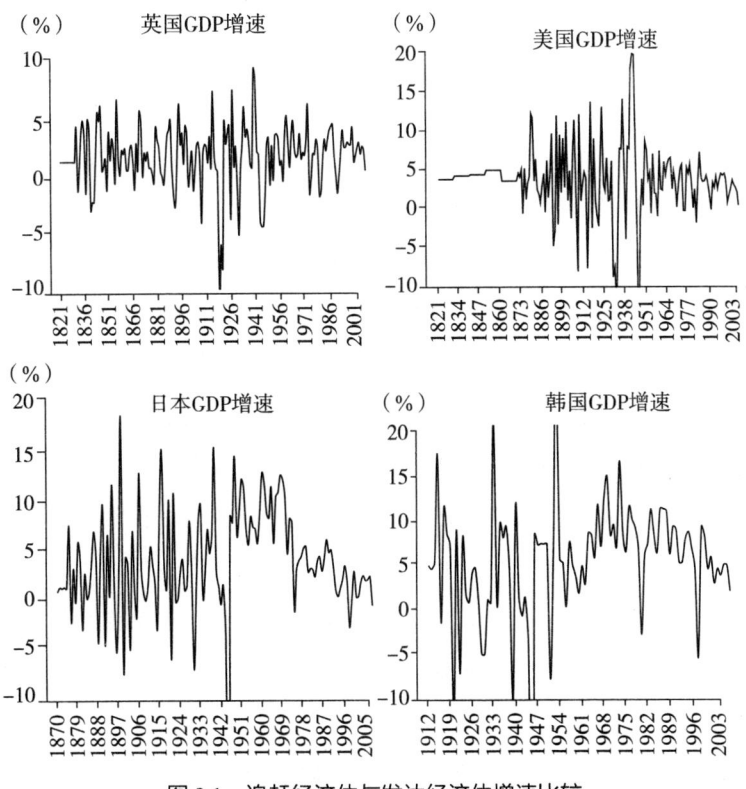

图 3.1　追赶经济体与发达经济体增速比较

资料来源：国务院发展研究中心"工业化与经济增长"课题组数据库。

不同时期后发优势的主导特征不同

实现后发优势的核心是追赶型国家围绕自身与发达国家的技术差距，有效匹配不同时期的供给能力和有效需求，培育动态竞争优势，充分释放不同阶段的增长潜力。

追赶进程的早期，市场需求空间大，劳动力和生产资源供应充分，通过购买设备和其他技术引进渠道，企业很容易组织并扩大生产。此时，大量的剩余或闲置资源被有效利用，或从较低生产率的农业部门转向较高生产率的非农部门；大量的新企业、新产能产生，而较少有企业和产能被淘汰。此阶段全要素生产率提高的模式可称为TFP1。实现TFP1，企业和社会所支付的成本低，从而有更多经济剩余投入积累，形成高投资、高增速的良性循环。

追赶进程的中期，后发国家与前沿国家技术水平差距逐步缩小，引进先进设备和技术专利的难度加大、成本提高。基础设施建设、居民消费、出口增速等需求增速逐步下降。生产要素供应紧张、价格显著上涨，早期简单外延式扩张的增长模式难以为继。为抢占市场，企业开始在生产工艺、产品适应性等方面进行模仿式创新。技术先进、生产效率高的企业占有的市场份额扩大，跟不上技术进步的企业可能被淘汰。效率提高更多地依靠模仿创新和行业内企业间优胜劣汰来实现，这种全要素生产率提高模式可称为TFP2。实现TFP2的难度要高于TFP1。此阶段，技术引进的速度降低，自主创新需要承担成本和风险，劣势企业退出产生不良资产等因素影响到投资和效率提升速度，增长速度开始回落。

追赶进程的后期，大部分后发优势都已释放。传统市场空间已经饱和，生产要素价格大幅上涨，依靠技术引进和模仿式创新很难消化企业投入成本上升带来的压力。企业开始尝试前沿创新，试图通过创造新的市场机会和技术路线获取高额利润。通过创造全新商品和技术路线、构建新商业模式从而提高全要素生产率的方式可称为TFP3。实现TFP3，企业需要投入更多资金、面临更高市场和技术路线风险；国家需要投入更多社会先行资本，建设完备的教育、科研、金融体系。该阶段追赶难度进一步加大，经济增长速度将回落到更低水平。

后发优势逐步释放形成"追赶周期"的五个阶段

总体上看，追赶过程由起飞、追赶、回落三个时期构成。其中追赶时期，由于经济增长主导动力不同，又可分为高速、中高速、中低速三个增长阶段。这样，从增速表现和动力转换的角度，我们可将追赶周期划分为五个阶段（见图3.2）。

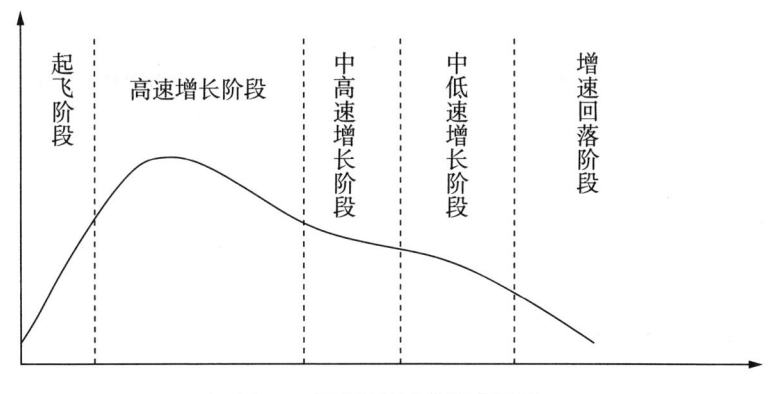

图3.2 追赶周期中的五个阶段

起飞阶段。在制度变革或外部环境的触发下，后发国家开始脱离低水平均衡,向持续高增长转换。这一过程通常较快完成,但是某些国家如印度也会持续较长时间。

高速增长阶段。由资本积累和TFP1共同驱动的高速增长通常会持续20—30年。在生产率和人均资本存量快速增长的同时,往往经历剧烈的产业升级和结构变化。基本趋势是产业技术和资本密集程度越来越高,同时居民消费结构、城乡结构、出口结构等优化升级。

中高速增长阶段。市场空间变小,要素成本快速上升,资本积累速度开始下降,效率提升从TFP1向TFP2过渡。企业开始加强创新和海外市场开拓,行业内企业优胜劣汰成为常规现象。

中低速增长阶段。技术引进空间很小,国内市场饱和,生产综合成本达到国际平均水平,投资率进一步下降,增长动力从TFP2向TFP3过渡。仅仅依靠模仿式创新已经无法覆盖不断上升的生产要素价格,更多企业开始涉足前沿技术的研发和商业模式的创新。

增速回落阶段。后发优势完全释放,追赶进程基本结束,TFP3成为主要增长动力。经济增长速度与发达国家基本相当,市场体系完善、产业结构稳定。制度、资源、文化等因素对创新和增长水平的影响凸显。

五个阶段的更替是渐进的过程。前两个阶段经济发展更多依靠数量扩张,后三个阶段则更多依靠质量提升。其中二、三、四阶段可以合并称为追赶时期,这个时期的共同特征是,后发优势虽有变化,但优势依然存在,因此都具有实现比前沿国家更高增长速度的潜力。

区分追赶进程中不同性质的增速回落

根据以上分析,在对后发国家追赶进程的研究中,需要很好区分三类不同性质的增速回落。第一类是追赶过程中增长阶段转换所导致的增速回落。在此种情况下,后发优势降低但并未释放完毕,增速回落但仍显著高于前沿国家。第二类是追赶过程结束,增速向前沿国家靠近的回落。在此种情况下,后发优势基本释放完毕,追赶进程也宣告结束。第三类是追赶进程中落入"中等收入陷阱"所导致的增速回落。此种情况则是在后发优势和增长潜力基本未变的情况下,由于制度性因素导致增长潜力释放受阻而发生的增速回落,这时追赶进程发生中断。从后发经济体增长的历程看,中国台湾上世纪 80 年代初、日本 70 年代中期、韩国 90 年代后期的增速回落都属于追赶进程中的阶段转换。而日本在 90 年代末的增速回落则是追赶进程结束后的表现。

中国追赶进程的特征及增长阶段转换

中国追赶进程的特征及其影响

中国过去 30 年的高增长符合后发国家追赶进程中资本积累、技术进步、结构变化等方面的典型规律。作为一个超大体量的转轨经济体,中国的追赶进程也有鲜明的特色。

第一,转轨经济的改革红利助推后发优势释放。中国的市场化追赶进程建立在计划经济的生产资源起点上,所以追赶速度会更快。计划经济时期,中国建立了完整的科研和工业生产体系,但由于受制度因素的影响而效率较低。在原有基础上的市场化改革,为私营和集体企业利用成熟技术组织和扩大生产提供了条件;改革前建立的初级教育和卫生保健体系,为后来市场经济建设准备了人力资源储备;计划经济时期收入分配平均,社会阶层扁平化,有助于国内消费空间大规模的扩展。当前,中国仍有一系列重要的市场化改革措施正在推进,将会释放新一轮的改革红利。

第二,竞争性地方政府加快追赶进程,但也带来潜在风险。财政分权的制度安排使地方拥有配置资源的一定权力并获得一定收益。地方政府作为经济主体参与市场竞争,通过土地、能源、税收等优惠政策,吸引、鼓励企业到本地投资。地方竞争的整体结果是压低了企业的社会成本和经济成本,抬高了企业利润率,进而提高了全社会投资率和经济增速。地方政府深度参与经济发展,带来推进增长的好处,但也增加了发展中的风险。增长阶段转换期,地方政府过度介入经济发展的弊端会进一步显现:产业和技术发展不确定性加大,地方政府对特定领域的扶持面临更高失败风险;产业分布不是按区域经济规律布局,而是按行政区划分布,降低了整体的效率;扭曲的要素价格促进的投资可能带来普遍的产能过剩;等等。

第三,发展不平衡蕴藏追赶空间,多种增长模式将同时共存。中国城乡、区域发展不平衡,蕴藏着追赶空间。按人均收入计算,东部一些地区已达到高收入水平,而中西部地区经济依然落后。在东部地区经营失去比较优势的产业可梯度转移到中西部,从而延长产业的生命周期。部分地区和行业已经逐步转向创新驱动的增长，而有的地区仍然面临农业人口转移的任务。整体上看，工业化已进入中后期，但城市化率仍较低，大量城市务工人员并未真正实现市民化。

第四，超大规模带来特有的机遇和挑战。13亿人口的巨大市场为追赶进程提供了广阔的需求增长空间。专业化分工和规模经济为生产率提升做出了显著贡献。市场资源为中国引进技术提供了有利条件。另一方面，由于规模巨大，国际市场对中国需求和生产的容纳能力有限，数量扩张性增长遭遇瓶颈。国内经济与全球经济、金融运行关系密切，发展政策容易受国际经济环境掣肘。

正因为这些特色的存在，中国挤压式增长的速度高于历史上所有的后发国家。也正因为这些特色的存在，中国追赶进程中增长阶段转换面临的问题更复杂，矛盾和风险也可能更加突出。

中国正处在从数量型追赶向质量型追赶的阶段转换中

后发优势的变化，并不等同于后发优势的消失。事实上，与前沿国家相比，中国发展差距依然很大，仍然蕴藏较大的后发优势。这突出表现在：劳动力人口虽然下降，但劳动力总体丰富，且劳动力成本相对较低的特点尚未根本改变。尤其值得指出的是，随着劳动力结构的变化，中国具备高素质劳动者比较丰富的特点。物质型生产资源供应紧张，但资金、知识、管理经验与之前相比均有明显增长。从市场空间来讲，虽然与过去相比有所减小，但与前沿国家相比，不论在基础设施、制造业更新投资还是居民物质及文化消费提升等方面，都有着较大的需求增长空间。

后发优势的存在，意味着中国继续存在挤压式增长的条件和空间,意味着中国追赶增长的进程仍将持续。对比国际上其他国家的技术追赶经验,中国当前的变化与韩国上世纪90年代情况相当。通过继续发挥后发优势,在挖掘传统力量(资本积累、结构型效率提升)促进经济增长的同时,通过创新提升TFP仍可将经济增长保持在中高速水平上。中国正从TFP1类型的增长向TFP2类型的增长转变。

从追赶周期的第二个阶段(高速增长阶段)向第三个阶段(中高速增长阶段)过渡的实质是数量扩张向质量提升的转变。从增长绩效上看,由主要积累物质资本向积累人力资本和知识资本转变;从增长动力上看,由主要依靠投资向主要依靠全要素生产率转变;从比较优势的利用上看,由主要依靠初级资源向主要依靠技术、资本、管理等高级资源转变;从政府角色上看,从直接参与经济增长向培育优化经济环境转变。

综合分析中国经济增长面临的供给条件、需求空间,东亚后发国家的追赶经验,以及深化改革可能释放和激发的后发优势等因素,我们认为,在今后10—15年的时期里,中国具有争取实现6%—8%的中高速增长的潜力。需要指出的是,潜在增速是一段时间内可能实现的平均增速,不应与受短期冲击影响的年度增长目标相等同;潜在增速是供求条件能支持的预期目标,争取此目标,还需要在保持宏观经济稳定的同时,持续改革、充分释放经济内在活力。

中国增长阶段转换期的挑战和对策

增长阶段转换期，经济增长动力更替、增速回落，容易累积和爆发风险；增长阶段转换期，原有比较优势减弱，旧的增长机制面临调整，需要培育新动力。应树立底线意识和风险意识，加快经济增长新优势、新动力的培育，用改革开放的红利去化解阶段转换中的风险累积。

增长阶段转换期的主要挑战和风险

成功实现增长阶段转换面临的首个挑战，是能否通过改革，释放由于体制缺陷而受到抑制的增长动力。中国在要素供给方面依然具有较大的比较优势或后发优势。比如，虽然中国劳动力成本远低于美国，但中国在资金成本、能源成本、物流成本等方面，远高于美国。如果计算综合成本，中国反而高于美国。

成功实现增长阶段平稳转换面临的另一个重大挑战，是能否适应形势变化的需要，创新投融资体制，释放巨大的国内需求潜力。比如，城市地下管网改造、农村基础设施建设、控制和治理大气和水资源污染等都需要大规模的投资。问题在于，与先前的投资相比，这些领域的投资大都具有一定公益或准公益性质，难以直接商业化。如何通过财政、金融制度的创新，建立适应新形势的投融资体制，从而充分释放国内投资需求空间，是增长阶段转换期面临的重大改革课题。

成功实现增长阶段平稳转换面临的第三个重大挑战，是能否真正构建起有利于创新的体制和社会环境。增长阶段转变从根本上讲要靠创新，而适宜的创新环境要靠政府营造。更为重要的是，从全球资源环境状况来讲，中国不可能在因循老牌资本主义国家工业化范式的情况下实现现代化，而必须通过创新走出一条新型工业化道路。

追赶进程中由高速增长向中高速增长阶段的转换期，不仅充满各种挑战，也充满各种风险。一是金融风险将会凸显。伴随着增速下行和结构调整，原有的风险化解机制难以继续生效，而市场主体的行为则很难及时做出调整，这时原来被掩盖的矛盾和风险就会显露出来。而一旦调控措施失当，局部风险就有可能演化为系统性风险，从而对整体经济的稳定造成冲击。二是各种社会矛盾凸显。当经济达到中等收入水平之后，过去长期存在但并不突出的收入差距问题、腐败问题、环境问题、食品安全问题、社会信用缺失问题等，都有可能成为引发社会动乱的诱因，而一旦社会稳定局面不能得到有效维持，追赶进程就会中断。三是落入增长陷阱的风险。成功实现增长阶段转换期的关键，是实现发展方式的根本转变，培育起新的竞争优势和增长动力，从而保障经济能够在新的平台上实现较长时期的中高速增长。但这一点知易行难，原因在于，增长阶段转换过程需要同时面对转方式和控风险两大任务，而且两大任务短期内往往相互掣肘，相互胶着，甚至相互矛盾。

深化改革，促进增长阶段顺利转换

增长阶段转换期是追赶周期中的关键阶段。转得好，就能为下一阶段的追赶奠定坚实的基础，创造良好的起点；转得不好，则有可能打断追赶进程，掉入"中等收入陷阱"。应对各种风险挑战、保障增长阶段平稳转换的关键，是要在保持经济形势基本稳定、风险总体可控的前提下，不失时机地推进各项改革，尽快构筑起有利于增长阶段转换和新增长模式形成的体制基础，核心是正确处理好政府和市场的关系，通过正确发挥政府的作用，为市场在资源配置中发挥决定性作用创造条件。

正确发挥政府的作用，首先要设定合理的增长目标，并采取积极稳妥的调控政策。质量提升阶段的潜在增速是就一定时期的平均增长潜力而言的，不能将其理解为在这个时期的每一年都能够实现或都应当争取这样的增速。现实当中的增长会受到各种内外因素的影响而出现波动变化。因此，经济发展目标的设定和经济调控政策的实施，应立足于实现中长期健康发展，在促进阶段转换和结构转型的基础上，争取一个较长时期的高质量的中高速增长。

其次，要减少对经济活动的直接干预。一是要减少政府对产业结构升级方向的直接干预。政府干预过细、过多，会扭曲市场信号，降低市场效率，甚至会出现南辕北辙的效果。二是要减少对产业优化升级方式方法的直接干预。三要减少对市场优胜劣汰机制的干预。

在减少政府直接干预的同时，要把政府工作的重心转移到为市场机制发挥作用创造有利环境上来。这主要包括四个方面：

第一，通过改革激发市场活力和内生动力。现阶段，中国具有民间资本、高素质人才资源丰富的优势，民间投资创业的潜力巨大，积极性很高，关键是要通过改革为这一潜力的释放创造更加有利的条件。一是要深化垄断行业和国有经济部门的改革，打破一些领域实际存在的行政垄断和国有垄断，在更多领域放开竞争，为民间资本开辟更加广阔的投资空间。二是要进一步推进简政放权，减少不必要的行政审批，为投资创业提供更大的便利性。三是要认真清理针对企业的收费、检查等活动及事项，提高透明度和规范性，减少政府自由裁量权，为企业发展创造更加有利和宽松的环境。

第二，营造良好的创新环境。一是要进一步研究改进政府资金支持科技研发的途径和方式，切实提高资金使用效益。二是要进一步加大知识产权保护力度，形成切实尊重知识、尊重人才的社会氛围和法制环境。三是要从国家技术标准制定、产业扶持政策等方面，为各类企业、各种技术路线的产业化等创造公平的竞争环境。

第三，更加严格执行环境、质量、安全等方面的社会性规制。通过环境、质量、安全等技术标准实施社会性规制，保护公众利益，既是政府职责所在，也是实现优胜劣汰和促进产业升级的有效途径。

第四，切实完善社会保障制度，防范和化解财政金融风险。产业转型升级过程必然涉及部分职工的下岗分流和安置问题，"社会政策兜底"是转型升级过程顺利推进的基本保障。一是要进一步完善社会保障体系，为产业结构调整过程中因企业退出而下岗、失业的人员提供生活保障。二是要进一步完善职工培训体系，为下岗职工的转岗就业提供帮助。三是要进一步解决国有企业改革不彻底的问题，特别是进一步加大处理国有企业办社会的包袱问题，为企业轻装上阵、参与市场竞争和兼并重组创造条件。同时，要针对资产泡沫、产能过剩等问题，通过制定预案和建立机制，切实防范局部问题演变为系统性风险。

参考文献

劳伦·勃兰特和托马斯·罗斯基（2009）:《伟大的中国经济转型》，格致出版社。
林重庚和迈克尔·斯宾塞（2011）:《中国经济中长期发展和转型：国际视角的思考和建议》，中信出版社。
刘世锦（2013）:《中国经济增长十年展望》，中信出版社。
速水佑次郎和神门善久（2009）:《发展经济学：从贫困到富裕》，社会科学文献出版社。

4

中国发展对世界经济的影响①

赵晋平 赵福军

改革开放以来,随着中国经济的长期、持续和较快增长,中国已成为全球重要的经济大国,中国的经济大国地位正在持续上升,世界对中国经济影响力的认知已经发生深刻变化,我们应当在认识上、在战略定位上提前做好准备。

中国的全球经济大国地位

改革开放以来,随着中国经济的较快增长,中国因素对全球经济的影响不断扩大,中国在世界贸易、跨境投资、产业体系和金融市场中的份额持续增加,中国在全球经济中迅速上升的大国地位备受瞩目。

---

① 本章来自"中国发展对世界经济的影响"课题组研究成果。课题负责人为赵晋平,协调人为胡江云,成员为张小济、张琦、吴庆、许宏强、吕刚、何建武、罗雨泽、赵福军。研究助理为朱绍玉、陈红娜。

中国成为全球最重要的经济大国之一

根据国际货币基金组织统计（IMF，2016），2013年中国的国内生产总值（GDP）达到9.18万亿美元，占世界GDP的12.4%，仅次于美国，居全球第二位。与改革开放初期的1980年相比，中国的经济总量在34年中增长了23倍，[①] 占全球的比重提高了近10个百分点。中国已成为全球最重要的经济大国之一。2013年，在世界经济复苏缓慢、全球经济增长持续低迷的背景下，中国经济仍然保持了7.7%的增长水平，经济总量跃上新的台阶，占全球的比重超过12%。

中国展现了全球制造业大国的实力

在中国迈向经济大国的进程中，制造业的崛起尤为突出。根据世界银行统计（World Bank，2017），1990年中国制造业增加值仅为1170亿美元，相当于全球制造业的2.6%，2011年中国制造业增加值达到2.3万亿美元，在全球的比重上升到20.7%，成为世界第一制造业大国。

根据世行数据进行的计算结果表明，1980—2010年，中国制造业对GDP增长的年均贡献率达到32.1%。目前，中国有220多种制造业产品产量居世界首位，工业制成品出口在全球的地位显著提高。此外，1990年，中国制造业出口占全球的比重仅有1.8%，2012年提高到11.8%。

---

① 根据2010年美元不变价格统计计算。

中国具有全球贸易大国的规模优势

1980年，中国的货物贸易额只有380亿美元，占全球的比重不到1%。经过三十多年的快速增长，2013年中国的货物贸易额达到4.16万亿美元的规模，占全球的比重提高到11.04%。根据世界贸易组织的统计（WTO，2014），2013年，中国的进出口贸易额以4.16万亿美元的规模再上新台阶，首次超过美国跃居全球第一。

中国的服务贸易在全球的地位也在迅速提高。1983—2012年，中国服务出口额和进口额的年均复合增长率分别高达15.5%和18.1%，远高于同期全球8.6%和8%的平均增长水平。1982年中国的服务出口额和进口额占全球的比重仅为0.7%和0.5%，上升至2013年的4.6%和7.6%。2013年中国成为世界第五大服务出口国和第二大服务进口国（UNCTAD，2016a）。

中国扮演着全球投资大国的重要角色

20世纪80年代初，中国吸收的外商直接投资每年不足100亿美元。2012年这一数字已经超过了1000亿美元，占全球跨境直接投资的8.9%，在世界各国中排名第二位。截至2012年年底，中国吸引的外商直接投资存量达到8320亿美元，占全球的比重为3.7%，居全球第六位。2013年，在全球直接投资下降的背景下，中国吸收的外商投资保持了5.3%的增长速度，当年外商实际投资再创1176亿美元历史新高。与此同时，中国的对外直接投资近年来也进入了快速增长阶段。2003年，中国对外直接投资仅有29亿美元，占全球的比重不到1%；2012年，中国对外直接投资流量达到842亿美元，占全球的比重提高到6.1%，位居世界第三。截至2012年年底，中国对外直接投资存量达到5319.4亿美元，占全球的比重为2.2%，居全球第十三位。2013年，中国企业"走出去"投资实现新的突破，实际增长了17%，投资规模达到902亿美元，在全球跨境直接投资中的地位进一步上升。

中国跻身于全球金融大国的行列

本币的全球影响力是一个国家金融实力的重要组成部分。近年来，中国积极推进人民币国际化，在区域多边与双边货币互换、本币跨境贸易结算、境外人民币离岸市场建设等方面取得了较大进展。2013年人民币首次超过瑞典克朗和港元进入全球十大交易最频繁货币榜单，跃升为第七大交易货币，日均交易额占全球交易总量的2.2%。

另一方面，人民币在跨境贸易支付中的份额明显上升。2009年7月启动跨境贸易人民币结算试点以来，使用人民币作为国际贸易支付手段的结算业务进入持续快速增长阶段，2012年继续保持41%的高增长率，跨境人民币结算额再创2.94万亿元新高，相当于当年贸易额的12%。人民币跨境支付的接受程度也在不断提高。根据SWIFT（环球同业银行金融电讯协会）的统计数据（SWIFT，2016），接受人民币支付的国家和地区数2012年6月达到91个，仅1年时间就增加了26个，同期，接受人民币支付的金融机构数从617家增加到983家。从贸易融资方面来看，截至2014年5月，人民币成为贸易融资中全球第三大信用证开证币种。

中国发展的国际贡献

经济发展提升了中国的全球地位,也为世界带来了更多发展机遇。

中国经济成为世界经济增长的主要驱动力量

中国经济增长是世界经济增长的重要组成部分。根据世界银行统计计算(World Bank,2017),1980—2012 年,中国 GDP 年均增长速度达到 10.0%,对世界 GDP 增长的贡献率高达 13.4%。在同期全球经济 3.2% 的年均增速中,0.42 个百分点来自中国经济增长的贡献。值得关注的是,过去三十多年中,中国经济增量占全球增量的比重持续上升。1980—1990 年,这一指标仅为 3.8%;1990—2000 年提高到 9.2%;2000—2010 年迅速上升到 20.9%;2010—2012 年进一步上升到 25.2%。[①]

中国作为世界制造大国的地位不仅表现为制造业占全球比重的迅速提升,而且也表现在中国制造业增长成为拉动全球制造业增长的主要力量等方面。1995—2010 年,全球 GDP 和制造业增加值累计增长了 52.4% 和 58.1%;其中分别有 2.8 和 18.0 个百分点来自中国制造业增加值增长的贡献,即同期全球制造业增量中,来自中国的增量占比高达 31.0%。

---

① 根据世界银行的 2005 年美元不变价格 GDP 统计计算。

中国的经济增长改变了全球经济的"南北"格局，促进了全球经济重心的"东移"

中国的经济增长极大地提高了发展中国家在全球经济中的地位。本世纪以来，在发展中国家尤其是中国高速增长的推动下，这一格局的变化出现了逆转，发展中国家比重开始快速上升，由之前的18%左右上升到2012年的31.8%。

另一方面，中国的经济增长加速了全球经济重心向东亚移动。根据柯成兴（Danny Quah，2011）的研究，中国经济的持续崛起和东亚其他地区的发展，使得根据GDP测算的全球经济重心出现了较大幅度的东移，由1980年的大西洋沿岸中部转移到2007年的赫尔辛基和布加勒斯特以东的位置。

中国的发展促进了全球的技术进步和技术效率的提升

中国的发展加速了全球产业的转移，促进了全球分工的深化，提高了全球资源的配置效率。本世纪初，中国成功地加入了世界贸易组织，贸易壁垒大幅降低，跨国公司纷纷在中国设立生产制造基地、服务业外包基地、物流采购中心、研发中心、管理营运中心和地区总部，全球产业转移的速度大大加快。

中国的对外开放也推动了全球市场的开放进程。中国的对外开放不仅提高了自身的专业化水平，也促进了其贸易伙伴专业水平的提高，同时带动了全球分工体系的深化和资源利用效率的改善。

中国的发展促进了全球的技术传播，提高了创新的效率。中国对外贸易的快速提升，为发达国家创新成果的扩散提供了市场，提高了其创新活动的规模效率和边际收益。许多在中国推广成功的创新技术开始向其他欠发达的发展中国家扩散。

中国为全球研发提供了大量的资金支持。进入 21 世纪以来，中国的创新投入快速增长。2012 年全社会研发（R&D）支出总额达到 10240 亿元，是 2000 年的 10 倍多；2013 年全社会研发支出占 GDP 比重超过 2%，是 2000 年的两倍多。中国已成为全球专利购买大国，为全球专利技术的研发提供了大量的资金。

中国经济增长对全球控制通胀和稳定经济增长起着十分重要的作用

长期廉价的中国出口有利于全球稳定价格水平。上世纪后 20 年中国的出口价格几乎没有太大的变化。虽然近些年出口价格开始不断上涨，但是上涨的速度也不是太高，年均上涨幅度只有 1.6%。但全球出口的平均价格涨幅自上世纪 80 年代后期以来一直要明显快于中国，本世纪以来的价格年均涨幅已经超过 5%。这说明，除中国以外的其他国家出口价格涨幅要远高于中国。

中国经济增长有利于减弱全球经济的波动。过去三十多年来，中国经济保持了持续稳定的高速增长，对抑制全球经济波动、促进全球经济稳定在一定程度上起到了"稳定器"作用。而且随着中国经济在全球中的比重越来越大，这种作用将越来越明显。金融危机爆发之后全球经济复苏的过程更是说明了中国对全球经济稳定的重要作用。

不断壮大的中等收入人群正在促使中国成为全球商品和服务的越来越重要的消费市场

随着中国经济的发展,人们的收入水平和生活水平也在不断提高。根据世界银行的划分标准,2010年中国已经从下中等收入国家成功地成长为上中等收入国家。根据麦肯锡(2012)的研究(Atsmon and Magni,2012),2010年中国的生活相对富裕的"主流"消费群体[①]已经达到1400万户,占中国城市人口的6%。成长如此之快的中等收入群体将成为全球消费市场的主力。苹果公司CEO库克2012年年底指出,苹果公司销售额中的15%来自中国市场,其中45%的iPad和38%的iPhone销往中国,中国已超过美国成为苹果iPhone手机的最大消费市场。

从货物贸易来看,中国不断扩大的商品进口在满足国内需求的同时,对全球市场需求增长发挥了越来越重要的带动作用。根据世界银行统计,1980—2012年,用美元计价的中国年度货物进口额累计增长了90.5倍,年均增长15.2%。这一增长水平远高于同期全球进口8.2倍(年均增长7.2%)的增长幅度。与1980年相比,2012年全球商品进口增量中,中国进口增量占有10.9%的份额,仅次于美国,居全球第二位。2001年中国"入世"加快了市场开放进程,中国的进口增长迅速成为拉动其他国家出口增长的

---

① 麦肯锡的消费群体划分标准:"价值"消费群指家庭年均可支配收入在0.63万—1.6万美元(折合3.7万—10.6万元人民币)的家庭;"主流"消费群指家庭年均可支配收入在1.6万—3.4万美元(折合10.6万—22.9万元人民币)的家庭;家庭年均可支配收入超过3.4万美元的属于"富裕"消费群。

主要力量。2000—2010年，中国进口增长对其他国家出口增长的平均贡献率已经超过美国，达到15.5%的同期全球最高水平。

从服务贸易来看，中国服务进口贸易快速发展，服务进口规模从1982年的19亿美元增加至2013年的3291亿美元，增加了170多倍，占世界服务进口贸易额的7.6%，成为拉动世界服务业发展的重要力量。2013年中国服务贸易同比增长14.7%，而世界服务贸易总额同比增长仅为6.1%。

快速增长的中国企业对外投资，为全球跨境投资活动注入了新的活力

中国对外投资增长对拉动世界投资增长做出了贡献。根据联合国贸发会议统计计算（UNCTAD，2016b），2005—2012年，中国企业对外投资流量保持年均31.7%的快速增长水平，比同期世界平均水平高出25.3个百分点，对全球增长的贡献率达到14.8%。尤其是2008年的国际金融危机爆发之后，全球跨境投资出现大幅度下降，中国的对外投资仍然保持了稳定增长态势，为危机影响下的全球跨境投资活动带来了新的活力。2008—2012年，日本、德国等发达国家同期投资的下降加剧了全球投资的下降趋势，全球对外直接投资流量累计下降了30.6%；而同期中国对外投资增长50.6%，仅这一因素就使全球投资少下降了1.4个百分点，超过美国1个百分点的贡献。

根据中国商务部统计（MOFCOM，2013），2012年中国企业在境外设立的当地公司已达2.2万家，遍布全球179个国家，其中绝大多数集中在发展中国家。这些企业对于促进当地经济和就业增长发挥了日趋重要的作用。2008年年末，中国公司在投资东道国（地区）雇用的当地员工为45.5万人。国际金融危机爆发后的几年中仍在增加，2012年雇用外方员工扩大到70.9万人，四年中增长了55.8%，最高时曾经达到89万人的规模。

面临的挑战与外部环境的不确定性

中国已经成为世界主要的经济大国、贸易大国，但全球影响力远未达到美欧等世界主要发达经济体的水平，战略地位提升仍然面临许多挑战、困难和不确定性。

中国经济"大而不强"的主要表现

中国虽然已经成为全球第一的货物贸易大国，但是离贸易强国的地位还有很大距离，主要表现在以下四个方面。

第一，在国际分工中仍然处于价值链低端环节，企业创新能力不强。中国在全球价值链分工中，仍然处于较低的生产环节上。一些产业发展所需的核心技术、关键部件、基础材料等严重受制于人。中国制造业的产品增加值率仅为26%，不仅低于美国、德国，还低于很多发展中国家的水平。研发投入有限，创新能力不足，企业国际竞争力不强。

第二，中国在国际商品市场缺乏定价权。中国在大多数产品上没有能够掌握国际定价权。在进口方面，除了铜以外，几乎所有大宗商品，如石油、铁矿石、主要农产品等的定价权都掌握在外国公司手中。

第三，中国知识、技术和人力资本密集型服务业的竞争力较弱。中国的服务行业竞争力较弱，服务贸易长期逆差。中国不仅在运输、旅游等传统服务贸易行业有大额逆差，在保险、专有权利使用费和特许费等现代服务贸易行业也有大额逆差。

第四，参与国际经贸规则制定的能力有限。虽然中国在国际货币基金组织、世界银行、世界贸易组织、G20等全球经济治理平台中的地位不断上升，但是，在全球经贸规则制定中的倡议能力和运用能力还不强。在国际经贸规则的制定中，议题倡议和应对能力不足。

资源、环境制约与外部环境的不确定性

工业化过程中的资源和环境制约凸显。 中国资源能源相对缺乏，人均占有量大大低于世界平均水平。耕地、淡水、森林、石油和天然气的人均占有量分别约为世界平均水平的2/5、1/3、1/4、1/10和1/20，在全世界国家中排名都比较靠后。我国目前的能源和资源利用效率总体上与发达国家存在较大差距，进一步加大了资源与环境制约的压力。

中国外贸将面临日趋增多的贸易摩擦。 长期以来，中国是贸易保护主义的最大受害者。国际金融危机爆发后，中国遭受贸易保护主义的侵害更加明显。2008—2012年，中国遭受发起调查的反倾销、实施反倾销、发起调查的反补贴、实施反补贴的案件数量分别达到308起、233起、49起、39起，远高于危机前1995—2007年相应的比重（国务院发展研究中心，2013）。

试图遏制中国发展的势力仍继续存在。 中国经济的快速发展和国际经济地位的提高，改变了原有国际经济格局。个别发达经济体还担心中国会改变由其主导的国际经济秩序，损害其通过主导国际经贸规则制定所获得的超额利益。因此，采取多边、双边和国内措施等来给中国的发展制造麻烦与障碍，试图遏制中国发展。

区域合作格局大调整的压力

多哈谈判长期陷入僵局，多边贸易体制日益边缘化，区域经济一体化得到加速推进，自由化标准更高、"新议题"内容更为广泛，比如，美国力推 TPP 的新议题内容包括政府采购、国有企业、劳工与环保标准、竞争中性等。在服务业开放和投资准入方面，发达国家积极推进高水平的自由化标准引领相关国际经贸谈判和规则制定。各类区域贸易集团的排他性进一步增强。比如，TPP 虽设立了"开放条款"①，但实际上通过预设规则对新加入者进行资格审查，且谈判进程对外严格保密。

中国经济前景与未来全球定位

未来中国经济前景展望

预计未来 10—20 年全球经济增长的速度将低于金融危机之前

---

① 开放条款意为：在组织结构上具有开放性，APEC 成员都可视自身情况和意愿申请加入。

20年的增长水平，预计年均在2.7%左右。未来10年中国经济将由过去的高速增长阶段转而进入中高速增长阶段。虽然中国经济的增长速度会有所放缓，中国经济占全球的比重将不断提升，对全球的影响力也将越来越强。未来10—20年中国经济增长对全球经济增量的贡献将大致保持在30%左右。未来10—20年中国将有望赶超美国成为全球第一大经济体。

中国经济的未来全球战略定位

可持续发展是中国的核心利益，也是世界经济增长的需要。中国未来的全球战略应突出"新兴经济大国"的新定位。其内涵是发挥与新兴经济发展水平相适应的全球经济大国作用。成为全球最大经济体是中国全面提升国际影响力、凝聚和引导全球正能量的重大战略机遇。为此，中国的国际经济政策需要进行以下调整：一是从被动选择性开放向全方位主动开放深化，着力构建高水平开放型经济体制；二是从贸易大国向贸易强国迈进，努力成为全球最大市场和主要商品、服务、技术供给基地；三是从主要资本要素输入国向全球主要资本输出国成长，大力培育源自本土的跨国公司，提升在全球市场配置战略性资源的能力；四是从货物贸易自由化为主的区域合作向兼具货物、服务和投资自由化功能的多、双边制度性安排拓展，建设面向全球的高水平自贸区网络；五是从国际经济规则、标准的接受者向主要引领者转变，全面参与全球和地区治理结构改革。

主要战略思路与政策举措

为了进一步明确中国开放型经济发展的目标、主要任务和重要举措，科学制定新时期的中国经济全球战略，建议做好以下五方面的工作。

准确把握中国开放型经济体系建设根本方向

未来 5—10 年的世界经济格局将发生重大变化。经济实力将不再是决定一个国家全球话语权的唯一要素，开放、包容、厚德、负责将成为世界上最具影响力国家的基本入围条件。成为全球第一大经济体是中国全面提升国际影响力、凝聚和引导全球正能量的重大战略机遇。中国必须在更加广阔的全球视野下谋划自身发展及其对世界经济发展的贡献，构筑可持续发展的制度和道德体系。

在全球市场合理配置中国经济发展的战略性资源

今后 5—10 年，中国仍然是一个发展中经济大国，经济发展继续处于工业化中后期阶段，能源、矿产、资本、技术、品牌、人才始终是促进经济持续较快发展必不可少的战略性资源，全球市场必将成为中国合理配置发展要素的主要渠道之一。

多种方式开发利用海外资源。今后，综合运用投资、贸易、对外援助等灵活多样的形式，依托全球市场积极开发利用海外资源。

获取全球品牌、技术等战略性资产。除了加快培育自主品牌、推动自主创新之外，通过跨境并购投资和企业跨国经营，获取重要品牌和技术专利。

实现资本项目可兑换。目前，资本项目正处于实现完全开放目标的关键时期，既不能松懈，也不宜冒进，应保持好开放节奏，继续放松直至放开资本市场、货币市场、个人资本流动等领域的汇兑管制。

推进人员跨境自由流动和人才引进。今后应进一步提高人员跨境流动的便利化水平，在更多的口岸、对更多国家（或地区）推行72小时过境免签制度；扩大互免签证（尤其是持因私护照）的国家（或地区）范畴，对于高素质人才的在华定居、就业提供更加便利的制度与政策环境。

大力培育中国的跨境贸易投资竞争新优势

加快对外贸易转型升级。完善外贸政策和管理体制是对外贸易转型升级的重点。应大力改革进出口贸易管理体制，加强中央和地方政府外贸管理部门、贸易促进服务组织和同业协会等机构的协调配合，形成外贸服务和促进体系。

提高利用外资综合优势和总体效益。应加快外商投资管理体制改革，实行投资准入前国民待遇和负面清单管理方式，并完善外商投资的安全审查制度。应推动引资、引技、引智有机结合。鼓励外资投向高新技术、低碳绿色环保产业和现代服务行业；鼓励外资在中国设立研发中心，将高附加价值生产制造环节引入中国。

加快服务业开放步伐。除了涉及国家安全和公序良俗、道德底线的少数领域之外，全面放开服务领域的投资准入限制，提高中国服务业发展的国际化水平。

提升对外投资便利化和自由化水平。 应进一步完善对外投资法律和政策体系，逐步简化甚至取消对外投资和开展对外经济合作业务的审批或核准程序，加强企业"走出去"的服务体系建设。

努力构建中国的互利共赢国际合作体系

打造"升级版"自由贸易区网络。 加快和周边国家的互联互通建设，促进与主要大国的双边经济紧密化合作，积极参与更大范围的跨区域多边合作进程。

构筑全方位对外经济合作关系。 应当加快以"丝绸之路经济带"、长江"黄金水道"和泛亚铁路为代表的国际大通道建设，努力实现与周边国家之间的互联互通。应高度重视中美、中欧、中日、中俄等重要双边关系，加快与金砖国家和广大发展中国家的制度性合作进程；尤其是对于一些小国和贫穷国家，可通过援助和单方面开放市场等措施，体现"多予少取"的大国风范。

有效发挥中国在改革全球治理结构领域的积极作用

在全球治理中更加有所作为。 应采取有所作为的积极姿态，主动参与国际多边治理机制改革和规则制定，更多关注全球性议题并提出建设性意见，旗帜鲜明地表达发展中国家的利益诉求，主张各国承担与自身能力相适应的国际责任。

提升参与国际和区域规则制定的能力。 积极发挥学会、协会、企业等社会组织的公共外交作用，提升民间力量的参与度，增强我方政策主张的认知度和影响力；健全涉外谈判的组织协调机制，加强涉外协商、谈判的事前协调、事中应变调整、事后评估反馈和进一步完善的良性互动机制建设。

构筑发展机遇共享的制度与道德体系。提升全球影响力的关键在于自身制度完善和道德魅力。应深化对外开放，以开放促改革。提高社会经济政策制定和执行的透明度，创造各类企业公平竞争的市场环境。建设先进的社会经济制度和道德体系，营造发展机遇共享的国际合作环境。

参考文献

国务院发展研究中心"世界经济趋势与格局"课题组（2013）："国际贸易格局对中国贸易产生重大影响"，《中国经济时报》，7月26日。

Atsmon, Yuval and Max Magni. (2012) Meet the Chinese Consumer of 2020. *McKinsey Quarterly*, March 2012. accessible at www.mckinsey.com/global-themes/asia-pacific/meet-the-chinese-consumer-of-2020.

IMF. (2016) *IMF Data Mapper*. Washington, DC: The International Monetary Fund. accessible at www.imf.org/external/datamapper/NGDPD@WEO/OEMDC/ADVEC/WEOWORLD/CHN.

MOFCOM (Ministry of Commerce of People's Republic of China). (2013) *2012 Statistical Bulletin of China's Outward Foreign Direct Investment*. accessible at http://images.mofcom.gov.cn/fec/201512/20151204085256581.pdf.

Quah, Danny. (2011) The Global Economy's Shifting Centre of Gravity. *Global Policy* 2(1): 3-9.

SWIFT. (2016) *RMB Growth Steadiesin 2016, Setting Solid Foundation for Further Internationalisation*. Press Release on 21 July. accessible at www.swift.com/insights/press-releases/rmb-growth-steadies-in-2016_setting-solid-foundation-for-furtherinternationalisation.

UNCTAD. (2016a) *UNCTADSTAT General Profile: China.* Geneva: United Nations Conference on Trade and Development. accessible at http://unctadstat.unctad.org/Country-Profile/GeneralProfile/en-GB/156/index.html.

——. (2016b) *UNCTADSTAT Foreign Direct Investment: Inward and Outward Flows and Stock, Annual. 1970-2015.* accessible at http://unctadstat.unctad.org/wds/ TableViewer/tableView.aspx.

World Bank. (2017) *World Development Indicators Database.* Washington, DC: The World Bank Group. accessible at http://databank.worldbank.org/data/reports.aspx?source=world-development-indicators#.

WTO (World Trade Organization). (2014) *International Trade Statistics 2014.* Geneva: World Trade Organization.

PART TWO 第二部分

贸易与投资

5

"不一致四方":自由贸易与矛盾性目标之争[①]

马丁·唐顿

导言

世界贸易组织(WTO)显然关注贸易政策,本章聚焦世贸组织如何应对多边贸易自由化中极富争议的问题——制定规则,平衡利益,形成联合,以及争端解决的性质。这些问题复杂而棘手,在世贸组织职能范围扩大至服务和知识产权、议程包含发展之后更是如此。然而,为了全面理解世贸组织的运行,包括贸易政策史上的一些事件,我们不仅要考虑贸易政策,还应该在政策选择的大背景下看待贸易。

---

① 本章原载于 The Oxford Handbook on the World Trade Organization, Martin Daunton, Amrita Narlikar, and Robert M. Stern(eds),Oxford University Press, 2012。

政客、官员、利益集团和拥护者必须始终考虑影响国内和国际经济的其他经济政策因素。在最基本的层面，应该更加注重国内考虑，导致20世纪30年代那样的破坏性经济民族主义风险，还是应该更加关心全球化和国际性关切，因而可能被视为牺牲了重要的国内利益？[①]做出这一根本性的政策选择之后，又该如何处理追求自由或多边贸易与国际经济的另外两个方面，即汇率和资本流动的关系？自由或多边贸易对国内和国际经济的影响多种多样，取决于与汇率、资本管制和国内货币政策等其他政策选择的联系。如果仅仅关注贸易，极有可能会误解政策结果产生的过程。

"三难""不一致四方"和国际收支

固定（或者灵活）汇率、自由（或者管制）的资本流动和积极（或者消极）的国内货币政策构成了蒙代尔-弗莱明模型[②]（Mundell，1963；Fleming，1962）所揭示的"三难"或者"不可能的三位一体"。在两难中，必须在两种可能的行为中做出选择；而在"三难"中，三者之中必须舍去其一（Obstfeld and Taylor，2004）。假如经济面临衰退，失业率上升，一个显而易见的对策就是通过降低利率刺激活力。如果资本流动有限，政策目标就能实现。但如果没有管制措施，这可能导致资本为追逐更高的回报

[①] 关于全球化如何面临民族主义挑战的两种研究，参见James（2001）和O'Rourke and Williamson（1999）。
[②] 这一观点之前由Giffen（1905）、Chiozza Money（1905）和Hobson（1902）提出，此后延续至今，比如Pollard（1985）。

流向它处。因此，实施积极的国内货币政策需要资本管制。而且，如果汇率固定，低利率可能导致货币贬值，很快就需要加息支撑汇率。因此，实施积极的国内货币政策必须抛弃固定汇率。反之亦然：如果经济过热，通过加息给经济降温，在没有资本管制的情况下，可能导致资本涌入，汇率上升突破固定水平。因此，"三难"的三个因素必须舍弃其一：积极的国内货币政策不能兼容固定汇率和资本的自由流动。

"不一致四方"又加入了第四个变量，即对本章尤为重要的贸易政策。无论对"三难"的选择结果如何，一国都只能选择贸易保护或者自由贸易。在1914年以前的英国，对固定汇率和资本流动性的选择都与自由贸易相关联。到19世纪末，随着其他国家走向保护主义，自由贸易已经上升为英国恪守的单边主义教条（Trentmann，2008）。但在美国，1873年之后坚持的金本位却与更具保护主义的贸易政策有关。1913年，英国的进口税占总进口的5.6%，美国则为21.4%（Estevadeordal，1997）。这同样适用于德国。贸易政策的变化可独立于对"三难"的取舍，形成不同的关系。在20世纪30年代，很多国家采取保护主义和浮动汇率（往往是为了通过货币贬值鼓励出口、抑制进口）；当前，浮动汇率又被辅以贸易自由化（除非抑制汇率以争夺出口市场引发了贸易战）。这些关系在历史上都是偶然的，取决于国内和国际政治之间的相互作用。

这些政策取舍对实现国际收支平衡的方式有巨大的影响，进而影响贸易政策和世贸组织的工作。在金本位的固定汇率制下，调节至少在理论上是通过物价-现金流动机制实现的。国际收支逆差国的黄金将流向顺差国，前者的物价下降提升出口的竞争力，而后者物价上涨，其产品在国际市场上的竞争力也随之下降。这一调节机制可能导致了英国在20世纪20年代经历的国内经济和社会的严重动荡，使全球经济面临的民族主义压力上升（Keynes，1925）。货币互相钉住的情形也一样。逆差国的外汇储备下降，流通中的货币减少，最终造成通缩。也可以从国外借款填补逆差，或者减少境外放款弥补经常账户的亏空，因此国际资本流动将在经常账户平衡中发挥作用。（例外是在布雷顿森林体系的固定汇率制度下，国际主要外汇供应国美国不再受传统金本位对黄金储备的严格限制，只需加大印钞力度。因此，美国政府可以避免国内通缩，向全世界输出通胀。）同时，顺差国可以借款给逆差国或者购买资产，以资本账户平衡经常账户的差额。否则，逆差国只能消耗外汇储备购买货物。这与金本位的差别在于允许国家贬值货币，防止国内的通货紧缩威胁政治稳定或者经济福利。

灵活汇率机制下的调节方式有所不同。尽管国家可能借贷资本，买卖资产，却无须维持汇率。购买货物的企业从外汇市场获得顺差国的货币，导致其对逆差国货币升值，顺差国货物相对逆差国涨价。汇率由货币供需决定，导致顺差国货币升值，逆差国货币贬值，进而调整货物的相对价格，回归整体平衡。当然，有些顺差国可能会通过操纵汇率，避免发生上述情况，采取干预手段保持汇率稳定和货物的竞争力。换言之，在浮动汇率制下仍有可能为了国家经济政策的原因实行钉住汇率。

这些考虑影响了贸易政策的运行方式。在金本位的固定汇率下，可以用关税防止逆差上升并限制来自更有竞争力的经济体的进口，但不可能将汇率作为替代或者补充性的政策选项。二战之后到20世纪70年代实施固定但可变的汇率制度，由于推动开放货物市场和关税及贸易总协定（GATT）的建立，施行关税就更困难了。汇率操纵也不是一个政策选项，除非因本国货物竞争力下降偶尔进行的贬值，或者更突出的情形是顺差国不愿意升值。在灵活汇率制度下，理论上可以像20世纪30年代那样使用关税，但由于与关贸总协定和世贸组织有关的贸易自由化政策，在当前的灵活汇率制度下更容易操纵汇率作为贸易政策的替代。世贸组织成立于灵活汇率的背景下，各国政府可以干预外汇市场。结果，在贸易政策领域创造公平竞争环境的努力可能会被世贸组织职能范围之外的汇率偏差抵消。并没有明确规定一国可以用反补贴税应对别国蓄意的竞争性贬值。因此，外汇制度为贸易政策提供了背景。本章以下几节选择性地梳理了这些取舍和相互关系的历史演进。这些取舍的时间年表见表5.1。

表5.1 国内经济政策、资本流动和固定汇率之间的政策取舍（大约1870—1990年）

	固定汇率	资本流动	积极经济政策
金本位，直到1913年	是	是	否
1925—1931年	是	减少	初步尝试
取消金本位，1931—1939年	否	否	是
布雷顿森林体系，直到1973年	是	否	是
从1974年开始浮动	否	是	是

"不一致四方"和1914年之前的金本位

在第一次世界大战之前的首次全球化浪潮中，英国是全球经济的中心。英国从1821年到第一次世界大战之前实施金本位，同时允许完全自由的资本流动。资本外流是逆周期的，国内投资占固定资本形成总额从19世纪80年代末的62%下降到19世纪90年代的37%，1905—1914年间又上升到76%。第一次世界大战爆发时，海外投资占英国资本总量约三分之一（Stone，1999；Simon，1967）。批评者认为，资本外流导致国内社会间接资本投入水平偏低，富裕的投资者与无法从国内就业创造中获益的工人之间收入悬殊。支持者则认为，资本外流为国内消费者生产了廉价的食品，为英国商品创造了市场，流入的利息性收入还带来了国际收支盈余。资本外流对国际经济的切实影响在于英国将巨大的盈余转化为世界经济的流动性，同时保持本国市场开放，使债务国能够通过出售商品支付债务利息。投资的逆周期性质也意味着英国发生衰退时，虽然对外国和殖民地商品的需求可能受到影响，但从英国投资中获益地区的需求在外流资本的刺激下能抵消衰退的影响。

采用固定汇率和资本流动这两项政策意味着英国政府，更准确地说是英格兰银行无法实施积极的国内货币政策。让我们假设英国面临衰退，失业率上升。这本可以通过降低利率刺激需求、就业和投资加以应对，但由于金本位下资本在全球自由流动，这将导致资本流向他处以寻求更高回报，国内投资收益减少，伦敦货币市场对短期储蓄的吸引力也会下降。结果是汇率将面临下行压力，这是金本位的固定汇率制不允许的，因此利率必须提高。类似地，通过加息阻止经济过热将导致伦敦货币市场的短期储蓄增多，并把资金留在国内，对英镑造成升值压力，这同样不为金本位所允许。而且，第一次世界大战之前十年的大量海外投资可能对国内的社会间接资本投入造成了挤出效应。尽管英国财政大臣大卫·劳合·乔治（David Lloyd George）及其经济顾问乔治·佩什（George Paish）认为海外投资能增加对英国出口的需求从而创造就业，并生产更多的廉价食品（推动实际工资回升），但很有可能会增加自由党政府承诺的公共卫生、教育和住房开支的借贷成本（Offer，1983）。因此，实施固定汇率和资本自由流动的政策组合就要牺牲积极的国内货币政策，社会支出也会受到限制。

必须用国内政治解释"三难"中的这一选择，尽管这一解释还很有争议。有些历史学家认为这很容易解释：政策由"绅士资本家"主导，包括伦敦金融城的金融家和贵族地主，他们有共同的教育背景，并在19世纪后四分之一时间的农业萧条后联姻，把持了英格兰银行董事会和议会，无视国内产业和工人阶级的关切，追求世界性的经济政策（Cain and Hopkins，1993；Cassis，1985；Green，1988）。

艾肯格林（Eichengreen）的观点表述略有不同，但仍密切相关。他认为，由于固定汇率（还可以再加上资本流动）而受损，并能从积极国内货币政策（和国内投资）中得益的群体缺少发声的机会。由于选举权有限，他们无法阐明主张，表明不同的政策取舍有利于就业和国内经济稳定，而且实业家和工人对国际货币政策、高利率和国内稳定缺乏理论认识，拿不出有说服力的反论。此外，他指出，在战前保持固定汇率依靠的是一个特殊的制度：主要经济体的中央银行能在不受国内政治干扰的情况下合作，维持有关制度。在这方面，随着一战之后全体男性获得选举权，经济学家对高利率的认识不断深入，以及国内政治侵蚀央行自主权导致央行间的合作瓦解，政策取舍也发生了相应的变化（Eichengreen，1992）。

这些论点并不能完全令人信服，以下的说法或许更加可信：工人和实业家其实能够充分发声，政客也很看重像兰开夏这样对大选结果有举足轻重影响的工业重镇。而且，工人和实业家也发声支持金本位，金本位也远不止是"绅士资本家"的意识形态。金本位既是偏向特定利益集团的经济政策，也是一种文化象征，是不受金融家和投机者操纵的自发工具，能通向全球最大的富国贸易集团。金本位还是和平和文明的表现，能在价格下跌时保障工人更高的实际工资。金本位和与之相联系的资本自由流动似乎很合理，失业被归咎于劳动力市场的种种僵化政策（Daunton，2006）。当然，19世纪晚期的美国民粹主义者给黄金赋予了完全不同的文化涵义，我们也需要清醒地认识各国国内政治对黄金各不相同的阐释（Goodwyn，1976）。

在第一次世界大战之前的英国，对"三难"的这一具体选择与自由贸易紧密相关。从19世纪初开始分阶段引入的自由贸易以1846年废除《谷物法》为标志，似乎能确保和平与繁荣，消除政治的特殊利益，惠及消费者，并且允许公民自由结社（Trentmann，2008）。尽管在第一次世界大战之前的十年，自由贸易受到帝国特惠制支持者们的威胁，却在自我变革中得以保存。进步的"新"自由党和工党继续支持自由贸易，但采用了与理查德·科布登（Richard Cobden）主张的基于紧缩的最小国家观不同的意识形态框架。进步派日益主张自由贸易应该与英国国内公正的收入和财富分配挂钩，这样出口才不会建立在国内贫困的基础上，进口也不应是富人奢侈消费的体现。因此，自由贸易应该与国内的再分配挂钩，同理也不应该建立在剥削海外国家的基础上，还可能需要对国际经济进行规划。支持自由贸易的联盟持续到1914年，但这些内部矛盾也导致了战后新挑战出现时联盟的解体（Trentmann，2008）。

如上所述，在有些国家同样的"三难"取舍却与保护主义连在一起，这乍看似乎很矛盾。根据相关计算，金本位国家之间的贸易比与非金本位国家的贸易多出近30%。如果没有金本位的广泛实施，全球贸易在1880—1910年间将损失20%（Lopez-Cordova and Meissner，2003；Meissner，2005）。因此，加入金本位的固定汇率制是一项贸易创造政策，能打开通往全球最大、最富裕地区贸易的大门。尽管如此，在有些情况下，比如德国和美国，采用金本位却与走向保护主义联系在一起。

仔细研究就会发现，贸易政策的变化能独立于其他政策选择并不奇怪。19世纪70年代采用金本位的国家做决策时似乎并没有考虑贸易政策，之后又通过关税手段补偿了因金本位受损的群体。结果体现了不同的利益取向，因而世界性国际化经济的支持者可能会在汇率上获益，却在贸易政策上受损。因此，采用金本位可能意味着在固定汇率下要保持竞争力，工资就会面临下行压力，作为补偿就会采取保护措施，使国内不受更廉价进口的冲击。同样地，金本位下的固定汇率和保护措施也可能成为经济发展政策的一部分。以日本为例，采用金本位意味着政府可以在伦敦市场上以更低廉的成本融资，因为金本位为债权人放贷提供了可信的承诺（Bordo and Rockoff，1996；Sussman and Yafeh，2000）。这些资金被用来发展军国主义和基础设施，"新生"产业生产的商品需要保护才能免受来自发达工业国更廉价进口的冲击。因此，要理解贸易政策就必须将其放在"不一致四方"框架下其他政策选择的背景下去考察。

两次世界大战之间的"不一致四方"

在第一次世界大战之后，政策取舍发生了显著的变化。早在第一次世界大战之前矛盾就已经显现，因为政策选择对各国和经济利益群体产生了差异化的影响。受到新大陆低价谷物进口威胁的欧洲农民和地主呼吁采取保护措施，面临日益激烈竞争的产业工人也起来响应。劳动力流动也是一个重要的因素，欧洲工人的大量涌入压低了新大陆的工资，却推高了欧洲的工资水平。欧洲农民和地主面临利润下降，工资上涨，都要求保护。新大陆农民和地主的利润和土地价值都获得上涨，而工人却担心生活水平下降，因此要求限制移民。虽然大西洋两岸的收入差距在缩小，但旧大陆内部的收入差距在缩小，新大陆内部的收入差距却在上升（O'Rourke and Williamson，1999；Aghion and Williamson，1999）。正如哈罗德·詹姆斯提出的，民族国家通过关税、移民控制或者福利政策成为全球化威胁的防御机制。同时,民族国家还煽动民族主义,导致与全球化的紧张关系(James,2001)。第一次世界大战之前,民族主义势力还受到制约,战后这种平衡就被打破了。

战争引起了严重的问题,因为很多国家都抛弃了金本位,甚至自由贸易的主要支持者英国都采取了保护主义政策。战时的政策微调演变成20世纪20年代围绕保护主义的政治斗争,也导致20世纪30年代初帝国特惠制的施行。进步派对自由贸易的支持让位于强调再分配和国家计划并将其作为实现公平的更优途径,战后出口产业的一蹶不振也削弱了开放市场的逻辑(Trentmann,2008)。同时,对金本位的坚持也遇到了问题。艾肯格林认为,扩大选举权打乱了战前的政策选择。正如我们指出的,他声称工人在战前深受无法实施积极国内货币政策之苦,战后恢复金本位意味着他们要用失业偿还代价,还需要灵活的工资保持竞争力。在他看来,战后选举权的扩大使工人获得了声音和政治权力,增加了工会的实力和斗争性。而且,他认为1914年以前的经济学家对国际货币政策、高利率和国内经济稳定之间的联系认识不足。既然对政策影响有了更深入的理论认识,工人也就能更好地表达自己的关切。他还指出,央行之间的合作已经不可能恢复到战前水平。在第一次世界大战之前,金本位是一项"附条件规则",在战时或者紧急状态下可以抛弃,被普遍认为迟早能得到恢复。它没有国际组织的背书。在战后,由于种种原因,尤其是20世纪20年代初的高通胀,央行的自由裁量权严重缩水,受到制约,规则也遭到削弱。同时,建立的国际组织没有足够的力量抵御民族主义压力,导致1914年之前的政策取舍遭遇巨大压力(Eichengreen,

1992；James，2001）。

应该对这一解释进行修正，以体现前文对1914年之前政策取舍的解释。并非是工人获得发声机会之后表达了对金本位早有的不满，而是金本位带来的损益发生了变化。由于缺乏承诺机制和国际组织的制约，民族国家只得屈从于国内政治压力。20世纪20年代重返金本位的努力对"三难"造成了压力，因为战争和战后繁荣改变了战前的汇率水平，希望回到战前金本位的汇率水平带来了严重的问题。英国的成本和工资比美国上升更快，因而有必要降低通胀，用高利率支撑英镑，这又加剧了社会矛盾。高利率加重了偿债负担，这是所有参战者在战后面临的严重问题，无论是实业家还是政府，它挤压了投资和福利支出。用利率维护英镑也受到了限制。在英国，出口产业背负着巨大的银行贷款，这意味着提高利率可能导致违约和金融危机，因此英格兰银行必须比战前更加关注国内产业的需求。失业率居高不下也是一个严重的社会和政治问题。因此，即使英国于1925年重返金本位，货币政策的国内影响也得到了更多的关注（Solomou，1996；Moggridge，1972；Tolliday，1987）。

类似地，资本自由流动的问题也更加凸显。既然已经无法随意提高利率支撑英镑，由于产业和国内经济面临威胁，注意力就转向了替代性方案——限制资本流动。根据1949年的联合国报告，英国1911—1913年间的净资本输出为10.42亿美元。在第一次世界大战期间，英国处置了40亿美元的海外资产为战争筹款。战后，资本输出得到恢复，1921年达到8.81亿美元，但1922—1928年又回落至4.07亿美元，到了20世纪30年代又转为负值。

第一次世界大战期间实行的管制在两次大战期间也没有完全撤销。动机是多方面的。战后，向海外放贷受限，以便本国地方政府借款建设保障住房，解决严重的住房短缺，同时将短期政府债务转化为长期债务。尽管1924年取消了向海外贷款的限制，但当年年底又恢复执行，以便为重返金本位做准备，而且很快就波及了向自治领和殖民地的贷款。牺牲资本流动性是为了维持金本位，这一政策极具争议，因为向海外贷款的减少不利于产业出口，对自治领和殖民地的资本输出限制会让借款人纷纷转向美国，从而削弱英帝国。尽管1925年11月禁令再次取消，却并未恢复到1914年以前的自由程度，人们对于这样做对经济的整体效益充满担忧，还对这样做对国内外的政治影响进行了评估（Atkin，1970；Clarke，1990）。

1931年英国放弃金本位是又一个标志性转变。汇率被放弃，英镑贬值并被保持在低位以刺激出口，限制进口。这一策略与更高的进口关税和帝国特惠制形成协同。低利率作为限制英镑汇率的工具很有吸引力，还可以调低国债利率，鼓励住房和消费品投资。国内货币政策因而更加积极。资本流动仍然是一项关切，因为政府想把资金留在国内促进国债转换。管制放松之后，支持国内就业的贷款又成为优先考虑（Solomou，1996）。

因此，两次世界大战之间的政策取舍发生了变化，但后世认为这样的变化是有害的。其结果与之前基于国际考量做出的政策取舍一样糟糕。很多国际经济改革辩论的参与者认为，两次世界大战之间时期的弊端在于对积极货币政策的追求重经济民族主义，轻国际考量，导致了以邻为壑的政策。抛弃固定汇率意味着可以用竞争性贬值抢占出口市场,排除外国供应商的竞争,这一策略与保护主义抬头相关联,具体表现包括美国的斯姆特-霍利关税、英国的帝国特惠制和德国的沙赫特主义。各国向国内求解的结果就是世界贸易萎缩导致人人受损。

至少这是后世评论者的观点。艾肯格林和萨克斯认为实际情况可能不同。尽管保护主义导致人人受损,贬值却无法带来低利率的益处,增加国内投资和贬值国的内需。因此,率先脱离金本位国家(如英国和北欧)的工业产出和出口比后来者(如法国)恢复得更快。在维持金本位的国家,1929—1936年间工业产出下降了13.9%,而在1931年就贬值的英镑区却增长了27.8%。贬值对其他国家的影响取决于是对价差的纠正(有益)还是抢占市场份额的进攻之举(有害)。在20世纪30年代,缺乏协调意味着有害风险无时不在(Eichengreen and Sachs, 1985; Solomou, 1996),这也解释了为什么1944年之后努力控制贬值,将其限制在纠正不平衡的范畴,防止通过操纵汇率抢占市场。

"不一致四方"和布雷顿森林体系,1944—1971

第二次世界大战期间采取的解决方案基于对"三难"和"不一致四方"的新取舍。主要目的是为了回归多边贸易,抵制关税、特惠和管制所代表的保护主义。重新开放市场的主要倡导者是科德尔·赫尔(Cordell Hull),他于1933—1944年担任美国国务卿。他希望结束斯姆特-霍利关税,限制美国的保护主义,终结英国的帝国特惠制。在赫尔看来,"不受限制的贸易与和平相协调;高关税、贸易壁垒和不公平的经济竞争与战争相适应"(Hull，1948)。赫尔就像理查德·科布登再世，但正如我们所见，英国对自由贸易的阐释已经从科布登主义转向了对再分配和协调的关切。对多边贸易的承诺对不同的人来说也有不同的含义。

只减少贸易壁垒，不从根本上改变"不一致四方"的其他因素是不够的：不恢复流动性，并防止汇率的干扰性波动，就无法实现多边贸易。必须抑制在两次大战之间摧毁全球经济的经济民族主义——对金本位的附条件承诺已经不再可靠，两次世界大战之间缺乏正式的制度性承诺导致经济民族主义失控。因此，当务之急是重建固定汇率，停止竞争性贬值，但也要留出灵活度应对失衡以避免通货紧缩和衰退，防止经济民族主义死灰复燃。美元钉住黄金，其他货币钉住美元，在国内出现严重问题时可以进行调整。目的是达成汇率稳定和国内福利之间的平衡，前者被视为恢复国际贸易的关键，后者则是防止民族主义反扑全球化的必要条件。

美国财政部长亨利·摩根索（Henry Morgenthau）认为，20世纪30年代的大萧条始于汇率动荡，随后蔓延至贸易。因此必须首先解决汇率问题才能实现多边贸易的复苏。正如他1944年在布雷顿森林体系的会议上指出的那样：

> "我们都经历了时代的经济悲剧。我们目睹了20世纪30年代全球性的萧条。我们看着汇率动荡愈演愈烈，席卷各国，摧毁了国际贸易和国际投资甚至国际信念的基础，留下触目惊心的失业和困苦——工具被闲置，财富被浪费。我们看到在有些地方，受害的人们沦为煽动家和独裁者的猎物。我们

看到惊恐和怨愤成为法西斯主义的温床,最终引发了战争。"（United States Department of State,1948）

当然,固定汇率的危险之处在20世纪20年代已经显现,需要通货紧缩和压低工资以保持竞争力,这导致了民族主义对全球化的反弹。第二次世界大战之后,如果国际收支严重失衡,需要通过压低成本、工资来抢占市场,那么这一问题还会重演。正如拉格纳·纳克斯（Ragnar Nurkse）在分析两次大战之间的汇率时指出的,"必须找到与国内稳定相容的国际汇率关系制度"（League of Nations,1944）。因此成立国际货币基金组织（IMF）的《国际货币基金协定》第一条就明确是"以促进和维护就业和实际收入,以及所有成员国生产资源的发展,作为经济政策的首要目标"（Horsefield,1969）。

如何实现这一点？承诺开发生产资源往往会引发争议。对英国人来说,多边贸易应该建立在对国内充分就业的承诺上,而许多美国人则担心这种做法属于社会主义。这也使发达国家和不发达国家的需求产生了冲突,从探索建立国际贸易组织（Daunton,2010）,到联合国贸易和发展会议的建议,再到多哈发展议程,这种冲突一直持续。更为实际和直接的是,国际货币基金组织的规则允许货币在不平衡的情况下贬值,并允许对资本输出进行控制,这样一来,积极的国内经济政策和开放的国际货物市场的承诺得以实现,同时可以维持汇率稳定。民族主义和国际主义得到了平衡。

可以说,1914年前英国的资本输出为国际经济稳定创造了条件。上文提到，这种资本输出是反周期的：英国经济繁荣时，它的开放市场为世界上的商品提供了销路，各国得以偿还贷款；当英国经济不太繁荣时，它在海外投资，有助于稳定国际经济。此外，海外投资主要是社会先行资本，尤其是修建铁路，集中于刚开发的温带地区，这些地区为发达经济体生产粮食和原材料；投资使接收国普遍受益（Nurkse，1954；Singer，1950）。然而，在两次世界大战期间，资本以热钱的形式从一个地方逃离到另一个地方，以摆脱不确定性，这种资本流动被视为引发困难的原因。资本流动意味着破坏性、投机性的流动，并不能维护稳定和繁荣。在"三难"的权衡中，国内的繁荣只能与固定（尽管现在是灵活）的汇率相结合，牺牲资本的流动性，通过利率来维持国内的稳定，而不引发资本输出和汇率下行的压力。凯恩斯意识到，"整个国内经济管理取决于能否自由地拥有适当的利率，而不参考世界上其他地方通行的利率。资本控制是必然的"（Moggridge，1980）。同样，贝蒂尔·俄林（Bertil Ohlin）指出，货物的流动是"繁荣和经济增长的前提条件"，而资本流动则不是（Helleiner，1994）。国际货币基金组织协议的第六条第三节规定，"成员国可以采取必要的管制，以调节国际资本流"（Horsefield，1969）。因此，战后多边贸易的恢复和关贸总协定的诞生与固定（尽管可变）汇率、资本管制和积极的国内政策有关。关贸总协定采取的形式以这些因素的存在为前提。

战后固定汇率、资本管制和积极的国内货币政策与贸易自由化的取舍，与国家、劳工和资本之间的国内制度安排有关。要实现战后复苏，就要说服工人接受当前较低的工资，未来通过利润再投资,再享受较高的生活水平。但是,工人能相信管理层会兑现承诺吗?国家通过税收政策和稳定市场来鼓励利润再投资,并向工人提供福利计划,从而为其背书。其结果是创造了"制度性退出壁垒"(Eichengreen and Braga de Macedo,2001)。随着政治和经济条件的变化,它能否无限期地保持下去,将在20世纪60年代末受到考验。

这种平衡一直持续到20世纪60年代,在肯尼迪回合中显而易见。1967年,关贸总协定肯尼迪回合贸易谈判结束,标志着战后关税的最大幅度削减(Zeiler,1992)。同时,肯尼迪总统和约翰逊总统扩大了对美国资本输出的控制。他们希望刺激国内投资,充分利用产能,增加公共支出,从而消除国内贫困,增强美国经济的竞争力和效率。于是美国开始减税以刺激投资,改善福利待遇和最低工资以提高工人的效率,并加大人力资源的投资。这项政策导致了资本管控。加尔布雷思(J. K. Galbraith)在给肯尼迪的建议中提出,要维护美国国际收支平衡,限制资本流动的破坏性是最小的,而其他选择在政治上是行不通的。削减海外军事支出会遭到国务院的反对,而且在冷战如火如荼之际几乎不可能。在政治动荡时期,国内通货紧缩不利于竞选,而且会与政府的扶贫政策相冲突。在加尔布雷思看来,财政部对资本自由流动的偏好是一种"银行家综合征",他认为,应当进行国内投资,提高美国经济的效率,从而使其出口的商品更具竞争力(FRUS,1961—1963)。在这种观点支持下,美国于1963年出台了利息平准税,使得海外借贷成本高于国内利率。1965年,约翰逊更进一步,对资本输出实行直接管控。

尽管尼克松在竞选期间承诺取消资本管制，但要实现却困难重重。1969 年，亨利·基辛格警告说，资本的自由流动将削弱美国的战略地位，因为它将导致国际收支恶化，欧洲政府也会批评美国不负责任。基辛格认为，资本管控比削减军费或迫使盟国承担更多成本更好，因为后者有可能疏远盟国或使其对美国政策拥有更多的影响力（FRUS，1969-1976）。当然，尼克松还试图在国内建立一个以南方和蓝领工人为基础的新的选举联盟，因此他极不愿意通过国内通缩来应对国际收支不平衡（Matusow，1998）。虽然资本管制保留了一段时间，但这种平衡是不稳定的，因为在意识形态上，许多经济学家和政治家拥护资本自由流动。另外，从 1958 年起，随着可兑换的广泛采用，资本管制更难实现了。资本可以通过经常账户流动，而且可以通过新兴的欧元-美元市场在境外持有美元来规避管控。资本流动性增加给维持固定汇率带来了压力。随着固定汇率在 20 世纪 70 年代初崩溃，资本管制也就没有必要了（Helleiner，1994；Obstfeld and Taylor，2004）。

1971 年 8 月 15 日，尼克松中止了美元与黄金的可兑换，国际货币政策进入不确定时期。布雷顿森林体系下固定汇率的问题在于，它允许货币疲软的国家货币贬值，但美国除外，因为其他国家的汇率都与美元挂钩；它没有要求西德和日本等货币强势的国家货币升值。结果，相对经济实力的重大变化造成了汇率的严重失衡，而这很难通过国际货币基金组织现有的体制机制来解决，美国人开始担心，德国马克和日元的低估相当于重返以邻为壑的政策，将吞噬国际贸易。同样，其他国家指责美国不负责任，没有对其被高估的货币采取行动，并通过印刷美元来资助军事冒险、购买欧洲公司和出口通货膨胀,沉溺于"美元帝国主义"(Rueff,1972)。更为现实的是,罗伯特·特里芬(Robert Triffin)指出了这样一个困境:世界经济要增长,就需要美元提供流动性,但通过美国的赤字提供流动性,就会破坏对美元的信心(Triffin,1960)。国际货币基金组织或八国集团未能对国际货币体系进行现实的改革,形成了一种"善意忽视"的政策。眼看着危机酝酿,却不采取行动规避,而是希望创造机会来重新调整货币,改革国际货币体系(Matusow,1998;James,1996)。这导致了布雷顿森林体系下"三难"困境中平衡的消失。

"不一致四方"和浮动汇率制的发展

关闭黄金窗口之后,1971年12月的《史密森协议》试图恢复布雷顿森林体系的固定但可变汇率。它将日元升值了16.9%,德国马克升值13.57%,并将美元对其他10国集团货币贬值了10%(James,1996)。在新的平价上维护布雷顿森林体系的努力并未成功,在经过了相当紧张和混乱的时期后,"三难"中出现了新的平衡。

虽然米尔顿·弗里德曼(Milton Friedman)等主要经济学家主张浮动汇率,但是固定汇率制度的崩溃并不是智力转变的结果。戈特弗里德·哈伯勒(Gottfried Haberler)指出,这不是一个系统,而是一个默认生成的"非系统"(James,1996)。主要原因在于尼克松政府没有采取国内措施,任由国际收支持续恶化,为了防止国内经济衰退,采取了扩张性的货币政策,并通过对价格和工资的控制来预防通货膨胀。这些控制措施能持续多久令人怀疑。弗里德曼警告说："从罗马皇帝戴克里先时代起，所有冻结价格和工资的尝试都以彻底失败和通胀被压制而告终。"（Friedman，1975）财政部长乔治·舒尔茨（George Shultz）表示同意："当工人以罢工的方式'炸毁'它时，冻结自然会结束。不用担心如何取消它，工人会为你做这件事。"（Matusow，1998）20 世纪 70 年代初的英国也是如此，爱德华·希斯（Edward Heath）的保守党政府被工会"炸毁"，而继任的工党政府试图通过与工会签订"社会契约"来控制通货膨胀和工资要求。

舒尔茨的意见和英国的经历表明，国家、工人和资本之间的制度安排值得商榷，而这种制度安排正是布雷顿森林体系的基础。到 20 世纪 60 年代末，这一制度体系出现了压力。此前，较高的资本投入产生了越来越多的边际收益，造成了一系列结果：工资较高；消费品价格稳定；利润充足，可以继续投资。因此，伴随充分就业而来的通胀压力得到了缓解，消费者和资本品的高需求维持了充分就业，实现了增长的良性循环。到 20 世纪 60 年代末，资本的边际生产力开始下降，要支付更高的工资，就要承受通货膨胀或压缩利润。与西德和日本相比，这一现象在英国和美国尤为明显，因为在这两个国家，从农业向工业的结构转型潜力更大。在英国，工商企业的税后净资产利润率从 7.1% 下降到 4.1%（Glyn and Sutcliffe，1972）。

英国等国家政府面临的问题是如何权衡汇率和国内政策：是应当采取固定汇率，对通胀和工资需求施加外部限制，从而避免英镑贬值，还是应当允许汇率贬值，增强英国商品的竞争力，并采取积极国内政策刺激增长？否则，国内不稳定的后果是十分严重的。如果实行这样的政策，浮动汇率会带来经济增长，还是会因为货币扩张导致通货膨胀，并导致工资持续增长和货币持续贬值以保持竞争力？

英国最初的政策选择是在1972年5月1日加入欧洲的蛇形汇率，即在《史密森协议》的"隧道"里将货币钉住在一个较窄的范围内。1972年6月23日，英国脱离了蛇形汇率，允许英镑浮动。这些政策选择引起了很大争议。如果想让英镑相对于其他欧洲货币保持在狭窄区间内，就会限制旨在减少失业的政策和出于国内原因设定的利率。财政大臣在1972年3月清楚地表明了他对这种平衡的怀疑。他说："为了保持不现实的汇率，将国内经济扭曲到不负责任的程度，既不必要，也不可取。"加入（或重新加入）蛇形汇率的理由是，完全自由浮动汇率会导致货币供应可以不受限制地扩张，因此更没有理由限制工资和价格，因为汇率可以承受这种压力。蛇形汇率将规管国内经济，迫使政府控制成本和工资，从而将货币保持在区间内。但它能成功吗？

财政部对此表示怀疑：重新固定汇率注定要失败，因为只有通过严格的反通胀措施（这将是非常不受欢迎的）和在没有罢工的情况下它才能维持，而控制通胀又可能再次激起罢工。此外，固定利率意味着削减公共开支，不利于完善基础设施和经济增长，而且需要更高的利率来支持英镑，所以会打击投资和就业。决定重返蛇形汇率意味着更重视外部汇率而不是就业和增长；浮动汇率意味着更重视就业和增长，而不是在欧洲体系内保持固定的平价。但是，浮动的好处确实显而易见吗？英镑的浮动能力意味着控制工资的动力减少，导致利润、投资和竞争力受到威胁。最后，英国放弃了蛇形汇率，选择了浮动汇率。

国际收支状况仍然很糟糕，国际货币基金组织在1976年进行干预，并在政府内部引发了一场激烈的争论，对"不一致四方"产生了重大影响。与其采取预算限制和货币紧缩政策，承受严重的国内影响，为什么不采取紧缩经济，彻底放弃自二战以来所追求的开放市场？保护性壁垒可以解决贸易赤字问题，增加利润和投资，并允许对经济进行计划。这个所谓的"替代经济战略"失败了，但这场争论确实体现了"不一致四方"中的各种权衡。20世纪70年代，随着布雷顿森林体系的瓦解，这些权衡受到质疑（Daunton，2009）。

出于类似的原因，美国走了与英国类似的道路，1973年允许美元浮动。相比之下，西德政府保持了货币管控，控制了通货膨胀和成本，因此在出口市场上保持了竞争力，并克服了欧佩克石油危机的影响。部分原因是西德实行了"社会市场经济"，让工会在企业的咨询委员会中发挥作用，致力于提高生产力。西德保持了贸易顺差和强势货币，这对蛇形汇率造成了压力，因为法国和意大利等其他成员未能成功应对石油危机，并选择了更宽松的货币政策和通货膨胀。因此，它们的货币超出了蛇形汇率的范围。它们更重视国内问题和政治，而不是维持固定汇率。不过，关贸总协定的承诺遏制了保护主义，而货币体系中的冲突一直伴随着东京回合。

在英国和美国，结果是有问题的：对货币扩张和工资没有限制，结果是通胀高企。为解决这个问题，1979年10月16日，美联储主席保罗·沃尔克（Paul Volcker）宣布进行"休克疗法"，收紧货币政策，重新施加外部约束。高利率和货币紧缩将通货膨胀从经济中挤出，代价是经济衰退和失业。1979年英国保守党政府当选后，撒切尔夫人也采取了同样的做法。较高的失业率削弱了工会的力量，相关法律被修改以减少罢工的威胁，创造一个更"灵活"的劳动力市场。同时，减少了对高收入者的征税，转向间接税，以恢复对经济的激励。这个过程伴随着英国和美国金融市场自由化的进程。1986年，伦敦金融城出现"金融大爆炸"。1999年，《格拉斯–斯蒂格尔法案》被废除。到20世纪90年代，国际资本流动达到了第一次世界大战以来的最高水平（Obstfeld and Taylor，2004）。一种新的平衡出现了：资本高度流动；大多数国家的汇率可以自由变化；货币政策可用来实现国内目的。美联储被期望维持就业和控制通货膨胀；1997年，英格兰银行的职权范围收窄，即把通货膨胀控制在一定标准以下。在这两种情况下，中央银行都不需要维持对外汇率，因而也不需要在金融监管中发挥非常积极的作用。

1944年后建立的布雷顿森林体系消亡后，出现了一种新的平衡，这种体系有时被称为"布雷顿森林体系II"。2008年的事件提出了一个问题：布雷顿森林体系II的平衡能否长久？全球化导致了就业模式的重大转变，因为随着国际市场的开放和资本的自由流动，许多工业品的生产转移到低成本国家。根据关贸总协定的规则，受这些变化影响的工人和企业不能像以前那样实行保护性关税。但是，这些规则是否能站得住脚？是否有其他方法来应对国内的政治压力？在"三难"和"不一致四方"中可能会出现一个新的平衡。

"不一致四方"和大衰退

与20世纪30年代的大萧条不同,在2008年后的"大衰退"中,贸易战和保护主义得以避免。2010年11月,一份世贸组织报告估计,自2008年10月以来,新的贸易限制占二十国集团进口的1.8%,全球进口的1.4%,因此,贸易仍然比以往任何时候都更加开放。尽管报告赞赏了各国表现出的克制,但它也提出了警告,汇率操纵、贸易不平衡和高失业率会带来保护主义的风险(WTO,2010)。政治家们非常清楚,贸易壁垒导致了大萧条,总体而言,他们不愿屈服于国内压力集团。至于国内政策对国际贸易的影响,他们则不太担心。美联储主席本·伯南克(Ben Bernanke)声称,量化宽松政策的目的是解决国内通货膨胀和失业问题,而美元的外部价值问题已经超出了他的职权范围。理论上没错。然而,中国和德国迅速指出,他采取行动后,美元自然会贬值。保护主义可以采取贸易壁垒以外的其他形式。

没有了布雷顿森林体系的固定可浮动汇率,就有了货币操纵的空间,以此来提高出口的竞争力,削弱进口的吸引力。2010年9月,巴西财政部长警告说,"国际货币战争"已经爆发。2011年1月,他更进了一步,认为货币战争正在演变成贸易战争。这种说法有些耸人听闻,但传播甚广。他抱怨中国压低了人民币对美元的汇率,使中国商品在美国更便宜,比来自日本、韩国、中国台湾或巴西的商品更有竞争力,因为这些国家或地区的汇率由市场决定，导致货币升值。巴西财政部长指出，雷亚尔没有与美元挂钩，自2009年年初以来已经升值了25%，而人民币几乎没有变动。在这种抱怨声中，美国众议院筹款委员会考虑将中国列为货币操纵国，并要求人民币升值20%（《金融时报》，2010年9月27日和28日，2011年1月10日）。

虽然中国人民银行认同货币升值，但中国政府非常谨慎，担心出口下降会带来严重的动荡或至少是困难。"如果中国出现社会和经济动荡，将是世界性的灾难"（《金融时报》，2010年10月7日）。1985年广场协议签署后，日元升值，提醒人们要警惕经济滞胀和屈服于外部压力的危险。中国政府反过来批评美国政府没能处理好内部财政赤字，也批评其在金融危机中扮演的角色。中国认为美国的高失业率并不是"人民币汇率操纵"引起的，而是因为艾伦·格林斯潘领导下的美联储采取低利率，结果导致投机和随之而来的过度消费，贸易赤字不断增加。这种观点确有一定道理。按照这种观点，像布雷顿森林体系下那样保持人民币钉住美元并非"操纵"；要解决这个问题，美国就要增强竞争力，降低成本。当然，国内通货紧缩从来都不是什么好事，无论如何都会产生重大的政治问题，民主党不愿意削减福利开支，而共和党不愿意通过增加税收来平衡预算。

吸取了20世纪30年代大萧条的教训，加上关贸总协定和世贸组织的承诺机制，2008年之后，以关税壁垒为手段的保护主义得到了遏制，但国际竞争转移到"不一致四方"中的其他几方。不能仅关注贸易政策，否则会被误导。各国试图通过货币操纵规避世贸组织规则，各自管理其汇率，这和1971年一样，在全球经济制度中很难协调。现在需要的是将国际货币基金组织对货币的关注与世贸组织对贸易的关注结合起来,但在世贸组织改革建议中,巴西提出低估汇率作为出口补贴和保护的形式,这很可能会被中国否决(《金融时报》,2011年1月10日)。

并不是所有人都对此感到惊慌。我们看到,艾肯格林认为,20世纪30年代的竞争性贬值不一定是以邻为壑的破坏性政策,反而可以通过重新调整货币来助力复苏。现在也是一样的道理,他认为最近的竞争性贬值在货币创造方面具有类似的效果,也就是一种货币宽松的手段。然而,这种策略是危险的。如果各国都对外汇市场进行干预,缺乏协调,只会导致冲突而不是合作。彼得森研究所的泰德·泰勒(Ted Taylor)指出,把干预汇率和货币政策混为一谈十分危险。他认为,要实现货币宽松,中央银行应当在国内市场上实行政策,而不能通过国际货币市场。与亚洲(和巴西)的同行相比,欧洲和美国不太愿意通过干预来压低汇率,因为这可能导致国际不稳定和冲突(《金融时报》,2010年9月28日)。

对货币操纵的担忧也与"不一致四方"中的另一方——资本管制——有关。美国的货币宽松和低利率意味着资金流向回报率较高的新兴经济体,其潜在后果是这些新兴经济体货币的升值和竞争力的丧失。因此,巴西等国的商品在出口市场上可能更加昂贵,迫使它采取资本管制,提高对外国债券持有人的税收。其他国家也采取了类似的政策来控制资本流入和货币升值。韩国对政府债券的外国持有人征收预扣税,印度尼西亚和泰国也采取了类似的举措。长期投资虽好,但是如果资金追逐高利率而流动,就有可能破坏稳定,重蹈1997/1998年亚洲金融危机的覆辙。当亚洲国家为应对那场危机而进行资本管制时,国际货币基金组织持反对态度;现在,它的观点更加谨慎。国际货币基金组织前首席经济学家肯·罗格夫(Ken Rogoff)认为,资本账户自由化对新兴市场不一定有益,即便有益也未经证实。尽管国际货币基金组织知道资本管制不一定成功,甚至往往不成功,但至少它对金融自由化和开放资本账户的强烈支持已经有所转变。开始接受管控可能是明智的,可以保护新兴经济体避免短期资本流入的激增,否则会导致资产泡沫和货币升值。2010年,国际货币基金组织承认,如果仔细评估资本管制造成的扭曲和实施成本,资本管制在政策组合中也许有用,特别是可以遏制短期大量资金流入的破坏性影响;而由基本面引起的更长期的资金流入则是另一回事。20世纪30年代,凯恩斯和其他一些学者批评的恰恰是短期资金流动,并允许在布雷顿森林会议的协议中实施资本管控。2011年,国际货币基金组织可能会朝着资本管控的方向更进一步,巴格瓦蒂(Bhagwati)等高级经济学家抱怨说,自由贸易已经被错误地等同于资本账户自由化。当然,对资本流动的抱怨可能成为保护国内金融服务的借口,因此需要注意资本管制的具体理由;现在的金融市场比二战后更加发达和成熟,管制是否能够发挥作用,还有待观察(International Monetary Fund,2010a 和 2010b;《金融时报》,2011年1月10日)。

结语

本章介绍了如何将贸易政策置于汇率、资本管制和国内政策等更广泛的背景下看待。政策选择中的平衡随着时间的推移而变化，在不同国家也有所不同。政策组合反映了某个时间和地点的国内和国际问题之间的平衡，反映了对社会中特定利益群体的影响以及他们在政治舞台上的发声能力。这一结果也反映出国际协议的存在，因为关贸总协定形成后，可信的贸易规则对征收保护性关税形成约束，从二战结束到20世纪70年代初，固定而可变的汇率制度约束了货币操纵。2008年之后的经济衰退给这种平衡带来了新的压力：保护主义得到了遏制，但货币操纵和资本管制却被用于解决一些困难。世贸组织的运转应置于更广泛的背景之下，即世贸组织与国际货币基金组织在世界经济运转方面各司其职。毫无疑问，世界将面临两个根本问题：如何控制国内政策的国际影响？如何理解贸易与货币或金融问题之间的相互作用？

参考文献

Aghion, Phillipe and Jeffrey G. Williamson. (1999) *Growth, Inequality and Globalization: Theory, History and Policy.* Cambridge: Cambridge University Press.

Atkin, John. (1970) Official Regulation of British Overseas Investment, 1914-31. *Economic History Review* 23(2): 324-335.

Bordo, Michael and Hugh Rockoff. (1996) The Gold Standard as a "Good Housekeeping Seal of Approval." *Journal of Economic History* 56(2): 389-428.

Cain, Peter J. and Anthony G. Hopkins. (1993) *British Imperialism: Innovation and Expansion, 1688-1914.* Harlow: Longmans.

Cassis, Youssef. (1985) Bankers in English Society in the Late Nineteenth Century. *Economic History Review* 38(2): 210-229.

Chiozza Money, Leo. (1905) *Riches and Poverty.* London: Palgrave Macmillan.

Clarke, Peter F. (1990) The Treasury's Analytical Model of the British Economy Between the Wars. In *The State and Economic Knowledge: The American and British Experi-ence,* edited by Mary O. Furner and Barry Supple, 171-207. Cambridge: Cambridge University Press.

Daunton, Martin. (2006) Britain and Globalisation Since 1850:1 Creating a Global Order, 1850-1914. *Transactions of the Royal Historical Society (Sixth Series)* 16: 1-38.

———. (2009) Britain and Globalisation Since 1850: IV the Creation of the Washington Consensus. *Transactions of the Royal Historical Society (Sixth Series)* 19: 1-35.

———. (2010) From Bretton Woods to Havana: Multilateral Deadlocks in Historical Perspective. In *Deadlocks in Multilateral Negotiations: Causes and Solutions,* edited by Amrita Narlikar, 47-78. Cambridge: Cambridge University Press.

Eichengreen, Barry. (1992) *Golden Fetters: The Gold Standard and the Great Depression, 1919-1939.* New York and Oxford: Oxford University Press.

Eichengreen, Barry and Jorge Braga de Macedo. (2001) *The European Payment Union: History and Implications for the Evolution of the International Financial Architecture.* Paris: OECD Development Centre.

Eichengreen, Barry and Jeffrey D. Sachs. (1985) Exchange Rates and Economic Recovery in the 1930s. *Journal of Economic History* 45(4): 925-946.

Estevadeordal, Antoni. (1997) Measuring Protection in the Early Twentieth Century. *European Review of Economic History* 1(1): 89-125.

Fleming, J. Marcus. (1962) Domestic Financial Policies Under Fixed and Floating Exchange Rates. *IMF Staff Papers* 9: 369-379.

Friedman, Milton. (1975) *There's No Such Thing as a Free Lunch.* La Salle, IL: Open Court.

FRUS. (1961-63) *Foreign Relations of the United States 1961-63, Volume IX: Foreign Economic Policy.* Document 30. Letter from John Kenneth Galbraith to President Kennedy, 28 August 1963.

———. (1969-76) *Foreign Relations of the United States 1969-76, Volume III: Foreign Economic Policy: International Monetary Policy 1969-72.* Document 12. Memoranda from the President's Assistant for National Security Affairs (Kissinger) to President Nixon, 17 March 1969.

Giffen, Robert. (1905) Notes on Imports Versus Home Production and Home Versus Foreign Investment. *Economic Journal* 15(60): 483-493.

Glyn, Andrew and Robert Sutcliffe. (1972) *British Capitalism, workers and the profus Squeeze*. Harmondsworth: Penguin.

Goodwyn, Lawrence. (1976) *Democratic Promise: The Populist Moment in America*. New York: Oxford University Press.

Green, Ewen H.H. (1988) Rentiers Versus Producers? The Political Economy of the Bime-tallic Controversy. *English Historical Review* 103(408): 588-612.

Helleiner, Eric. (1994) *States and the Re-emergence of Global Finance From Bretton Woods to the 1990s*. Ithaca: Cornell University Press.

Hobson, John A. (1902) *Imperialism: A Study*. London: James Nisbet and Co.

Horsefield, J. Keith. (1969) *The International Monetary Fund, 1945-65, III : Documents*. Washington, DC: IMF.

Hull, Cordell. (1948) *The Memoirs of Cordell Hull, I*. London: Hodder and Stoughton.

International Monetary Fund. (2010a) *Global Financial Stability Report: Meeting New Challenges to Stability and Building a Safer System*. Washington, DC: IMF.

——. (2010b) *Capital Inflows: The Role of Controls*. IMF Staff Position Note. SPN/10/04. Washington, DC: IMF Research Department.

James, Harold. (1996) *International Monetary Cooperation Since Bretton Woods*. Oxford: Oxford University Press.

——. (2001) *The End of Globalization: Lessons From the Great Depression*. Cambridge, MA: Harvard University Press.

Keynes, John Maynard. (1925) *The Economic Consequences of Mr Churchill*. London: Hogarth Press.

League of Nations. (1944) *International Currency Experience: Lessons of the Inter War Period*. Geneva: League of Nations.

Lopez-Cordova, J.E. and Christopher M. Meissner. (2003) Exchange Rate Regimes and International Trade: Evidence From the Classical Gold Standard Era. *American Economic Review* 93(1): 1259-1275.

Matusow, Allan J. (1998) *Nixon's Economy: Booms. Busts. Dollars and Votes*. Lawrence:

Kansas University Press.

Meissner, Christopher M. (2005) A New World Order: Explaining the International Diffusion of the Gold Standard, 1870-1913. *Journal of International Economics* 66(2): 285-406.

Moggridge, Donald E. (1972) *British Monetary Policy 1924-1931: The Norman Conquest of $4.86.* Cambridge: Cambridge University Press.

——. (1980) (ed.) *The Collected Writings of John Maynard Keynes, Vol. 26, Activities 1943-46: Shaping the Postwar World, Bretton Woods and Reparations.* London: Palgrave Macmillan.

Mundell, Robert A. (1963) Capital Mobility and Stabilization Policy Under Fixed and Flexible Exchange Rates. *Canadian Journal of Economic and Political Science* 29(4): 475-485.

Nurkse, Ragnar. (1954) International Investment Today in the Light of Nineteenth-Century Experience. *Economic Journal* 64(256): 744-758.

Obstfeld, Maurice and Alan M. Taylor. (2004) *Global Capital Markets: Integration, Crisis and Growth.* Cambridge: Cambridge University Press.

Offer, Avner. (1983) Empire and Social Reform: British Overseas Investment and Domestic Politics, *1908-14. Historical Journal 26(1):* 119-138.

O'Rourke, Kevin H. and Jeffrey G. Williamson. (1999) *Globalization and History: The Evolution of a Nineteenth-Century Atlantic Economy.* Cambridge, MA: MIT Press.

Pollard, Sidney. (1985) Capital Exports 1870-1914: Harmful or Beneficial? *Economic History Review* 38(4): 489-514.

Rueff, Jacques. (1972) *The Monetary Sin of the West.* New York: Palgrave Macmillan.

Simon, Matthew. (1967) The Pattern of New British Portfolio Foreign Investment, 1865-1914. In *Capital Movements and Economic Development,* edited by John H. Adler and Paul W. Kuznets, 33-70. London: Palgrave Macmillan.

Singer, Hans W. (1950) The Distribution of Gains Between Investing and Borrowing Countries. *American Economic Review* 40: 473-485.

Solomou, Solomos. (1996) *Themes in Macroeconomic History: The UK Economy, 1919-39.* Cambridge: Cambridge University Press.

Stone, Irving. (1999) *The Global Export of Capital From Great Britain, 1865-1914: A Statistical Survey.* Basingstoke: Palgrave Macmillan.

Sussman, Nathan and Yishay Yafeh. (2000) Institutions, Reforms and Country Risk: Lessons From Japanese Government Debt in the Meiji Era. *Journal of Economic History* 60(2): 442-467.

Tolliday, Steven. (1987) *Business, Banking and Politics: The Case of British Steel 1918-39.* Cambridge, MA: Harvard University Press.

Trentmann, Frank. (2008) *Free Trade Nation: Commerce, Consumption, and Civil Society in Modern Britain.* Oxford: Oxford University Press.

Triffin, Robert. (1960) *Gold and the Dollar Crisis: The Future of Convertibility.* New Haven, CT: Princeton University Press.

United States Department of State. (1948) *United Nations Monetary and Financial Conferences, Proceedings and Documents, I.* International Organizations and Conferences Series. Washington DC: US Department of State.

WTO. (2010) *Report on G20 Trade Measures (May 2010 to October 2010).* Geneva: WTO.

Zeiler, Thomas W. (1992) *American Trade and Power in the 1960s.* New York: Columbia University Press.

6

展望未来：贸易新世界①

帕斯卡尔·拉米

本章将论证我们正从一个贸易旧世界转型进入贸易新世界，在新世界里，贸易开放已经变成了迥然不同的游戏。正如不久前所谓跨大西洋贸易与投资伙伴协定（TTIP）的混乱开端显示的那样，这种转变会带来重要的结果，很可能并且有望在原则、政策甚至权责方面对国际贸易体系产生影响。

一言以蔽之（这有一定的简化风险），在贸易旧世界里，生产系统是本国的，贸易障碍是为了保护本国生产商不受外国竞争的影响。相比之下，在贸易新世界里，生产沿着全球商品和服务供应链呈现出跨国特性，贸易障碍是为了保护消费者不遭受风险。

---

① 本章为作者于 2015 年 3 月 9 日在布鲁塞尔欧洲国际政治经济学研究中心（ECIPE）简·图姆利尔（Jane Tumlir）讲堂上的演讲。简·图姆利尔是捷克人，曾经在 1974—1992 年担任关税与贸易总协定经济研究和分析主任，留下了关于贸易的重要智慧遗产。作者的演讲稿可见 http://ecipe.org/events/jan-tumlir-lecture-new-shape-world-trade-entail-global-trade-policy/。

我们现在还未完全脱离旧世界，也尚未完全进入新世界，而是位于两个世界之间。我们正从实施配额、关税和补贴这样的保护措施转变成实施防范性措施，例如保障、安全、卫生健康和环境可持续性。这是关税措施和非关税措施这一旧式划分的新版本。

在这个新世界中，某些旧世界的特点不会改变。

首先，贸易开放，即减少贸易障碍或者贸易限制，可以促进增长、增加财富。在这一点上，我非常同意各位已故的朋友简·图姆利尔的观点。但是，长期以来我自己的观点都是认为只有在一定条件下才会有这样的贸易开放。创造经济效益是一回事，但是创造社会效益是另外一回事。在我刚离开世贸组织后出版的一本书里，我也坚持了这一观点。我给这本书取名为《日内瓦共识》[1]，意思是我们确实需要开放贸易，但是我们还必须格外当心李嘉图-熊彼特所说的开放贸易对于经济和社会结构的冲击。开放贸易能产生效率，它奏效是因为过程痛苦，之所以痛苦是因为它奏效。但是弱势的一方会觉得这种疼痛更加剧烈，因此就需要合适的政策去维护社会公正。

其次，开放贸易即减少贸易障碍，就是要搭建公平的竞技场并且以可预测的方式搭建。这让我们又重提简·图姆利尔关于可预测性对于经济主体的价值这一根本的体制做法。

这个新世界中的根本变化是搭建公平竞技场的方式。我们不是以跟保护或者防范同样的方式去搭建公平竞技场。以保护的方式实现公平竞争是相当简单的：下行，零！只要不出现经济理论中

---

[1] Pascal Lamy, *Geneva Consensus*, Cambridge University Press（2013）.

的负进口关税（至少到目前还没有），那么所有关税谈判方的心理底线就一直都为"零"。所以整个体系很简单明了：废除、减少、扼杀那些措施。而在施行防范措施的世界里，游戏就要换一种玩法了。假设一位欧洲贸易专员去欧洲议会说："女士们先生们，我支持开放贸易。为了支持鲜花开放贸易（这对于利用比较优势是极好的，尤其是非洲的伙伴），我决定向各位提议，针对卢旺达、哥斯达黎加和以色列的鲜花我们设置不同的杀虫剂最大残留量标准，因为卢旺达是穷国，哥斯达黎加是中等收入国家，而以色列是高收入国家。"这是行不通的！以前在关税上实施的做法是不能用到标准、认证和符合性评估过程里的。你不能以应对关税措施的同样方式去应对非关税措施。贸易经济学家长期以来一直尝试评估非关税措施作为关税措施等同物的影响，他们这种尝试是正确的，但是却一直被误解。大多数（并不是所有）非关税措施都不是为了替代关税措施，而是防范性措施，不是此前的保护主义措施的替代品。对于防范而言，重要的并不是废除措施，不是"扼杀"措施，也不是减少措施，而是减少各种措施之间、各种防范性体系之间的差异。所以它是完全不同的，在旧世界里重要的是废除措施，在新世界里重要的是消除不同措施之间的差别，不同措施本身就构成了贸易障碍、增加了贸易成本，特别是要遵守各种监管制度和规定的合规成本。

消除这些监管差异，在欧洲就是从"共同"市场到"内部"市场的过渡。共同市场是一个没有关税和反倾销的自由贸易区，对于那些旨在保护国内生产商不受外国竞争影响的补贴有严格控制。但是从1985年开始兴起了监管协调化的进程，从而使那些在规模经济方面限制共同市场发展的因素在单一市场里消失不见，因此才出现这么一系列的监管趋同、协调和互认。

开放贸易在新世界里的宗旨不同于以往，政治经济也不同。在旧世界里，如果我是关税谈判员的话，我知道自己政治方程式的两边是谁：支持我的消费者沉默不语，反对我的生产者强烈抨击国内市场的竞争加剧。在贸易新世界里，政治经济是上下颠倒的。如果我是做监管趋同的，生产者会支持我，因为单一标准可以让他们实现规模经济，他们乐见这样的前景。当你去掉两套标准之间的差异时，你就使竞技场公平了，而且给生产者提供了贸易经济学家长期以来所展示的那种效率。但这样的代价就是消费者反对我，或者准确来说（因为没有消费者公投这一说）是代表消费者说话的组织即消费者组织反对我。为什么呢？原因很简单，因为消费者组织做的事情就是让人们、自己的组织成员和社交媒体上的"粉丝"相信，如果消费者组织不做这个工作的话就会有很多人遭受风险。他们是在保护消费者，也就是增加防范。

假设我开始和一位贸易伙伴讨论这些标准，如果我说目的就是要搭建公平的竞技场，那么他直接的反应就是"喂，危险！他们要降低标准！但是有可能受到影响的正是我的防范水准、我的安全水准和我所在意的一切"。因为防范就是风险管理，他的反应会是"停！我不愿意出现任何有可能降低我的风险放心程度的事情"，这是谈论防范的另一种方式。这是一种完全不同的政治游戏。在以前的世界里，消费者一般都保持沉默，但在贸易新世界里他们变得直言不讳，这可以理解，但却会不可避免地带来政治上的紧张对立。那就可能更成问题，因为过去关税在意识形态上大体是中立的。如果我把自行车的关税和你的废铁的关税互换的话,我们都清楚自己指的是什么,因为世界上不论在哪里,自行车和废铁都是一样的,它在意识形态上是扁平的。

但是,当你进入到防范的世界时,地面就不再是平的了。因文化、历史和宗教的不同,防范在意识形态上是有差异的。可能有些东西的差异不明显,比如打火机、汽车和玩具的安全性,这些领域的意识形态相对而言是中立的,或者说起码有相当多的科学基础。但是想一想动物福利、转基因产品或者数据隐私,这些方面的敏感度有着天壤之别,而且要在任何风险区间里实现公平竞技,这个挑战都与价值观联系在一起。毕竟,什么是风险?风险是比"非"风险糟糕的事情。它最终必然与什么是好、什么是坏相关。而"好"和"坏"又与价值观相关。在这些方面,不同人群的偏好范围区间极其宽泛。

在新世界里,参与方也变了。我们姑且沿用鲜花杀虫剂最大残留量标准的例子。把不同国家的标准对齐,不仅对于做这件事情的双方大有好处,对于这一更大市场上的第三方、出口方都是好事。假如我是卢旺达的鲜花出口商,我会很希望美国、欧盟和(如果可能的话)日本有同样的杀虫剂最大残留量标准。要不然我就只得根据不同的认证进程去调整,这成本很高;而且我无法发挥我的比较优势,也不能从规模经济里获益,因为不同的市场目的地决定了我必须要分开我的出口商品。

但并不是由贸易谈判人员去调整鲜花杀虫剂最大残留量标准,而是由植物卫生专家在考虑了杀虫剂对于人体健康的影响后去调整。这些人可不是寻常的贸易谈判人员,也不是世贸组织秘书处。

但是这种动机被开放贸易的名义驱动，引发了一系列的问题，尤其是因为负责监管的机构数量众多，常常变得越来越独立于政治权力和政治利益。

除此之外，对生产商至关重要的许多防范性标准不是公共的，而是私营领域的。关税或者补贴是公共性质的，所以由主权国家谈判关税并且签署与关税或者补贴相关的条约。但是在很多情况下，决定鲜花杀虫剂最大残留量标准的并不是主权国家，而是私营公司。在国际体系中的某处存在着类似于多边杀虫剂残留量标准这种东西。但是如果我是乐购超市，我想与家乐福竞争，因为我"更绿色"，所以想要让更多的消费者到街道这边我的店内来，那我就可以和一个本地消费者组织达成协议，实施比公共标准还要高的防范措施。对于卢旺达生产商而言，标准是公共的还是私营领域的都不重要；重要的是他的花销往哪里，需要符合哪一种标准。除了各种不同的规则、标准和参与者所带来的常见难题之外，你还进入了另一个世界，在这个世界里，是私营公司规定防范性措施的额外要求程度，它们哪怕在法理上不具备这种权利，但事实上已然如此。

在我看来，目的不同、政治不同、参与者不同，所有这些差异都影响到了长久以来作为国际贸易体系基础的几项原则。虽然这些原则最初并未体制化，但是随着关贸总协定和世贸组织的到来，建立起了几个意识形态支柱，支撑着整个体制的大厦。例如优惠，尽管对于它究竟是对是错存在争论，但是在旧世界里有很多优惠。在新世界里不再有优惠，因为防范本身就是最惠国待遇。只要对本国产品和进口产品实行同样的标准，那么就不存在歧视。

顺便提一句，这已经就是关贸总协定/世贸组织的规则，被载入《实施卫生与植物卫生措施协议》和《技术性贸易壁垒协议》之中。这彻底改变了开放贸易中的"特殊且差异化"支柱，这一支柱原本的宗旨是要对较贫穷的国家更加友好，在实施防范做法时它不再奏效了。

这也从根本上改变了互惠的概念。在旧世界中，贸易谈判就是围绕着相对于一千克废铁而言，一千克自行车的价格应该定多少而展开，谈判的全部目的就在于决定交换率，是一种取舍，是双方各让一步。我给你一点，你给我一点，如果这笔交易做成的话，我们是双赢。从前，当双方同意了相对于一千克自行车而言的一千克废铁的准确价值权重时，这笔交易就基本完成了，但在新世界里再也不是这样了。首先，我没有东西能够让我去取舍。我不会为了让你接受我的玩具安全标准，而接受你打火机的安全标准。这在智力层面讲得通，但在政治层面行不通。防范不是你我能够取舍的东西，而是我们可能会尝试去协调的东西。防范的程度对于商品和服务的生产商而言很重要，但需要协调的不仅是防范的程度，更是防范实施的方式。以美国和欧盟为例，在三分之一的情况下，欧盟的防范程度比美国高；在另外三分之一的情况下，美国的防范程度比欧盟高；在其余三分之一的情况下，两方的防范程度虽然相同，但是具体实施的方式差异很大，对于生产商的影响就相当于不同的防范程度一般。其中部分原因与符合性评估和认证程序有关。在新世界里，互惠不再是一千克某物相对于一千克他物有个合适的价值，而比这复杂得多——与防范的等同性有关。

简言之，新世界和旧世界中贸易开放的发生方式是不同的。

在结束前，我想简要谈谈我认为这场演变（或者应该说革命！）对于国际贸易体系从政策和体制层面意味着什么。我认为它会在焦点和权责两方面带来结果。首先看焦点的变化，让我以简化的观点来看看今日世界的贸易障碍。假设我是一个想步入全球市场的普通出口商，以平均成本来衡量的主要贸易障碍是什么？我的答案是5、10和20。5%是今天世界各地的贸易加权平均关税。10%是边境管理的成本，也就是商品进口商/出口商在边境清关的费用。20%是为了应对不同市场的监管差异所要支付的成本，不论是认证成本还是分开生产的成本，都会造成规模不经济。

我曾经参观过一家专门生产极复杂医用芯片的公司，芯片的平均价格是5000美元。我在参观时问道："如果是在一个乌托邦式的世界里，任何市场销售芯片使用的都是同一套清关系统，那么芯片价格会是多少？"回答是：我们的医用芯片今天要应付40种不同的认证体系，可以理解这是非常昂贵的。如果所有系统都能统一，我们只需要认证一次的话，那么芯片的平均成本会从5000美元降至3000美元。这对患者真是大好事！

所以我说5%、10%和20%。我不能保证我说的20%是个科学上正确的数字，但是基本不会差太远。如果看一看贸易谈判人员现在的焦点就会发现，他们80%的时间花在5%上，10%的时间花在20%上。近来，他们把剩下10%的时间中很大一部分花在了世贸组织贸易便捷化的巴厘协议上，这么做很正确。希望花在边境上的10%再过10年就可能降到5%，这是个大好消息。很可能就是因为这个原因，原来在多哈一揽子谈判中排位在末尾处的贸易便捷化协议逐渐变成了一个要务。这是那些靠贸易增长业务的人和贸易谈判人员之间唯一有共同目的的地方。

开放贸易对话的聚焦点，应该从关注不那么重要的事情变为关注最重要的事情。即便我接受 5% 是综合了比它高和比它低的数字才得来的平均数，我也恰好相信与防范相关的 20% 比与保护相关的 5% 更重要。我们同样要承认 5% 是根据价值决定的，而 20% 通常是固定成本。这个认证成本需要你时不时支付一次，而且与贸易量无关。这一固定成本对于获得贸易渠道的影响要比表面看起来的大，因为贸易量大的大公司能支付这一成本，就当是买了入场券，但是小公司往往做不到。所以从贸易开放的意义上讲，即让更多的小公司加入这场游戏，解决好 20% 这个问题的潜力远远大于等同的关税措施。

在我看来，投资、竞争和税收这几个领域也必须改变聚焦点；在今天这样一个价值链的世界里，这些领域与贸易的联系比过去更紧密。我们都知道投资和贸易经常是同一枚硬币的两面，但是全球供应链的扩大和生产系统的"松绑"导致了经合组织以外交辞令所称的"过度税务优化"的情况。竞争政策也是如此，全球价值链上的差异现在可能问题越来越大。这些问题是应当通过双边、地区还是多边的办法解决，仍然没有定论。看一看东盟地区、中美洲或者东非一体化的例子，这三个地区通过贸易一体化在快速发展地区一体化。我认为，在新世界中把握好先后顺序是至关重要的。在这些地方，全新的一体化顺序不同于以往。我认为如果只为了让东非共同体对汽车共同关税达成一致，就花上数小时、数个月和数年的时间是完全没有道理的。但若是建立一个领空管理系统在这个地区分配使用时段,或者实行医药营销的共同监管,就很有道理,因为这给消费者带来的益处既重要又往往立竿见影。

换句话说,在区域一体化的老树和新树上,挂在高低处的果实并不相同。如果掌握好这一变化,就可能会真正实现贸易开放的效果。在新世界里,开放贸易也会对权责带来一些影响,尤其是在世贸组织作为多边贸易开放机构的中心性方面。贸易谈判人员过去都是控制贸易保护使其往下走,这场游戏的名称原本叫"减少"。在未来,防范监管方不得不协调防范往上走,游戏的名称将变为"增加"。为什么呢?原因很简单,在公众看来是不能通过减少防范来开放贸易的,所以"增加"是唯一一条可以通行的政治道路。"增加"很可能在经济层面也是明智之举,因为防范升级的成本远可以被生产商获得的规模经济的好处抵消。这意味着在监管协调方面的领先者(即最发达的国家)将会成为防范程度最高的地方,这很好理解,考虑一下人均国内生产总值和防范程度的关联就能得出答案。这恰恰解释了为什么跨大西洋贸易与投资伙伴关系协定是很有道理的,不仅对欧盟和美国而言,对世界其他地方也是如此;但是它不是多边的。如果这个伙伴协议能够谈成的话(我认为短期内都不可能,因为太复杂了),它最有可能在商品和服务的许多领域设定全球保护标准。

这是否意味着世贸组织会被抛在一边?我认为不会,原因有三。

第一,世贸组织会继续管理保护与防范之间的灰色地带,正如《实施卫生与植物卫生措施协议》和《技术性贸易壁垒协议》中规定的那样,正如世贸组织上诉机构的法理解读的那样,不能出于保护主义的目的去过度操控防范。

第二，为了透明度、可预测性和稳定性，世贸组织必须监督主要成员国之间向上发展的防范的协调进程。或者如世贸组织的《实施卫生与植物卫生措施协议》和《技术性贸易壁垒协议》委员会经常做的那样，采取"在雷达下扫描"的事实做法；或者在法理上使世贸组织成员国与秘书处一同组织起一种能见度更高、更具结构性的监督系统，在我看来应当这么做。

第三，世贸组织自从2005年就是贸易援助的主要驱动方，它必须调整技术辅助软件来适应新世界的防范。如果考虑标准和贸易发展基金或者国际贸易中心在私营标准方面的专长，就会发现前提已经具备。但是有鉴于最惠国对于防范措施的反对，只有当最不发达的国家获得将自己产品的质量提升到所需水准的能力时，才有可能通过扩大贸易带来发展。这使得在对于产能、基础设施、贸易便利化或者贸易融资的现有支持项目之外，又增加了一块巨大的贸易援助领域。

作为总结，我想最后谈两点。

报导贸易的媒体告诉我们，今天的贸易剧场正上演两出大戏，即跨太平洋伙伴关系协定和跨大西洋贸易与投资伙伴协定。媒体没有告诉你的是，跨太平洋伙伴关系协定在很多意义上是贸易旧世界的落幕戏，而跨大西洋贸易与投资关系伙伴协定则是贸易新世界的开场戏。跨太平洋伙伴关系协定虽然不全是，但是很大程度上是关于市场准入问题的典型保护，所以将会以平凡的成果迅速终结。跨大西洋贸易与投资伙伴协定虽然不全是，但是很大程度上是与监管趋同相关的防范。在我看来，之所以这一进程迄今为止进展缓慢，是因为发起方欧盟和美国当时决定使用一种"保护减"而不是"防范加"的措辞，这是个错误。

从较偏哲学的角度来看，正如我论证的那样，新世界里的贸易开放同旧世界一样必要，但是也更具挑战性。由于防范最终是和风险相关的，所以也和价值相关；防范在政治上敏感得多，因为它使得合法性更难建立。这令我们回想起波兰尼（Polanyi）的观点，即把经济和社会剥离开的危险，以及重新融合两者的道理。我认为全球化强化了这两者之间的紧张对立，从而使得这个观点更具现实意义。

我认为我们正在见证一场划船比赛，参与比赛的双方一方是全球化，即经济系统之间更大的联通性和更大的相互依赖性，另一方是政治和法律体系在我所说的"集体偏好"方面实现公平竞争的能力。一方面，全球化带来好处，另一方面，各个群体共享合法价值观，两者之间存在不一致之处。全球化的好处是与量级和规模并驾齐驱的。越大越好，规模经济，大就是美。而身份、合法性和政治则是与接近度和小规模不可分离的。非规模经济，小就是美。在旧世界中，不同的价值观体系可以在自己的筒仓里以隔离的方式并肩共存。

在新世界中，协调防范的必要性驱使在不同屋檐下共存的生产系统变成在同一个屋檐下同居，这不可避免地导致经济和政治系统变得麻木，因为它提出了一个棘手的问题，即集体偏好应当集体到什么程度——例如在转基因作物授权方面日益复杂的欧盟系统所展示的那样，或者如欧盟、加拿大、挪威有关欧盟禁止进口和销售海豹制品那场著名纠纷所体现的那样。因纽特人捕猎海豹的行为既是生计需要,也是他们文化传统的一部分,以这种动物福利标准为基础的贸易措施没有尊重欧洲人的观点。

在保护的世界里,全球市场资本主义可以在不解决"价值观"这个问题的同时存在下去。在防范的世界里,这个问题正在变成核心。简·图姆利尔生活在贸易旧世界,但是他也强调过这个课题的重要性。他在 20 世纪 60 年代写道:"国际秩序的问题从本质上来说并不是国际问题。难处反而在于,几乎每一个核心国家都正在经历一场本国民主治理的艰难危机。"50 年之后,我们可以确定的结论就是,简·图姆利尔是少有的一类经济学家,是能够预测未来的一类经济学家!

7

中国比较优势的演变和出口战略的调整

隆国强

导言

比较优势是指一国某种商品的机会成本低于另一种商品,从而可以专注于生产并出口具有更低机会成本的产品而参与国际分工。如果具有比较优势的产品同时还比贸易伙伴具有更低的成本,则该国在该产品上具有绝对优势。传统贸易理论认为,一国的比较优势取决于资源禀赋。但观察各国贸易结构的变化,不难发现,绝大多数国家的比较优势处于演变之中。因此,上世纪50年代日本学者提出了动态比较成本理论,并在此基础上逐渐发展出动态比较优势理论。

所谓动态比较优势,就是通过各国的技术进步和产业结构转换使比较优势获得重新调整(林善浪,2004)。动态比较优势理论把生产要素的供求关系、政府政策、各种可利用资源的引进、开放等因素综合到贸易理论中，认为每个国家的经济发展都是一个动态过程，在这个过程中包括生产要素禀赋在内的一切经济因素都会发生变化，由此导致一国在世界经济中相对地位发生变化。政府干预对比较优势的变动具有重要作用。因此，一国在按照既定的比较优势参与国际分工的同时，要借助国家的力量，扶植和促进国内重点产业，以增强国际竞争力为目标，不断开发新的比较优势。日本、亚洲"四小龙"按照动态比较优势理论，有目的地引导产业结构和出口结构升级，取得了巨大的成功。中国自上世纪70年代末实行对外开放的政策，抓住劳动密集型产业跨境转移的历史机遇，充分发挥劳动力低成本优势，成为全球最大的出口国。在此过程中，中国的比较优势也一直在发生变化，从开放初期主要出口初级产品变成主要出口制成品，劳动密集型制成品的国际竞争力十分强劲，近年来一些技术含量更高的产品也逐渐赢得了国际竞争力，如移动通信设备、电力成套设备等。必须看到，支撑劳动密集型产品竞争力的基本因素正在发生重大改变，劳动力供给从以往的近乎无限供给，变成了供求总量基本平衡，但结构性矛盾逐渐显现，普通工人供给出现了"招工难"和工资快速上涨现象。普通工人的工资水平已经远远超过很多发展中国家的水平。展望未来，在多种因素的共同作用下，我国普工工资将加速上升。这对我国劳动密集型产业的国际竞争力将产生重大影响。与此同时，一些新的优势正在显现，如规模迅速扩张、需求结构快速升级的国内市场，丰裕的资金，受教育程度大幅提高的人力资源，完备的产业配套能力，不断增强的技术创新能力，完善的基础设施，日见增强的对外投资能力等。在这种新的形势下，我国需要从以往的基于静态比较优势的出口战略转向动态比较优势出口战略，主动构建有利于出口结构升级的环境条件，增强资本和技术密集型产品的出口竞争力。

中国比较优势的演变与原因

中国比较优势的演变

过去 30 年，中国出口结构发生了重大变化。1985 年，初级产品出口占出口总额的 51%，目前，初级产品出口仅占 5% 左右，95% 的出口是制成品。制成品出口以劳动密集型产品为主，尽管出口中机电产品占比达 60% 以上，高新技术产品出口占比超过 30%，但是，从全球价值链分工的视角分析，不难发现，大部分此类产品在华的增值活动是低附加值的劳动密集型活动。当然，近十年来，我国出口产品的技术含量明显提升，一些中技术水平的产品开始具有出口竞争力，个别高技术产品也开始拥有国际竞争力。

总体而言，中国劳动密集型产品比较优势的形成，得益于中国政府实行的出口导向战略。面对东亚地区以出口为导向的劳动密集型产业跨境转移的战略机遇，中国政府制定了参与国际经济大循环的战略，大力吸引出口型的外商直接投资，从而将中国具有的劳动力低成本优势与东亚先行经济体企业的技术、管理、品牌与国际销售渠道优势相结合，形成了劳动密集型产业的强大出口竞争力。必须看到，尽管中国政府倡导出口转型升级已经数年，但到目前为止，中国出口比较优势仍集中在低附加值的劳动密集型环节。

影响中国比较优势的因素正在发生重大改变

本章用三种方式来分析影响中国比较优势的因素的变化过程与前景。一是统计分析法,利用统计与调查数据分析劳动力成本变化的过程与趋势。二是国际比较法,通过中国与具有典型意义国家的比较,揭示中国比较优势影响因素的状况。三是问卷调查法,通过受调查企业的主观评分分析中国比较优势影响因素的变化趋势。

通过上述分析,可以得出以下判断:

第一,中国劳动力低成本优势正在削弱。2004年以后,出口部门普工工资成本一直以两位数速度上涨,企业通过提高劳动生产率来抵消工资成本上涨带来的冲击,保持劳动密集型产品的国际竞争力。但中国一些传统劳动密集型产品在国际市场的份额出现了下降。

第二,中国将进入劳动力成本快速上涨的阶段。一是经济发展会自然提高劳动力成本,城市高房价等因素提高了生活成本从而推高劳动力成本。二是中国已经跨过刘易斯拐点,高等教育扩招等因素加剧了普工供求的结构性矛盾,劳动力成本将随需求扩张而加速上涨。三是农民工的市民化将进一步大幅抬升劳动力成本。以往我国实行的农村剩余劳动力工业化而非城市化政策,人为压低了出口部门的劳动力成本,这种政策之所以奏效是因为农业与工业工资水平的巨大差距和劳动力无限供给的市场结构,未来这两个条件都将发生变化。这一政策带来了中国特有的"三元结构",即发展中国家普遍的城乡二元结构再加上中国特有的城市内部二元结构。"三元结构"不可持续，随着大量农民工市民化，普工的工资水平和社会保障成本将大幅抬升。四是人民币实际有效汇率继续升值将进一步削弱我国劳动力在国际上的相对竞争力。

第三，有利于比较优势升级的因素正在显现。对企业的问卷调查结果显示，虽然过去五年我国传统的劳动力、土地、水、电等生产要素的低成本优势明显削弱，但一些新的领域，如交通、电信、产业配套等的成本优势逐步提升，且劳动力素质、市场环境、基础设施、产业配套、生活环境、社会环境和政府服务等质量优势明显改善。与其他经济体，尤其是与新兴经济体相比，我国投资环境具有较为明显的综合优势。未来，更多的企业将把中国定位为重要的市场和研发基地。这种变化有利于推动我国比较优势从低成本的劳动密集型产品向资本和技术密集型产品升级。

中国出口战略面临的外部环境

外部环境对一国贸易战略的选择具有重要影响。过去30年，我国一方面面临着东亚劳动密集型出口产业跨境转移的机遇，另一方面面临全球经济繁荣带来的市场机会，这为我国发挥劳动力低成本优势提供了战略机遇。未来我国发展面临的外部环境将发生重大变化，机遇与挑战并存，要求我们趋利避害，调整外贸发展战略。

出口战略面临的三大挑战

第一，贸易摩擦不断增加，贸易环境日趋严峻。自1995年以来,我国就是全球被反倾销案例数量最多的国家。贸易摩擦从以发达国家为主向发展中国家扩散。我国不仅与美国、欧盟存在着巨额贸易顺差,与大量发展中国家也存在严重的贸易失衡,一些国家采取了各种各样的针对中国出口产品的贸易保护措施。中国在全球市场的份额迅速提升,中国与发展中国家在第三国市场的竞争十分激烈,发达国家看到中国综合国力的迅速崛起,担心中国挑战现有的全球规则,"中国威胁论"迅速扩散,导致中国外贸环境日益严峻。受全球金融危机的影响,发达国家经济复苏缓慢,产能过剩更加严重,各国贸易保护主义抬头,我国以低成本取胜的出口战略将面临更加严峻的外部经贸环境。

第二,我国劳动密集型产品面临来自发展中国家更加激烈的国际竞争。与以往相比,我国目前普遍存在"招工难"和劳动成本快速上升的问题,出口型劳动密集型产业对华转移已经大大减速,甚至出现了转向,国内有的劳动密集型企业开始将企业转移到其他劳动成本更低的国家。金融危机后发达经济体增长低迷可能成为"新常态",外需增长明显降低,市场竞争更加激烈。近年来,越来越多的发展中国家学习东亚出口导向型战略的成功经验,开始进入劳动密集型产业的国际市场,在我国具有传统优势的领域展开竞争,一些国家正在蚕食我国的市场份额。例如,耐克运动鞋曾经主要是由中国代工出口,目前,中国的份额已经下降到不足一半。从数据分析看,与其他发展中国家相比,我国初级产品、资源类产品的竞争优势已经明显恶化,低技术制成品的竞争优势对部分发展中国家相对减弱,中技术制成品竞争优势明显增加。

第三,出口结构升级可能遭遇发达国家的打压。目前为止,尽管我国与美欧存在巨额贸易顺差，但我国与发达经济体总体上是互补性的分工关系，随着我国出口结构向资本和技术密集型产品升级，我国与发达国家的正面竞争将越来越激烈。尤其需要指出的是，目前我国已经成为世界第二大经济体，一些预测指出，中国可能在10年内超过美国成为世界第一大经济体。保持世界超级霸权是美国的核心战略；上世纪七八十年代，面对日本的强劲追赶，美国不遗余力地打压日本，日美贸易战给日本带来了严峻挑战。日本自上世纪90年代金融危机爆发后，经济增长陷入停顿长达20年。面对中国的追赶，美国可能在贸易保护、市场开放、汇率、知识产权、劳动与环境标准等多个领域发难，遏制我国出口结构升级。

出口升级面临的三大机遇

第一，"引进来"加速技术进步的机遇。金融危机后，中国经济一枝独秀，市场前景更加诱人，跨国公司纷纷调整对华战略，向中国加速转移先进制造活动、区域总部、研发和生产性服务活动，全球人才也出现了向我国加速流动的新趋势。与此同时，全球经济低迷，美国等发达国家放松高技术出口管制，制成品价格回落，我国进口先进技术机会更多，成本更低。这有利于我国提高"引进来"的质量与水平，加速国内技术水平的提高。

第二，"走出去"整合全球资源的战略机遇。金融危机后，发达国家企业出现了资金链紧张的压力，经济复苏迟缓，企业市场价值低估。与此同时，我国外汇充裕，企业盈利状况良好，国际化经营的动力与能力日益增强。我国企业可以抓住金融危机带来的机遇，通过对外投资并购，获取境外先进技术、研发能力、品牌和国际销售渠道，这将大大提升我国企业的技术能力和国际化经营水平，提高我国在全球分工中的地位。

第三，资本和技术密集型产品向新兴市场出口的机遇。在未来相当长一段时期，我国资本和技术密集型产品的技术水平还会略低于发达国家的同类产品，但价格更低，性价比具有优势，这一特性决定了我国资本技术密集型产品的主要出口市场将集中在发展中国家特别是新兴经济体。尽管未来全球增长低迷，但新兴经济体仍将保持较快增长，其快速推进的工业化、城市化进程，将对中国生产的投资品产生强劲需求，如电力设备、交通运输设备、移动通信设备等。

总之，如果说过去30年我国的出口战略利得益于"中国低成本劳动力+东亚技术+欧美市场需求"，未来我国出口结构升级将得益于"中国劳动力质量+全球技术+自主创新+新兴市场需求"。从这个意义而言，未来仍将是我国出口结构升级的战略机遇期。

基于动态比较优势的出口升级战略

中国正在进入劳动力成本快速上升的时期，基于传统劳动力成本优势的出口优势正面临来自其他发展中国家日益严峻的挑战。由于我国具有劳动生产率持续提高、配套产业齐全、基础设施完善等综合优势，我国劳动密集型产业的国际竞争力尚可维持数年。未来我国出口可能出现两种局面：一种是从现在开始大力推进出口结构升级战略，着手培育资本和技术密集型产业的国际竞争力，这样在未来5—10年我国劳动密集型产业与资本和技术密集型产业都将呈现较强的竞争力，国际市场份额迅速提高，但贸易摩擦也会相应增加；另一种可能局面是没有及时推进出口结构升级，当未来某个时候我国劳动密集型产业逐渐失去国际竞争力时，可能出现出口主导产业的断档，对于中国这种严重依赖资源能源进口的国家而言，如果不能持续地实现出口产业的顺利升级，就可能面临掉入"中等收入陷阱"的风险。

为此，我国应该实行基于动态比较优势的出口升级战略，通过主动的调整与引导，构建资本和技术密集型产业特别是技术密集型产业的国际竞争力，实现我国在全球价值链分工地位的提升。

我国出口结构升级的最大制约因素，是技术瓶颈突破难度大。我国技术进步主要依靠引进技术与设备，但是这种技术进步模式不适应动态比较优势战略的要求。我国资本和技术密集型产业一直实行进口替代战略，存在着过度保护的问题，有些产业还存在着行政性垄断，企业开展研发的动力不足，适应技术创新的体制机制尚未建立。

基于动态比较优势的出口升级战略，需要完成以下战略重点任务：

第一，构建有利于技术创新的体制机制。一是牢固树立制造业立国的理念。欧美发达国家在全球金融危机后痛定思痛，开始实行"再制造业化"战略。对于中国而言，制造业更是在全球竞争中立足的根本。必须在全社会重新树立高度重视实业特别是制造业的思想意识。二是形成具有中国特色的产、学、研合作的有效机制。三是大力引进高端人才。四是加强知识产权保护。五是探索多种多样的有利于促进研发及其产业化的新机制，如新技术孵化器、留学生创业园、风险投资基金、创业板市场、技术交易市场、产业技术联盟、共性技术研发平台等。

第二，在资本和技术密集型产业实行开放发展战略。对幼稚产业的适度保护有利于后起国家的产业升级，但过度或过长时间的保护不仅令企业失去技术创新的动力，而且会形成阻碍改革的既得利益集团。因此，我国必须调整目前对资本和技术密集型产业实行的进口替代战略，有序降低贸易保护，打破垄断，大力鼓励平等竞争，关键是要推进国内市场化改革。

第三，打造具有国际竞争力的跨国公司。在依靠低成本竞争的战略下，中小企业是出口主体。在资本和技术密集型产业的国际竞争中，大企业是主体，因为只有这样才能最大限度分摊研发成本和品牌成本，赢得国际竞争力。因此，必须一方面大力改革国有大型企业，增强其创新动力，将其改造成为具有较强国际竞争力的跨国公司；另一方面，要改革行业准入制度，大力支持民营企业进入资本和技术密集型产业，扶持其开展国际化经营，提升其国际竞争力。

第四，提升资本和技术密集型产业发展基础条件。改革教育体制，按照市场需求培养具有创新意识与创新能力的人才。从国家战略高度认识技术工人的重要性，大力推进农民工市民化，着力提升职业教育水平，培育一大批技能型产业工人。加大关键技术、共性技术的投入，力争尽早突破技术瓶颈。

第五，大力开拓新兴市场。以成套设备为重点，加大对资本和技术密集型产品出口的扶持力度。综合利用外交、援外、贸易信贷、工程承包等多种手段，加大资本和技术密集型产品的出口促进力度，大力开拓新兴经济体市场，并逐渐向发达市场渗透。

第六，以加工贸易上游料件的进口替代为突破口。加工贸易上游料件大部分是资本和技术密集型中间产品，从加工贸易料件进口替代入手，可以充分利用发挥下游加工环节在华的独特优势，实现资本和技术密集型中间产品的"借船出海"。

参考文献

林善浪（2004）:《中国核心竞争力问题报告》，中国发展出版社。

PART THREE 第三部分

工业与服务业

8

中国实体经济发展面临的挑战与对策

张来明　李建伟

中国实体经济发展面临五大问题

改革开放以来，我国抓住二战结束后全球产业第三次大转移的重大机遇，在充分发挥我国劳动力资源丰富、成本比较优势的基础上，通过不断深化改革、持续释放经济活力，实现了经济持续高速发展，成功将我国发展成为全球制造业基地。但是，与历次产业转移相类似，经过三十多年的持续快速发展，我国实体经济正面临内需基础弱化、外需力度下降、生产成本上涨、税负偏重、投资收益率降低等问题。特别是在发生了国际金融危机后的今天，这五大问题更为突出，对企业家投资实体经济的能力和意愿形成了很大制约。

内需基础弱化

耐用消费品需求持续快速增长，是1990年以来我国经济持续快速增长的内需基础。2006年以后，我国城镇居民家庭对多数家用电器的需求已达到饱和状态，农村居民彩电需求达到饱和状态，洗衣机、电冰箱等其他家电需求进入减速阶段，国内需求对家电产业的支撑逐步弱化。城镇居民家用汽车需求规模的快速扩张，是2000年以后我国重化工业及经济高速增长的主要内需基础，2012年每百户城镇居民家庭家用汽车拥有量已达到21.5辆，相当于10%的最高收入家庭和10%左右的高收入家庭的家用汽车消费需求已得到满足。根据耐用消费品需求发展规律，家用汽车需求增速将趋于下降，支撑我国工业特别是重化工业快速增长的内需基础正在弱化。

外需力度下降

出口和国内消费是拉动我国经济增长的两大基本需求力量。2007年以前，我国出口增速一直快于国内消费增速，出口产品结构不断提升，出口对经济增长特别是工业持续快速增长的贡献不断提高。但是，2007年以后，随着出口增速大幅度下降，出口与国内消费的比率已从2007年的99.99%下降到2012年的61.51%，出口对我国经济特别是工业的拉动作用不断下降。

从未来发展趋势看，我国商品的国际市场提升空间日渐缩小，出口对我国工业的拉动作用将继续下降：一方面，我国商品出口占全球商品出口比重已很高，进一步提升的空间有限。2012年，我国商品出口占全球商品出口比重已提高到 11.13%，其中制造业产品出口占比已提高到 16.75%，远高于同期美国（9.59%）、日本（6.18%）和德国（10.42%）的制造业出口占比，我国传统优势出口产品纺织品和服装出口占比已高达 33.41% 和 37.76%，新兴出口产品办公及通信设备占比已提高到 32.25%。从二战结束后各国出口的规律看，我国出口占比进一步提升的空间将逐步缩小。另一方面，出口价格大幅度上涨导致我国出口商品的国际市场竞争力下降。受原材料价格大幅度上涨、劳动力成本提高和人民币汇率持续升值等因素影响，2010 年 1 月到 2013 年 11 月期间我国出口价格上涨 21.18%，远高于同期美国（9.11%）、日本（13.9%）和德国（7.17%）的出口价格涨幅，导致我国出口商品的国际市场价格竞争力明显下降。

生产成本上涨

我国实体经济的发展还面临着生产成本不断上涨构成的重大挑战，具体表现为以下三个方面。

原材料成本不断提高。1999 年以来，我国中上游产品的价格持续大幅度上涨，涨幅远高于中下游产品价格涨幅，导致中下游产业原材料成本不断提高。2013 年采掘业和原材料工业产品出厂价格分别比 1999 年上涨 272.97% 和 71.45%，作为中下游产业的加工工业和生活资料出厂价格仅上涨 6.16% 和 8.83%。

劳动成本持续上涨。2007 年以前，我国各行业从业人员工资上涨幅度远低于各行业增加值名义增速，单位产出的劳动成本持续下降，如 2003—2007 年制造业工资年均涨幅为 13.66%，比同期工业增加值名义增速（19.09%）低5.43个百分点。但是，2007年以后，随着劳动力供求格局从供给过剩向供求总量平衡、结构性供给不足的转变，实体经济工资增速超过增加值增速，劳动成本不断上涨，其中2008—2013年制造业工资年均涨幅为14.52%，比工业增加值涨幅（12.55%）高近2个百分点。

企业融资成本偏高。与全球主要经济体相比，我国金融机构贷款利率水平不是很高，如2008—2012年我国金融机构一般贷款加权平均利率为6.81%，这一利率虽远高于同期美国、日本、加拿大等发达国家贷款利率的平均水平（2.43%左右），却低于同期俄罗斯、南非、印度、越南、印度尼西亚等新兴市场国家的利率水平（5%—14%，平均在8.5%左右）。但是，我国金融服务体系不健全，许多企业难以按金融机构贷款利率获得贷款，大量中小型企业只能通过民间借贷获取资金，而民间借贷利率远高于金融机构贷款利率。2011年以来温州民间借贷综合利率一直在20%以上，2013年4月到2014年1月广州1年期小额贷款平均利率为17.27%，最低点也在15%。我国大量中小企业的贷款融资成本在20%左右，远高于韩国、泰国、俄罗斯、南非、印度、越南、印度尼西亚等新兴市场国家的利率水平，我国企业存在融资成本偏高的问题。

税负偏重

根据世界银行统计，2008年以前我国私人企业总税率（私人企业税收与利润的比率，以下简称私人企业税负）大幅度高于其他国家私人企业税负，如2005—2008年我国私人企业平均税负为

80.45%，同期其他三个金砖国家平均税负只有52.85%，美国、德国、法国、瑞典、澳大利亚五个发达国家平均税负只有53.64%，墨西哥、泰国、印尼、韩国、马来西亚、越南六个新兴市场国家平均税负仅为39.53%。

2008年我国企业所得税税率下调后，我国私人企业税负有明显下降，2009—2012年我国私人企业税负基本稳定在63.63%，比2005—2008年的总税率下降了16.83个百分点，但与世界其他主要国家总税率相比，我国私人企业税负仍然偏高，且依然大幅度高于其他新兴市场国家企业税负。2009—2012年，三个金砖国家、五个发达国家和六个新兴市场国家的平均总税率分别为49.48%、52.02%和37.32%，分别比我国私人企业平均总税率低14.15个百分点、11.61个百分点和26.31个百分点。

投资收益率降低

1998年以来，在消费需求结构升级和出口产品结构升级拉动下，我国经济进入重化工业快速发展的新阶段，经济增速不断提高，工业企业效益逐步好转，规模以上工业企业[①]主营业务利润率和主营成本利润率不断提高，分别从1998年的2.27%和2.76%提高到2010年的7.6%和9.06%。但是，受国内外市场需求增速下降、生产成本提高等因素制约，2010年以后工业企业主营业务利润率和主营成本利润率趋于下降，到2012年分别降为6.66%和

---

① 规模以上工业企业指具有法人地位，而且其核心业务的年销售额在500万元以上（2011年以前）和2000万元以上（2011年以后）的工业企业。

7.89%。

在工业企业利润率下降的同时,我国实体经济总体利润率也趋于降低。根据沪深上市公司统计数据,除金融业和房地产业之外的实体经济上市公司平均销售净利润率已从2007年的8.2%下降到2012年的5.7%。

房地产泡沫化从多方面挤压、侵蚀实体经济

国际经验表明,出口导向型经济在经过持续高速增长之后,实体经济均会陷入外需不足、增速下降的状态,且因实体经济投资收益率下降,长期发展积累的大量资金很容易流向虚拟经济,引发经济泡沫化并侵蚀实体经济,最后泡沫破裂导致金融与经济危机。近年来,我国实体投资收益下降,大量社会资金为追求高收益,炒房、炒煤甚至炒绿豆、炒大蒜等投机性炒作现象一度此起彼伏。各种投机性炒作,特别是房地产领域的投机性炒作,在引致房地产价格泡沫化的同时,正在从多方面挤压、侵蚀我国实体经济。

房地产业的高收益吸引了越来越多民营企业投资房地产

2006年以后,我国多数实体经济行业经济效益趋于下降。但是,受房价持续上涨影响,房地产企业效益大幅度提高,成为除金融业之外利润率最高的行业。2007—2012年,实体经济上市公司平均销售净利润率只有7%,房地产业上市公司平均净利润率高达14.3%,相当于实体经济平均净利润率的2倍。房地产行业投

资的高收益吸引了大量民营企业投资房地产，国内民营房地产企业数量从 2006 年的 47885 个增加到 2012 年的 80437 个。因房价持续上涨带来的高收益，不少企业家舍弃实业投身于房地产炒作，导致部分地区实体产业空心化。

房地产吸纳了大量社会资金，推高了整个社会融资成本

近年来，我国广义货币供给 M2 的增速一直高于 GDP 名义增速，货币供给相对充裕，但实体经济领域资金供求依然偏紧，金融机构人民币贷款加权平均利率始终居高不下，维持在 6.8% 左右，民间借贷利率一直维持在 20% 左右的高水平，贷款类信托产品预期收益率维持在 9% 左右，实体经济企业融资难，尤其是中小企业融资难的问题一直没有得到有效解决。在资金供给持续增加的情况下资金供求依然偏紧，重要原因是房地产领域吸纳了大量社会资金，我国商业性房地产贷款余额从 2004 年的 23800 亿元增加到 2013 年三季度的 142000 亿元，占金融机构贷款余额的比例也从 2004 年的 13.42% 大幅度提高到 2013 年三季度的 20.02%。此外，房地产企业还通过信托等方式进行社会融资，部分企业和个人通过多种方式参与房地产炒作，将大量社会资金转移到房地产领域，进一步加重了资金供给紧张状态，使社会融资利率一直处于高水平。

高房价削弱了城镇居民的消费能力

房价上涨对投资者来说属于投资收益增加，有明显的财富效应。但是，对刚性居住需求者而言，房价上涨带来的财富效应不

可能转化为可支配收入，只是财富幻觉，而且房价上涨必然导致购房支出增加或家庭债务负担加重，对家庭其他消费支出会产生明显的抑制作用。例如，从 2000 年到 2012 年，我国商品住宅销售价格从 1948 元/平方米提高到 5429.93 元/平方米，翻了 2.79 倍，在不考虑住宅质量、区位等因素对住宅价格影响的情况下，按 2000 年价格计算，2012 年城镇居民因住宅价格上涨多支付的购房款为 34285.71 亿元，按 2012 年城镇居民消费倾向（消费支出占可支配收入比率）67.88% 计算，由住宅价格上涨带来的城镇居民消费损失大约在 23272.84 亿元，相当于 2012 年全社会消费品零售总额的 11%。

高房价导致实体经济生产成本上涨，削弱了实体经济企业竞争力

房价上涨直接推动企业用房、用地成本上涨。2012 年办公楼和商业营业用房销售价格分别比 2000 年上涨 159% 和 177%，全国各地工业用地价格也不断上涨。房价上涨也增加了我国城镇居民的生活成本，据 2013 年 12 月国际人力资源咨询机构（ECA）发布的调查报告，近年来我国城市生活成本大幅度上涨，在全球 440 个城市生活成本排名中，我国内地的北京、上海、广州、深圳生活成本排名已分别提高到第 15、第 18、第 38 和第 40 位。而城镇居民生活成本的大幅度上涨，必然要求企业提高职工工资，最终导致企业劳动成本上涨。

引导企业家投资实体经济的政策建议

实体经济是一国经济的根基和根本。"欲求木之长者，必固其根本。"我们这样的发展中大国，必须把发展实体经济放在经济发展的战略地位，正确处理实体经济和虚拟经济的关系，切实扭转"虚火过旺"的问题，以实实在在的政策举措增强企业家投资实体经济的意愿。未来10年是我国实体经济从高速增长状态向平稳增长状态的过渡期，实体经济增速趋于下降，但仍有条件保持快速增长。从国际发展经验看，这一时期也是经济泡沫化的高发期，防止经济泡沫化是未来我国经济工作的重要任务。应以全面贯彻落实党的十八届三中全会全面深化改革的决定为契机，建立健全抑制经济泡沫化的管控机制，通过改革收入分配制度，建设开放型经济新体制，深化金融改革和税制改革，提升实体经济可持续发展能力，引导企业家投资实体经济。

建立健全抑制经济泡沫化管控机制，逐步化解房地产泡沫

国际经验表明，出口导向型经济在经过持续高速增长之后，实体经济增速均会下降，因实体经济投资收益率下降，长期发展积累的大量资金很容易流向虚拟经济，引发经济泡沫化并侵蚀实体经济。当前我国实体经济正处于从高速增长向平稳增长的转换期，房地产价格已经泡沫化，并正在从多方面侵蚀实体经济。近几年持续的房地产调控已遏制了房地产价格的过快上涨趋势，但

尚未从根本上解决房地产泡沫化问题，需要从完善抑制经济泡沫化管控机制着手，逐步化解房地产泡沫。

加快政府职能转变，切割地方政府与土地财政的关系。近年来，土地价格的上涨为地方政府财政收入及城市建设提供了重要支持，但土地价格上涨也成为房价上涨、生活成本提高和城市竞争力下降的重要推手，地方政府对土地收入的过度依赖又成为房地产调控的主要障碍之一。抑制房地产泡沫化趋势，首先需要切割地方政府与土地财政的关系，合理确定地方政府的事权与支出责任，转变城镇化发展模式。

做好应对房价泡沫破裂的预案研究。为防止当前房地产泡沫扩大，应在总结前期调控经验的基础上，继续实施限购、限贷、增加保障房供给、扩大房产税试点范围等措施。房地产涉及行业众多，对经济发展影响大，目前部分城市已出现房地产泡沫破裂征兆，应督促各地政府及银行、信托等房地产关联行业，加强房地产泡沫破裂的预案研究，预防区域性房地产泡沫破裂演变为全国性泡沫破裂，防止房地产泡沫破裂危机引发系统性金融危机。

完善经济泡沫化管控机制。经济泡沫的形成均有一个过程，应从源头抓起，通过建立公开、开放、透明的市场规则，抑制投机性炒作行为。加强价格监控，建立健全价格操纵处罚与管控机制。加强金融监管与风险管控，建立资金流向泡沫化领域的预防机制。

完善收入分配制度和社会保障制度，建立城乡居民消费稳定增长的收入保障机制

未来10年是我国经济从高速增长向平稳增长的过渡期，也是

经济增长模式从外需拉动为主向内需拉动为主的转换期，应通过完善收入分配制度和社会保障制度，促进国内消费稳定增长。

完善收入分配制度，缩小收入分配差距。收入分配差距过大或太小都不利于消费及经济增长。当前我国居民收入差距过大，这一分配格局有利于处于初期发展阶段的高端消费品及其相关产业的发展，但不利于高端消费品向大众消费品及高端产业向支柱产业的转化，是抑制我国国内消费潜能发挥的重要制度性因素。缩小收入差距、逐步构建收入差距适度的"橄榄型"收入分配格局，应着重从改革收入再分配制度入手。当前，我国初次收入分配中劳动报酬占比偏低的现象，在很大程度上是资本有机构成提高和技术进步带来的劳动生产率提高的结果。初次收入分配关乎要素收入公平和经济效率，不宜对制度做大的调整，应以市场机制为基础，平衡好工资上涨与经济增长的关系，防止劳动成本过快上涨。2000 年以来，二次收入分配的结果是企业部门收入占比下降，政府部门收入占比提高，今后应加大二次分配中收入向住户部门的经常转移力度，包括提高个人所得税起征点、增加政府社会保险与社会补助支出等，同时，应进一步完善个人所得税和政府转移支付制度，缩小居民内部收入差距，通过增加居民可支配收入、优化居民收入分布，提高消费能力。

完善社会保障制度，消除抑制消费增长的不利因素。发达国家居民消费倾向和消费率很高，高水平的社会保障是基础。我国城乡居民储蓄率偏高，消费倾向与消费率偏低，重要原因是居民社会保障不完善，保障水平偏低。近年来，通过实施免费义务教育、新农合、新农保等政策，农村居民消费一度快速增长。建议在统一城乡居民养老保障制度基础上，逐步提高居民社会保障水平，消除居民扩大消费支出的后顾之忧，鼓励居民扩大消费支出。

以构建开放型经济新体制为契机，抓紧培育对外贸易稳定增长机制

近年来，我国能源与原材料供给的对外依存度不断提高，能源与原材料供给安全已成为未来经济稳定增长的关键。受出口产品结构与国内消费结构不同和国内消费需求规模制约，出口对经济增长的拉动作用是国内消费无法替代的，出口增长状况直接决定着未来我国经济增长状况。未来几年，应以构建开放型经济新体制为契机，抓紧培育对外贸易稳定增长机制。

提高企业应对反倾销的能力。目前，我国出口产品仍具有较强的国际竞争力，多数产品的国际市场占有率仍具有进一步提升空间，但近年来针对我国出口产品的反倾销等贸易壁垒和非贸易壁垒日渐增多，成为制约我国出口的主要障碍。可以预见，未来几年国际经济仍将处于不景气状态，针对我国出口产品的反倾销行为将有增无减，应尽快提高我国出口企业主动反倾销意识，充分发挥政府与行业组织在应对反倾销中的主导作用，提高我国应对国外反倾销的能力。

加强对外合作。多边合作与区域性自由贸易区正在成为改变全球贸易格局的重要力量。近年来我国与周边国家和地区的自由贸易区建设正在稳步推进，应在加强双边、多边、区域及次区域开放合作的基础上，加快我国与周边地区自由贸易区建设的进程。

稳定人民币有效汇率。人民币汇率波动对我国进出口贸易和

资本流动具有多方面影响。近两年，人民币有效汇率升值幅度较大，对抑制输入型通货膨胀、鼓励国内企业走出去产生了积极作用，但也降低了我国出口产品的竞争力，引致国际套利资本大量流入，外汇储备急剧增加，对国内货币政策造成干扰。从稳定外需角度看，应稳定人民币有效汇率，防止汇率大幅度波动。

继续鼓励企业走出去。从有效利用两个市场、两种资源的战略考虑，应继续支持、鼓励国内企业走出去，以直接投资、参股等多种方式参与国外能源与原材料开发，提高我国在国际市场初级产品定价上的话语权，控制输入型原材料成本上涨幅度。应鼓励有条件的大型企业到国外设厂建点，促进我国出口市场多元化，稳定外需，提高我国产品国际市场占有率。

深化金融改革和税制改革，提升实体经济可持续发展能力

企业生产成本高、税负重，是导致我国实体经济投资收益率降低的重要因素。鉴于原材料价格上涨是全球性趋势，劳动成本上涨有其客观必然性，应着重从降低融资成本和减轻企业税负两方面着手，提高实体经济效益。

完善金融服务体系，降低企业融资成本。完善的金融服务体系是现代市场体系的基础。应加强大中型金融机构的风险管控机制，建立防止资金流向泡沫领域的管控机制，通过引导资金流向，增加实体经济资金供给，降低贷款利率。在加强监管前提下，允许民间资本依法设立中小型金融机构，适度增加金融市场竞争。建立健全中小企业金融服务体系，设立专门面向中小企业的金融

服务机制，通过政府贴息、专项贷款等途径增加中小企业资金供给，降低中小企业融资成本。

加快税制改革，降低企业负担，提升实体经济可持续发展能力。尽快实施增值税在流通环节征税，减轻生产企业财务负担。对实体经济投资实行减免税制度，通过减税提高实体经济投资收益率。还要深化科技体制和教育体制改革，加大对企业科研投资的财税支持力度，促进企业技术进步，加强人力资源开发，提高我国实体经济的可持续发展能力。

9

全球化与跨国公司的转型

张 瑾

导言

跨国公司是推动全球化发展的动力。1990—2012年，跨国公司的国际投资增长速度高于世界贸易增长速度（UNCTAD，2015）。2009年，跨国公司的外国分支机构的销售额几乎是世界出口额的两倍，而到了2012年，即全球金融危机过去四年后，外国分支机构的销售额仍然比世界出口额高出40%。外国分支机构的员工人数从之前的2010万增加到2012年的6940万，并且仍继续增加，有达到金融危机以前高达8000万人的趋势。跨国公司要协调占全球贸易80%的复杂的全球价值链，其中企业内部贸易占40%多（UNCTAD，2013），而该比例在1970年是20%（Jones，2004）。

全球规模最大的跨国公司多数来自发达国家，自19世纪以来,这些企业在业务和组织方面一直进行着不断的演变。20世纪70年代末开始的全球化时代里,跨国公司已经根本改变了对全球市场的看法以及在战略和结构上的做法。在这个过程中,跨国公司面临着在战略和结构方面存在的"全球整合"和"本地回应"之间的矛盾。为了解决这一矛盾,各发达国家的跨国公司通过同步开展并购和资产出售以不断聚焦于核心业务,对全球不同地点的价值链职能和活动实施差异化,并在公司治理领域表现出了显著的标准化、学习以及持续改进能力。本章将以IBM和西麦斯(CEMEX)这两家跨国公司为例,详细分析战略和结构方面的巨大转型。

全球最大的跨国公司

在当代的全球化过程中,涌现出了一批规模相当庞大的跨国公司。全球非金融类跨国公司和顶尖金融类跨国公司(UNCTAD,2013,2014)的操作模式多样,有家族企业、国有企业、上市公司,以及公有资本和私有资本共同参与的混合所有制企业等多种形式,业务涵盖航空航天、汽车、啤酒、建筑材料(水泥)、商业(媒体和营销)服务、化学制品、电子电器设备、工程服务、时装、餐饮、石油燃气、发电和配电、制药、零售、软件和电信等领域。这些跨国公司在超过100个国家运营,在国外拥有上亿资产和数十万员工。2013年,前100强非金融类跨国公司中,有23家企业的总部在美国,16家在英国,11家在德国,10家在法国,19家在欧洲其他地区,10家在日本。其中3家跨国公司来自中国大陆，分别为中信（CITIC）、中远（COSCO）和中海油（CNOOC）。前 50 强金融类跨国公司的总部都在发达国家，其中 14 家在美国和加拿大，32 家在欧洲，[①]3 家在日本，1 家在澳大利亚。

在 2013 年，全球最大的 100 家非金融类跨国公司的销售额高达 9.3 万亿美元，占《财富》世界 500 强榜上非金融类公司销售总额的三分之一。2014 年，81 家全球最大的非金融类跨国公司在研发领域投资了 2110 亿美元，占全球研发投入前 2500 强企业在该方面投入的 30%（EU，2015）。同年，全球最大的 70 家非金融类跨国公司在全球最有价值的 500 个品牌中榜上有名（Brand Finance，2015）。这还不包括旗下拥有百威（Budweiser）、百威淡啤（Bud Light）和时代啤酒（Stella Artois）等顶尖啤酒品牌的百威英博南非米勒（Anheuser-Busch InBev SABMiller）等跨国企业。

这些跨国公司中有不少企业已经有了一百多年的历史，而拥有几十年历史的更是数量众多。有些跨国公司一直保留着最初使用的名字，而有些跨国公司则在经历了过去的一系列合并之后更改了名称。像圣戈班（Saint Gobain）这种最初为了追赶外国竞争对手而设立的国有企业，经历了私有化、国有化、再一次私有化的过程；而空中客车（Airbus）和大众汽车（Volkswagen）等原本为国有制的企业，最后全部或部分保留了其国有制形式。信息技术革命的过程中诞生的大型跨国公司，如谷歌（Google）、微软（Microsoft）、惠普（HP）和苹果（Apple）等，要么成为了其他大

---

① 其中，英国有 6 家，德国、法国和瑞士各有 4 家，意大利和瑞典各有 3 家。

型跨国公司的主要信息技术供应商，要么和其他大型跨国公司紧密合作，帮助它们进行业务转型。

跨国公司的历史演变

大型跨国公司的历史演变表现出鲜明的特点，深受母国背景以及东道国对外国直接投资（FDI）政策的影响。美国、英国、德国和日本的典型跨国公司在自19世纪以来漫长的演变中都表现出业务和组织行为上的鲜明特点。

英国跨国公司

英国是建立现代跨国公司的先驱之一，在第二次世界大战之前也一直在跨国扩张的过程中占有举足轻重的地位。18世纪后期，"独立式企业"（Wilks，1970）是英国最为典型的跨国公司形式。这类公司在英国注册、募资并受英国管理和控制，但不在英国本土运营，而是在世界各地的英国殖民地开展业务。1914年以前，英国大部分的对外直接投资主要用于保障与本国发展相关的自然资源以及相关的贸易、分销、运输等服务。这些投资通常以垂直整合的模式进行，如英国石油公司（BP）、壳牌（Shell）、力拓（Rio Tinto）等，并且都高度集中在英国殖民地和英联邦国家。在制造业方面，英国在第二次工业革命期间被美国和德国赶超。尽管如此，英国跨国公司仍然主导着消费品行业。在服务业领域，英国贸易公司在1914年以前处于领先地位。英国的贸易公司和投资集团在英国的海外业务发展中起到了举足轻重的作用。在此过程中，英国的银行由于不是"全能型"的银行，发挥的作用相对较小。

第二次世界大战后，英国跨国公司的发展呈现出一种二元模式。一方面，从事现代工业的跨国公司开始利用不同国家之间的要素禀赋和成本差异在全球范围内寻找更有效率的投资机会，并且确保自己在全球主要的增长型市场中占稳一席之地。另一方面，传统消费品行业中的英国跨国公司并没有采取以上两种行动，它们只是继续在大英帝国和英联邦国家的市场进行生产。直到20世纪70年代，大多数的英国跨国公司的海外子公司是其母公司的翻版，总部将外国子公司的网络视作一个联邦，联邦内的每一个子公司都要为所在国的国内市场生产和销售产品，子公司彼此之间几乎完全没有整合。

两个世纪期间，英国对外直接投资的重点行业几经更改：从一战以前重点投资第一产业，到二战后很长一段时间内重点投资制造业，再到90年代以来重点投资服务业。

德国跨国公司

一般认为德国跨国公司源自于19世纪与对外直接投资相关的产业，如化工、电子工程和金属制造业（Tolerntino, 2000）。德国跨国公司从一开始就和其他国家的跨国公司有所不同，它们更专注于产量低、附加值高的细分产业（Porter, 1990），研发投入强度也很高（Chandler, 1986）。和英国的跨国公司不同，德国跨国公司一般先在本国开展业务，然后通过出口和境外生产来获得原材料、开拓新市场，并以此进行扩张。第一次世界大战之前，德国的银行在帮助德国企业进行海外扩张方面发挥了重要作用。尽管德国在两次世界大战中战败，德国跨国公司的最初特点却得以一直保存下来。制造业一直是德国对外直接投资的重点产业，在化工、汽车、机械和电子工程上的高度集中至少保持了145年（Tolerntino，2000）。比起大量投入资本，它们更多的是通过技术密集型的方式在海外投资中获得竞争优势。与英国和美国相比，德国跨国公司扩张的地理范围较小。它们扩张的国家主要是临近的欧洲国家，不过现在美国和亚洲也日渐成为重要的市场。与英美相似的是，在1997年，德国对外直接投资的重点产业从制造业转移到了服务业。

美国跨国公司

17世纪到18世纪，一些和英国有紧密商业联系的殖民地商人转变成了美国的境外投资者，美国就此出现了跨国公司。美国在19世纪修建了横跨全国的铁路，从而使其领土得以扩张，国内市场就此形成。随后，为了获得自然资源、农业资源以及修筑铁路，美国跨国公司首先在临近的墨西哥和中美洲国家开始了国际化进程。1897—1914年，美国对外直接投资的主要产业为铁路、矿业、制造业、石油和农业（Tolerntino，2000）。铁路和矿业的资金都来自美国投资者，设备也由美国制造商提供。美国在石油业的对外直接投资，尤其是在炼化、分销和制造方面，都集中在欧洲，原因在于欧洲地区消费者收入较高，对美国产品的需求日益增长，而且还设置了贸易壁垒并出现了具有竞争力的地方企业。支持美国制造业逐渐发展起来的资金主要来自海外再投资获得的利润。

由于美国公司发现它们难以打入欧洲在亚洲、大洋洲和非洲的殖民地市场,因此美国在这些地区的对外直接投资数量有限。

1919年,第一次世界大战之后,主要凭借对外直接投资的增长,美国成为了债权国。1929年,制造业成为美国对外直接投资的重点。第二次世界大战之后,美国跨国公司在世界上占据了主导地位,其中北美、西欧和东亚这"三极"占美国对外直接投资存量的绝大部分。20世纪50—60年代,美国政府鼓励美国跨国公司在寻找投资对象时,应该选择欧洲和欠发达国家中与美国在政治上保持良好关系的国家。目的主要在于把美国的国际收支顺差再次用于投资,同时也有益于美国的外交政策(Tolerntino,2000)。更重要的是,美元在布雷顿森林体系中成为国际货币储备的媒介。美元的强势让美国海外投资得以发展,即便在20世纪50年代美国开始出现国际收支逆差时,增长仍在继续。美国跨国公司一直能够保持领先地位,有赖于其科技和营销能力,以及员工的高水平技能。1968年,美国政府对美国跨国公司实行强制性监管,限制美国对外直接投资外流和海外盈利的再投资。因此,从事市场寻求型制造业的美国跨国公司主要都依靠其海外子公司或附属机构的利润作为资金来源。这个阶段快速的全球扩张,是为了保护美国的跨国制造企业已经建立的市场,同时帮助其他企业渗透新的海外市场。当时,追逐利益并不是最主要的动力(Wilkins,1974)。

20世纪60—90年代,制造业一直都是美国对外直接投资最重要的产业(Tolerntino,2000),直到1989年服务业取而代之。

美国经历了一个多世纪才使其海外投资重点成功从第一产业向第二产业、再向第三产业转移。

日本跨国公司

相对于美国、英国和德国的跨国公司，日本跨国公司的萌芽主要有两大特点：日本跨国公司早期出现的时候，日本还是一个相对落后的国家；早期面向中国、韩国等发展中邻国的制造业投资主要集中在纺织业等劳动密集型和技术标准化产业。19世纪末以前，日本有大约90%的境外贸易都由外国人进行，其中以英国商行（British houses）为主（Maddison, 1969）。一些最为杰出的日本商人受到日本政府的鼓励和支持，开始设立大型专业化的贸易公司。这些专业化的贸易公司之后又演变成综合贸易公司、日本综合商社以及从事贸易基础设施业务的公司。不久后，国际贸易渐渐都落入这些日本公司的手中。诸如三井（Mitsui）这样的贸易公司在从海外获取煤炭、石油、铁芯等自然资源和将日本中小型企业的产品出口两个方面都起到至关重要的作用。内外棉（Naigaiwata）等综合贸易公司后来通过后向整合的方式演变成跨国企业，在本国和外国（尤其在中国上海）从事棉纺织业（Tolerntino, 2000）。后来，三菱集团（Mitsubishi）等日本大财阀的销售部门演变成了贸易公司。这些贸易公司按照产品线和所在区域的部门结构来组织，通过提供资金、独家代理权和投资供货商这些手段，进行从供货商到消费者的中央集权控制。它们也合并了许多日本小生产商和外国生产商，把其产品出售给外国经纪商和日本进口商。这种中央集权系统非常有效，让日本的综合贸易公司在即使面对美国政府施加的限制和来自美、欧激烈竞争的情况下，仍得以在二战前一直主导美日间的贸易。

日本国内银行在日本本土业务向海外扩张的过程中扮演了战略性角色。1914年，日本大约70%的海外投资（共2.27亿—2.96亿美元，主要为对外直接投资）都集中在中国（Tolerntino, 2000）。这是因为中日双方在1895年签订了《马关条约》，条约要求中国开放通商口岸，并第一次允许日本人在通商口岸投资办厂（Wilkins, 1986）。日本其他的海外投资主要在美国、韩国和印度。二战之后，日本政府的发展战略主要侧重于发展资金密集型重工业和化工产业。20世纪50—70年代，日本主要通过签署许可协议来获得国外先进技术。日本政府对进入日本的外国直接投资加以限制，并引导外国资本投向化工类等资金密集型产业。

日本对外直接投资在20世纪70年代初开始起飞，主要投资在韩国、中国台湾、中国香港、泰国及周边其他亚洲发展中国家和地区，集中于低技术含量、标准化的劳动密集型产业。这些对外直接投资大多由日本中小型企业进行，由综合贸易公司提供资金、组织和管理上的帮助，同时，政府也会为这些企业寻找海外投资机会。在此期间，日本经连会体系（keiretsu system）生产的高科技工业制成品都被出口到国际市场，而日本企业在国外从事的生产主要集中在高污染、低技术的行业，这些行业一般要求较高的管理技能。20世纪80年代，面对美国和欧洲施加的关税和贸易壁垒，日本企业不得不从出口转为在海外生产。由于日本有丰富的国内储蓄和净出口额，日本银行有足够的现金储备帮助日本企业完成这一转变。日本的对外直接投资在20世纪70年代由电子工业领头,到了80年代则是汽车工业,90年代是半导体工业(Tolentino,2000)。最初,电子、汽车工业领域的日本对外直接投资主要集中在海外组装,而现在它们已经在美国、欧洲和亚洲(特别是东盟地区)建立起成熟的地区生产网络。

虽然英、德、美、日跨国公司都有不同的母国背景,可是在这一轮全球化时代到来的前夕,它们都在国内市场建立起了寡头垄断,同时也进入别国市场以谋求发展,从而在对外直接投资流量和存量方面形成了"三极",即美国、西欧和日本。

一个"全球市场"?

当今的全球化时代从20世纪70年代后期开始,发达国家和发展中国家都放宽了在对外直接投资上的监管规定,并开放本国市场,迎接国外企业的投资。这意味着企业能够进入并竞争的国际市场在不断扩展。市场真的已经全球化了吗?这对跨国公司意味着什么呢?对这些问题存在多种不同的看法。

西奥多·莱维特(Theodore Levitt,1983)提出了"地球是平的"观点,认为对现代产品的渴望使全球消费者的需求逐渐趋同。全球化市场的出现意味着企业需要大规模提供标准化产品以适应市场需求。莱维特强调,"一股强大的力量让世界逐渐融合和趋同,这股力量就是技术。技术把通信、交通和旅行无产阶级化,使偏远、贫困地区的人民渴望现代化社会所带来的诱惑。几乎每个地方的每个人都希望通过新技术得到他们听过的、看过的或者感受过的事物"。他建议现代企业"必须把全世界当作一整个巨大的市场,也就是要忽略掉浮在表面的地区和国家差异",并"应明智地在全世界促进和实现产品、做法的标准化"。跨国公司应该将业务重点放在几个有可能实现标准化的市场,并退出那些需要高度定制化的市场和细分领域。

"交叉补贴"观点认为,跨国公司应该开发和管理涵盖不同产业和市场的大型差异化产品组合(Hamel and Prahalad, 1985)。跨国公司在全球会面对不同的国家、市场差异,针对这些差异,它们应该提供差异化产品组合。本地市场和细分领域中的个别业务板块能更好地利用跨国公司集团层面的资源,如资金、技术和分销系统等。对跨国公司而言,这种"交叉补贴"能帮助具体的业务板块同本地对手以及国际化程度不高的对手竞争。然而,学者发现像通用电气这种高度多元化经营的美国公司的存在和发展实际上是由于美国反垄断法的实施限制了公司横向扩展业务(Davis et al., 1994)。

然而,这种对全球化的乐观态度受到了一些学者的批评。拉格曼(Rugman, 2001)观察了世界500强跨国企业在世界不同地区的销量数据,并发现约80%的总销售量事实上来自跨国公司母国所在的"三极"之一——北美、欧洲或日本。他指出,美国的市场资本主义并未在全球每一个角落普遍传播,全球市场也并没有完全趋同。跨国公司不是全球化的,而是区域化的。跨国公司在评估国际发展计划的时候必须考虑地区差异带来的成本和地区间趋同的可能性。

格玛沃特(Ghemawat, 2003)不同意"世界是平的"假说,他提出了以"半全球化"来描述这个不断进行的全球化过程。这个世界既不是由一个一个自治的国家集合而成的，也不完全是"平的"，而应该是处于半全球化的状态。当今国家之间在文化、管理、地理和经济上的差异仍值得我们注意，在这样一个时代，一个根植于本国的"世界性企业"（Ghemawat，2011）在面对战略、组织和人事问题时，必须理解并处理这些差异，而不是与之对抗。而且，全球化所带来的相互影响和相互依赖驱动着转型。像莱维特预测的那样，全球市场因为企业更重视消费者的需求而有所转变。市场不是由企业发现的，市场是由企业塑造的。

全球化为跨国企业开放了国际贸易新市场，更重要的是开启了更有转型意义的国际投资。新市场使跨国公司进入了复杂的制度环境，同时也使它们获得了新的实体、人力、智力和文化资源。跨国公司和从事国际贸易的普通企业之间的不同之处在于跨国公司在全球范围内都具有创业精神和规划能力（Zhang，2004）。这些能力使得提供产品和服务的跨国公司能够在客户表达需求或需求改变的时候针对新的环境调整战略和结构。在这个过程中，跨国公司要面对两组根本性的矛盾：全球整合与本地回应之间的矛盾；总部集权和地方自主权之间的矛盾。

矛盾

对每一个组织而言，无论是国家、地区还是大型企业，集权和分权之间的矛盾始终存在。跨国企业在经济活动方面面临着全球整合和本地回应之间的矛盾，该矛盾关乎协同效应的形成；跨国企业在治理体系方面面临着总部集权和地方自主权之间的矛盾，该矛盾关乎凝聚力的创造。

全球整合与本地回应

在第二次世界大战后的几十年到进入全球化时代之前,市场、业务和消费者是以国家为界限的。竞争只限于本地市场。那时的跨国公司尽管在不同的国家运作,但它们某种程度上就像是一个由在各国运营的企业所构成的一个组合,类似于本国业务单元在各国的一个复制品。地方子公司有采购、生产和市场营销活动的自主权。这个系统常常被描述为"封邑制",而当地的外派人员则是"爵爷"。

20世纪80年代早期,一体化-差异化框架(I-R框架)开始被学者们用于描述跨国公司所面临的战略难题,即全球整合和本地回应之间的矛盾。这些学者(Doz, Bartlett and Prahalad, 1981;Prahalad and Doz, 1987;Bartlett and Ghoshal, 1989;Ghoshal and Nohria, 1993)认为,在跨国公司旗下、在不同地区环境中运营的地方子公司应该采取不同的战略,以适应当地消费者的需要,以与当地竞争对手和其他跨国公司竞争。同时,跨国公司需要协调这些分散的子公司,以便利用总公司在规模和范围上的优势,作为一个整体和对手竞争。实证研究证据大多表明,虽然全球整合和本地回应二元对立,但它们是可以被同时追求的。

全球整合既是战略上的整合,也是运营上的整合。战略上的整合包括了跨国公司通过追求规模经济、范围经济以及越来越显现的速度经济来获取价值,并获得增长。跨国并购已经成为对外直接投资的主要途径,跨国公司以此实现规模经济和范围经济。

跨国并购和出售资产

在既定的一年，收购外国企业的资金可达全世界对外直接投资额的 80%（UNCTAD，2010）。在这个全球化的时代，大型跨国公司主要通过并购和资产出售的方式重组，从而着重发展能够让企业脱颖而出并拿到最大市场份额的核心业务。2004—2015 年，西门子进行了 28 宗收购和 25 次资产出售来调整业务组合，这一组合被看作是"鲜活的有机组织"。无论是通用电气的杰克·韦尔奇（Jack Welch）还是思科公司的约翰·钱伯斯（John Chambers），行业领袖们都在把企业的重心调整到发展在全球能够处于数一数二位置的业务上来。著名的"韦尔奇准则"是如果你的业务在行业内不是数一数二的话，你就没有必要待在里面了。最近，钱伯斯表示思科的转型进行了将近 20 年，其间进行了 184 次收购。他说："我们用并购的办法进入新的市场。目前，我们在 16 大产品系列中处于数一数二的位置。"（McKinsey，2016）

如果我们分析跨国并购的本质，可以看出在各行各业，来自发达国家的公司通过集中发展核心业务的方式引领着全球重组。在 1990—2010 年间发生的 165106 宗跨国并购中，大部分都是第一产业、制造业、交通运输、分销与服务业等的行业内并购，金融企业（包括银行、保险公司和控股投资企业）例外（Herger and McCorriston，2013）。就横向和纵向并购而言，大多数都是由发达国家主导的行业内并购。大部分的多元化交易都涉及金融领域，其中最突出的是控股企业或投资性企业作为收购者将所有领域都视为并购目标。跨国并购主要由 10 个发达国家和地区的企业主导,这些国家是为横向、纵向和横纵混合型跨国并购提供对外直接投资的来源国。美国、英国、加拿大、德国和法国等发达大国主导的并购数量超过并购总量的50%。此外,荷兰、瑞典或瑞士等发达小国也是国际并购活动的主要来源国。然而,中国香港是个例外,它已成为多元化并购交易的第七大外国直接投资来源地。

跨国并购来源国排名前十的国家和地区里面,中国在纵向、横纵混合型并购和多元化并购中都排名第六,但横向并购除外。这些实证研究的发现表明,由于中国有庞大的国内市场,中国公司是跨国整合的首要目标。同时,中国没能成为排名靠前的并购来源国,证明中国企业在第一产业、制造业、交通运输、分销、金融业和服务业都处在跨国并购的初期阶段。有意思的是,中国香港成为了多元化并购交易的第七大来源地区,这些交易以追逐财务收益为目标。中国香港作为多元化并购交易的来源地区,却为何没能成为横向、纵向以及横纵混合型并购的来源地区,这一问题值得深入研究。

在进行跨国并购的同时,跨国公司迅速出售被它们视为非核心的业务。一种被某一家跨国公司出售的业务,也许会成为另一家跨国公司的核心业务。2014年,对比跨国并购的9000亿美元资本总值,跨国公司出售的外国实体中的股份价值高达5110亿美元,其中52%出售给了其他跨国公司,剩下的出售给了本土企业(UNCTAD,2015)。就这样,一个个产业中不断进行着跨国并购和资产出售,从而改变了全球商业体系。工业巨头通用电气曾经被视为多元化的典型,现正通过出售非核心资产(如家用电器业务和GE金融服务)来达到重组业务的目的,同时成功转型成"数字化制造企业",亦即通过其工业互联网平台 Predix 来对其工业领域进行数字化整合。发达的大国如英国、德国和法国的跨国公司大多已从多元化大型集团转型成为有重点的业务实体,从事单一业务或从事同一个行业中的相关业务(Rondi,2004)。丹麦和瑞典等发达小国的跨国企业也经过了相似的转型之路(Iverson and Larsson,2011)。全球市场的不断扩展使得大型跨国公司可以只关注它们最擅长的产品和服务,从而通过规模经济和范围经济追寻专业化。

产业集中

汇总的宏观数据无法显现出产业中观层次的活力。世界大型跨国公司在引领跨国并购(主要是行业内并购)的同时也出售非核心业务,这不仅发生在"系统集成者"的公司层面,而且也发生在供应链层面,从而改变了产业结构。在这种行业集中的结构中,最显而易见的就是拥有强大技术和品牌的知名企业。这些企业主要的客户是全球的中产阶级。在全球市场持续扩张、全球产量持续增长的同时,大多数行业的领先企业数目减少了,全球产业整合的程度大大提升了。在数不清的行业中,少数几个公司占领了各个部门总销售额的二分之一,或者更多。系统集成者类型的公司在巩固其领先地位的同时,通过巨额采购开支,给其供应链带来了很大压力,以降低成本并促进技术进步。这样就形成一个"瀑布效应"——为了满足参与(到系统集成者的)供应链的严格要求,供应商公司也相应地进行整合以巩固自己的地位。在供应链的每个环节,产业集中度都迅速提高(Nolan et al.,2001;

Nolan and Zhang，2002；Nolan et al.，2008；Nolan and Zhang，2010；Nolan，2012）。例如，仅有两家企业为大型商用飞机的制动系统提供75%的全球供应量；三家企业为汽车等速万向节提供75%的全球供应量；三家企业为工业煤气提供80%的全球供应量（Nolan and Zhang，2014）。即使是日本的经联会制度也开始朝相同的方向转型。举例来说，丰田（Toyota）在21世纪初期向具有全球竞争力的价格开放了其供应商系统，并寻求巨型供应商的帮助，以降低成本（Aoki and Lennerfors，2013）。2016年年初，一辆普通的丰田汽车有60%的部件都采购自丰田集团公司——一个以交叉持股的方式运作的经联会制度。上述百分比预计将会下降，而向竞争对手全球巨型供应商博世公司（Robert Bosch）采购的比重预计会增加（Greimel，2016）。

企业内部对价值链活动的整合

从公司的微观层面来看，全球整合是运营上的整合。如果我们在"全球整合-本地回应"框架上画出价值链，可以很清楚地看到价值链的内部整合是有选择性的，会根据当地环境有所调整。在很多不同的行业，如航空航天、汽车、建筑材料、信息技术、零售和电信设备等，跨国公司在内部整合了会计、金融、信息技术系统、采购、研发等职能，而对市场营销和销售服务进行差异化管理。我们可以从本章"案例分析"部分的IBM和西麦斯的例子中看出，信息技术的发展和会计与金融规则的统一协调使得不同行业中的跨国公司能够在公司内部整合"后台"职能部门，从而支持销售和营销等"前台"部门更好地服务客户。而介于这两者之间的就是人力资源部门、产品开发部门和负责适应当地政策法规的法律事务部门等。本地回应实际上就是要了解地区之间的差异，找出其中与跨国公司相关的部分，并通过整合找到哪些良好做法可以运用到其他地区，西麦斯的做法就是很好的例子。

进一步来说，整合和回应之间的平衡会因为价值链活动中的不同任务而有所区别。例如，在营销可口可乐集团的不同核心品牌时，需要有不同的整合与回应的考量。产品政策在全球范围内必须是高度整合的，以保证品牌的一致性。广告要传递该品牌的一个统一信息，但同时也要针对本地文化和法律法规进行微调。分销和推广战略需要紧贴当地环境（Bartlett and Ghoshal, 2003）。对研究与开发来说，研究通常紧跟技术和专业知识，并整合几个拥有所处国家地点优势、具备研究资源和能力的卓越中心，而开发通常紧跟生产、技术服务和销售，并且更为贴近市场。

全球整合的前提是建立全球信息系统。在 2012 年，被调查的总部中有 50% 在职能部门方面为全公司提供共用服务，其中信息技术是最常见的共用服务（Roland Berger, 2013）。跨国公司已经并且一直在信息技术方面进行巨大的投资，以支持其组织与运营架构。2014 年，全球大型企业在信息技术上共花费 8950 亿美元，具体领域包括硬件、软件、信息技术服务、电信服务和内部信息技术开销（IDC, 2015）。前十大企业 AT&T、美国银行（Bank of America）、花旗集团（Citigroup）、埃克森-美孚公司（Exxon Mobil）、汇丰银行（HSBC）、摩根大通（JP Morgan Chase）、日本电报电话公司（Nippon Telegraph and Telephone）、西班牙桑坦德银行（Santander）、威瑞森（Verizon）和沃尔玛（Wal-Mart）涵盖了金融服务、石油燃气、零售和电信等行业。

总部集权与地方自主权

进入全球化时代之前，跨国公司总部与子公司之间的关系通常有三种形态：集权中心形态、协调联盟形态和分权联盟形态（Barlett and Ghoshal，2003）。在这三种形态中，总部对子公司的控制都是官僚和形式化的。子公司之间的知识流动非常有限，外派人员之间的流动也很少。所有子公司的高层都对来自总部的"干预"保持警惕，而子公司之间的高层也往往并不认识对方。他们在相互隔离的条块（silo）中工作，专注在规定的预算和时间内按照计划发展业务。在发展中国家，这些跨国公司和它们的外派人员都是现代化的代表，受到大家的尊重。

自20世纪90年代起，发达国家的跨国公司开始向"一体化网络"的形式转型（Bartlett and Ghoshal，2003）。跨国公司试图在所在国当地获取并培养能力（Alcacer and Chung，2002；Ambos et al.，2010）。有价值的技术、知识和能力不仅从总部向子公司输出，同时也从子公司流向总部，而且子公司之间横向的知识相互流动也可能有同等价值（Andersson et al.，2007；Cantwell and Madambi，2005；Frost et al.，2002）。这种做法始于在研发和制造方面有规模经济的行业，例如汽车、消费电子产品、半导体等制造业。随后这种做法又扩展到很多不同的行业，例如航空航天、石油燃气、饮料和建筑材料等行业。

转型总是始于企业最高层，他们致力于实现组织一体化和增加凝聚力，以更好地服务全球各地的客户。首先，跨国公司要在全球化时代根据企业历史和当前市场竞争地位树立一个全员认同的身份，以激励员工。企业还需要制定奖赏政策，鼓励员工在个人和集体利益间取得平衡。比如，英国石油公司的奖金综合考虑个人层面、业务部门层面和集团层面的表现。如果整个集团的利益没能得以实现，个人和部门无论表现多么出色都不会得到奖金（Zhang，2004）。另外，如果特别出色地完成了绩效考核指标里的某个目标，将会获得"突出贡献奖"。其次，跨国公司建立信息系统来系统化地收集、处理和分享业务流程与客户服务信息，比如IBM有"全球账户"（global ledger），西麦斯有"最佳做法数据库"（database for best practice）。再次，跨国公司试图打破业务部门之间各自为政、互相抢夺资金和其他资源的局面，并且让部门管理者了解到，他们的作为会对彼此产生何种影响（Evans，1999）。同事小组、同事互相评估和同事互助等组织机制得以设立，以便定期、持续地分享资讯和跟踪员工的表现（Zhang，2004；Goold，2005；Bulkin，2013）。最后，跨国公司明确地界定决策权的下放和界限，根据工作性质、相关核心业务以及决策时所需的沟通程度设置报告体系，并针对如何处理例外情况设立规定。

减少企业管理层级

本章之前讨论过的价值链上全球整合和本地回应之间的平衡也反映在跨国公司总部和其子公司的关系上。首席执行官们会根据战略和环境的变化改变高层管理队伍的结构。在首席执行官重组业务以专注发展核心产品线，或在信息技术方面投资的同时，他们会给企业增加职能方面的专家岗位，如首席信息官、首席人力资源官和首席营销官,他们直接向首席执行官汇报。自 20 世纪 80 年代中期以来,美国的大型企业内部一直在进行管理结构的"去层级化"。研究发现,随着管理结构的"去层级化",处在首席执行官和部门经理之间的首席运营官、业务部门主席等高层管理职位被去除,首席执行官的控制监督范围反而扩大了(Wulf,2012)。这种更加接近业务的做法本身有三重目的:得到更多信息,展现更多声音;在迅速变化的竞争环境中做出有效的变化;接触和培养管理人才。研究发现,首席执行官们在跨职能部门的内部会议上投入的时间更多了,而且会和多个与会者提前进行规划(Wulf,2012)。企业提拔高管时会利用不同的机制,如平级职务轮岗、"双岗位负责人"和给予多重任务,来帮助管理人员在不同职能部门、业务领域和运营地区获得经验。同时,研究也发现子公司在产品细分、定价和要关注的竞争对手的决策上有更多的自主权,以应对当地的市场环境和复杂的制度(Collins et al.,2013)。不过,地方子公司经理需要知道在某个方面增加资本之后将会给其他国家的机构和整个跨国公司带来哪些影响。从本质上来说,全球一体化需要高层管理团队(包括总部、区域和国家层面的管理人员)就战略决策的相互依存关系达成共识,才可能获得成功。

对跨国公司而言,解决矛盾的关键在于找到不同国家之间消费者需求的一致性,以及高管和员工都能接受的企业核心,包括价值观、技术系统和所从事的业务等。只有这样,跨国公司才能向多样性的制度开放,并且从中学到有用的东西。这是学习和转型之间一个共生的、不断持续的过程。

案例分析

这部分将详细分析在 IBM 和西麦斯两个案例中，企业是如何进行战略和结构转型的。这两个跨国公司来自不同的国家，从事的业务属于两个差异巨大的产业，服务于不同的消费人群。

IBM

IBM 早期主要向世界出口产品。20 世纪 90 年代初期，IBM 实行多国化模式，在世界各个主要国家都有"小型"IBM 的存在。很多"小型"IBM 各自在当地都有制造和配送业务。每一个国家的"小型"IBM 都有自己的做事方式，它们有自己的一套财务报告、自己的法律和人事部门、自己的信息技术和财务系统等等（Van Kralingen，2010）。

IBM 的转型是在公司濒临破产之际、从郭士纳（Louis V. Gerstner Jr）领导众人挽救公司开始。郭士纳是 IBM 第一个不属于这个行业的首席执行官兼董事长。当时有人提议把 IBM 拆分成处理器、存储器、软件、服务和打印机等独立的业务，以便和灵活、低成本结构的竞争对手竞争。但郭士纳反对这一提议，他决定维持 IBM 作为一个"统一的企业"。随着信息通信技术和互联网创新的迅速涌现，郭士纳认为 IBM 应该通过发挥各个独立业务的优势，担任信息技术整合者的角色，给消费者提供完整的技术解决方案。郭士纳决定把员工薪酬和企业的整体表现挂钩，而非和员工自己的部门挂钩，以此来促使员工相互合作，并走出自己熟悉的"封地",到别的领域去闯一闯。

彭明盛（Samuel Palmisano）在 2002 年接任郭士纳的岗位，继续致力于把 IBM 打造成"全球性整合的企业"（Palmisano，2007），把注意力集中在消费者、高附加值产业部门和集成技术解决方案。全球整合涉及整个价值链，特别是职能部门完全实现了转变（见表 9.1）。业务的转型主要是通过投资、收购和卖资产三个手段来完成的。到 2010 年，IBM 已经以 300 亿美元收购了超过 200 家企业，用来在迅速发展的领域（如分析业务）开发产品和服务组合（Van Kralingen，2010）。1995 年，IBM 以 35 亿美元收购了 Lotus，2002 年收购普华永道（PricewaterhouseCoopers），2009 年收购 SPSS。仅在 2003—2007 年四年之间，IBM 就花了 160 亿美元收购了超过 50 家小型企业，大部分都属于软件开发业。而在内存芯片、技术组建、打印机、显示器和个人电脑等业务上，IBM 则选择了出售资产。在 2005 年，IBM 把旗下的个人电脑业务卖给了联想；2014 年，IBM 又将其 X86 服务器业务出售给联想。

伴随着业务组合的迅速转变，IBM 的组织结构也发生了根本性的变化。在 20 世纪 90 年代初期，IBM 还是一个以产品为中心的企业，把重心放在电脑主机业务等硬件产品上。企业根据地理模式构成内部组织结构：在美国以外，最重要的职位就是各国分支机构的经理。从 21 世纪初期开始，消费者在 IBM 的"倒金字塔"组织结构中成为了利润中心。IBM 围绕四个方面来组织企业，分别是地区、产品和解决方案、行业和客户，以及分销渠道。作为一个综合性企业，IBM 让不同的经理同时负责产品、客户、地区和分销渠道。经理们都依赖"全球整合支持职能部门"

安排的共用服务，包括财务、人力资源、法务、通信和销售支持等服务（见表9.1）。这种结构的关键是管理信息系统提供的支持，该系统记录着根据一套统一的数据定义和流程而进行的交易，以及在一个全球通用账户重新整合的交易。此外，IBM利用客户关系管理系统（CRM）让所有经理都可以查阅数据库中的订单和潜在客户，并明确记录他们对客户赢利能力的贡献。在这种

表9.1 IBM的转型

	20世纪90年代	21世纪10年代
采购	300家本地采购中心	3家全球采购中心
财务	多种财务组织；缺乏整合的决策支持	决策支持和业务控制；外包非核心步骤
人力资源	本地人力资源系统和管理；本地人力资源所需的技能标准	全球人力资源规划；标准化的全球人力资源所需的技能标准
IT系统	128个本地首席信息官；155个本地数据中心；16000个应用程序	1个全球首席信息官；6个全球数据中心；4700个应用程序
产品	设计和制造	全球解决方案中心在全球范围内开发和部署解决方案
结构	多国化：总部经理为创业者，自给自足，是控制者和资助者的角色；各国经理为创业者，自给自足，是交易商、交易员的角色（"总督"）	全球统一：总部经理为领导人、协调人和仲裁人；各国经理为团队中的一员，是洽谈人的角色（"大使"）。

资料来源：IBM。

结构中,各国地区总经理扮演"大使"的角色,就像在政府关系、大学关系、企业公民、企业事务、传播等关键职能部门工作的员工一样。各国分支机构的员工要找到全球工作计划与该国利益之间的联系。对于 IBM 而言,最大的挑战来自于文化和社会的多元化。

西麦斯

西麦斯在 1906 年成立,最初是墨西哥北部蒙特雷附近的一个从事水泥生产的家族企业。巩固了自己在墨西哥的竞争地位之后,西麦斯在 20 世纪 80 年代末开始了国际化的进程。当时的国际竞争非常激烈。就像首席执行官赞布拉诺说的那样,"我们突然发现自己在全球水泥产业开始整合的时期与规模相当大的国际企业竞争。现在只剩下非常少的独立生产商,我们如果不把自己变得强大、国际化,就会被更强劲的对手收购"(Crawford,1997)。当时的大生产商包括法国的拉法基(Lafarge)、瑞士的豪瑞(Holcim)、德国的海德堡(Heidelberger),还有意大利水泥集团(Italcementi)。

西麦斯的国际扩张之路始于有着相似文化和语言的临近国家和地区,例如西班牙和拉丁美洲。亚洲金融危机之后,西麦斯相继扩张至菲律宾、印度尼西亚和泰国。在北非,西麦斯收购了埃及最大水泥生产商 90% 的股份,并和那里超过 500 个零售商建立了联系。2004 年,西麦斯收购了英国的 RMC 集团,显著增强了它在发达国家市场的业务。这次收购壮大了西麦斯在预拌混凝土领域的业务,并使它成为了一个垂直整合型的建筑材料公司,在美国、西欧和东欧运营。2000 年前后是一个收购和资产出售频发的时期，这段时期的目标是不能让任何国家的营业额超过西麦斯总营业额的三分之一。

西麦斯通过收购和卖资产的方式从一家本地企业发展成一家在全世界坚持不懈地发展核心业务的国际企业，这意味着它需要面对多种多样的商业和文化环境，并且需要整合地理上分散、技术上匮乏的子公司。在 2000 年，西麦斯投资了 2 亿美元并开发了一套名为"西麦斯方法"（The CEMEX Way）的流程，以在全球范围内通过标准化、学习和适应当地差异来整合价值链活动（包括业务流程和职能部门）和组织方法。西麦斯方法的支柱是大量使用信息技术的硬件和软件。首先，西麦斯方法在价值链职能领域如人力资源、金融、会计、信息科技、技术和战略规划等方面推行全球统一协调的流程和系统（见表 9.2）。其次，西麦斯方法通过设立技术标准来达到生产标准化。它在全球范围内把采购活动集中化。例如，西麦斯购买的货车品牌在 2006 年从 15 个减少到 3 个。另外，它把品牌宣传体系集中化，统一了产品和企业形象。再次，西麦斯方法通过以下方式调整组织结构：明确规定职责；采用英语为统一工作语言；推出公共知识平台来激发节约成本和完善客户服务的创新想法，以及向当地或不同行业学习最佳做法，并在公司内部共享这些资讯。

西麦斯能向国际企业转型，其中一个关键就是统一了信息技术基础架构并整合了价值链上的职能信息系统和业务流程。西麦斯也设立了一个数据库，用来搜集、处理和分享各项工作和各个子公司的最佳做法，这种做法对合并后的整合过程尤为有用。更重要的是，称为业务流程演化（Business Process Evolution）的管理系统对成功的整合尤为重要，同时也能做到在必要时适应当地需求。管理系统的领导者和协调者会得到团队的支持，与驻守在不同地区和国家的职能部门领导和管理人员紧密合作，以处理某个国家的特殊情况，同时利用企业政策保证相互之间的配合。2013年，西麦斯把业务流程及信息科技服务，还有包括财务、会计和人力资源在内的后勤服务外包给IBM。这项交易将会在10年间帮助西麦斯节省10亿美元（路透社，2013年7月30日）。

2008年全球金融风暴的爆发使得西麦斯陷入严重困境，债务负担沉重，并且在2009年还被调低到投资级以下。2015年，拉法基与豪瑞的合并价值达410亿欧元，合并后的企业拉法基豪瑞（LafargeHolcim）成为了世界最大的跨国水泥生产商，规模远远大于排名第二的海德堡和排名第三的西麦斯。未来西麦斯会不会保持成功还是一个未知数。

表9.2 西麦斯的全球整合与本地回应

全球整合还是本地回应	职能
整合的职能——在全球层面和地区层面共享	会计、财务融资、信息技术、采购、审计
协调性的职能——各地有所不同	人力资源、技术、规划、贸易、法律事务、品牌形象
本地业务运营	预拌混凝土、商务、后勤、运营

资料来源：Chung，2005。

结论

> "大工业建立了由美洲的发现所准备好的世界市场……不断扩大产品销路的需要,驱使资产阶级奔走于全球各地。它必须到处落户,到处开发,到处建立联系。资产阶级,由于开拓了世界市场,使一切国家的生产和消费都成为世界性的了……过去那种地方的和民族的自给自足和闭关自守状态,被各民族的各方面的互相往来和各方面的互相依赖所代替了。"(Marx and Engels,1848)

当今的全球化开放了新的市场,为企业实现规模经济、范围经济提供了可能性,也使企业在世界范围内面临相关制度的复杂性。不过,跨国公司在世界范围内有效地整合了运营和组织,让它们得以进入新的市场并服务全球消费者。同时,跨国公司可以从制度多样化中有所获益,并且把差异转化为优势。与它们的前辈不同的是,跨国公司在当今的全球化时代集中力量发展高附加值和高科技核心业务并对全球价值链活动进行战略整合。信息技术的进步使得企业有能力在一个包含生产、服务、创新、财务和人力资源的系统中计划和协调。而且,支撑技术和品牌的是组织结构和机制的转型。这些跨国公司并没有在信息技术的冲击下变得"空心化"。它们并没有被"扁平化"并由此丧失战略规划和决策的核心能力。在这个看似混乱的世界,它们能够建立起在品牌和技术中所体现出的身份价值,并且以一种团结统一的方式组织起来。

全球市场不断整合，跨国公司只有倾听全球消费者的声音，才能获得成功。世界最大的跨国公司正在产业价值链上高科技、高附加值的领域服务全世界的消费者。这些跨国公司拥有技术、消费者见解、品牌以及在复杂制度环境中工作的能力。世界各地的富裕消费者可以购买全球品牌和技术，对他们来说，这个世界确实是同质的。但是，对于生产者来说，特别是对参与国际竞争的发展中国家的生产者来，世界并不是平的。全球顶尖跨国公司的组织像一双看得见的手，能充分利用市场这双看不见的手的力量，把当地背景下的制度多样性转化为竞争优势。中国企业已经开始走上全球化的道路。中国大型企业能在全球进行多大程度的整合，我们还不得而知。在这个过程中，中国的大型公司与现有的"全球集成者"之间会保持怎样的关系，这对全球的政治经济将具有重要意义。

参考文献

Ambos, Tina C., Ulf Andersson and Julian Birkinshaw. (2010) What Are the Consequences of Initiative-Taking in Multinational Subsidiaries? *Journal of International Business Studies* 41(7): 1099-1118.

Andersson Ulf, Mats Forsgren and Ulf Holm. (2007) Balancing Subsidiary Influence in the Federative MNC: A Business Network View. *Journal of International Business Studies* 38: 802-818.

Aoki, Katsuki and Thomas Taro Lennerfors. (2013) The New, Improved Keiretsu. *Harvard Business Review,* September.

Bartlett, Christopher A. and Sumantra Ghoshal. (1987) Managing Across Borders: New Organisational Response', *Sloan Management Review*, 29(1): 43-53.

———. (1989) *Managing Across Borders: The Transnational Solution*. Cambridge, MA: Harvard Business Press.

———. (2003) *Transnational Management: Text, Cases, and Readings in Cross-Border Management*. 4th ed. New York: McGraw-Hill.

Brand Finance. (2015) *Global 500 2015*. accessible at http://brandfinance.com/images/upload/brand_finance_global_500_2015.pdf[Accessed 28 March 2016].

Bulkin, Bernie. (2013) About Leadership: Peer Groups. *Huffington Post*, 24 January. accessible at www.huffingtonpost.com/bernie-bulkin/about-leadership-peer-groups_b_2540610.html [Accessed l May 2016].

Cantwell, John and Ram Mudambi. (2005) MNE Competence-Creating Subsidiary Mandates. *Strategic Management Journal* 26 (12): 1109-1128.

Chandler, Adler D. Jr. (1986) The Evolution of Modern Global Competition. In *Competition in Global Industries*, edited by Michael E. Porter. 405-448. Boston: Harvard Business School Press.

Chung, Rebecca. (2005) *The CEMEX Way*. Laussane: International Institute of Management Development (IMD).

Chung, Wilbur and Juan Alcacer. (2002) Knowledge Seeking and Location Choice of Foreign Direct Investment in the United States. *Management Science* 48(12): 1534-1554.

Collins, David J., David Young and Michael Goold. (2012) The Size and Composition of Corporate Headquarters in Multinational Companies: Empirical Evidence. *Journal of International Management* 18(3): 260-275.

Crawford, Leslie (1997) Long Reach Opens New Source of Finance. *Financial Times*, 7 November.

Davis, Gerald F., Kristina A. Diekmann and Catherine H. Tinsley. (1994) The Decline and Fall of the Conglomerate Firm in the 1980s: The Deinstitutionalzation of an Organizational Form. *American Sociological Review* 59(4): 547-570.

Doz, Yves, Christopher Bartlett and Coimbatore Krishnarao Prahalad. (1981) Global Competitive pressures vs. Host Country Demands: Managing Tensions in

Multinational Corporations. *California Management Review* 23 (3): 63-74.

Evans, Richard and Colin Price. (1999) *Vertical Take-off: the inside Story of British Aerospace's Come Back from Crisis to World Class*. London: Nicholas Brealey Publishing Limited.

EU (European Union) (2015) *The 2015 EU Industrial R&D Investment Scoreboard.* Luxembourg: Publications Office of the European Union.

Frost, Tony, Julian Birkinshaw and Prescott Ensign. (2002) Centers of Excellence in Multinational Corporations. *Strategic Management Journal* 23: 997-1018.

Ghemawat, Pankaj. (2003) Semiglobalization and International Business Strategy. *Journal of International Business Studies* 34(2): 138-152.

——. (2011) The Cosmopolitan Corporation. *Harvard Business Review,* May issue.

Ghoshal, Sumantra and N. Nohria. (1993) Horses for Courses: Organizational Forms for Multinational Corporations. *Sloan Management Review,* Winter: 23-35.

Goold, Michael. (2005) Making Peer Groups Effective: Lessons From BP's Experience. *Long Range Planning* 38: 429-443.

Greimel, Hans. (2016) Toyota's Top Suppliers Prepare for a Tech Blitz. *Automotive News*, 12 April, accessible at www.autonews.com/article/20150830/OEM10/308319984/toyotas-top-suppliers-prepare-a-tech-blitz [Accessed 13 April 2016].

Hamel, Gary and Prahalad, Coimbatore Krishnarao (1985) Do You Really Have a Global Strategy? *Harvard Business Review,* July: 139-148.

Herger, Nils and Steve McCorriston. (2013) *Horizontal, Vertical, and Conglomerate FDI:* Evidence From Cross Border Acquisitions. Working Papers from Swiss National Bank, Study Center Gerzensee, No 14.02.

IDC (International Data Corporation). (2015) *Press Release: World's Largest Companies Spent $895B on Technology in 2014.* accessible at www.idc.com/getdoc.jsp?containerId=prUS25543615 [Accessed 16 March 2016].

Iverson, Martin Jes and Larsson Mats. (2011) Strategic Transformation in Danish and Swedish Big Business in an Era of Globalisation, 1973-2008. *Business History* 53(1): 119-143.

Jones, Geoffrey. (2004) *Multinationals and Global Capitalism: From the Nineteenth to the*

Twenty-First Century. Oxford: Oxford University Press.

Levitt, Theodore. (1983) The Globalization of Markets. *Harvard Business Review*, May.

Maddison, Angus. (1969) *Economic Growth in Japan and the USSR*. London: Aleen & Unwin.

Marx, Karl and Fredrick Engels. (1848) *The Communist Manifesto*. London: Penguin edition 2004.

McKinsey. (2016) *Cisco's John Chambers on the Digital Era*. accessible at www.mckinsey.com/industries/high-tech/our-insights/ciscos-john-chambers-on-the-digital-era [Accessed 16 May 2016].

Nolan, Peter. (2012) *Is China Buying the World?* Cambridge: Polity Press.

Nolan, Peter, Dylan Sutherland and Jin Zhang. (2001) The Challenge of theGlobal Business Revolution. *Contributions to Political Economy* 21(1): 91-110.

Nolan, Peter and Jin Zhang. (2002) The Challenge of Globalization for Large Chinese Firms. *World Development* 30(12): 2089-2107.

——. (2010) Global Competition After the Financial Crisis. *New Left Review* 64: 97-108.

——. (2014) Globalization and China's Large Firms. In *Chinese Firms, Global Firms: Industrial Policy in the Era of Globalization*, edited by Peter Nolan. 64-80. New York and Abingdon: Routledge.

Nolan, Peter, Jin Zhang and Chunhang Liu. (2008) The Global Business Revolution, the Cascade Effect, and the Challenge for Firms From Developing Countries. *Cambridge Journal of Economics* 32(1): 29-47.

Palmisano, Samuel J. (2006) The Globally Integrated Enterprise. *Foreign Affairs*, May/June.

Porter, Michael E. (1990) *The Competitive Advantage of Nations*. New York: The Free Press.

Prahalad, Coimbatore Krishnarao and Yves Doz. (1987) *The Multinational Mission: Balancing Local Demands and Global Vision*. New York: The Free Press.

Roland Berger. (2013) *Corporate Headquarters 2013*, April. Munich: Roland Berger.

Rondi, L. Seuwagen, L. and Davide Vannoni. (2004) Changes in the Industrial and Geographical Diversification of Leading Firms in European Manufacturing. In *European

Integration and the Functioning of Product Markets, edited by Adriaan Dierx, Fabienne Ilzkovitz and Khalid Sekkat, 61-112. Cheltenham: Edward Elgar.

Rugman, Alan. (2001) *The End of Globalization: What It Means for Business*. London: Random House Business.

Tolentino, Paz Estrella. (2000) *Multinational Corporations: Emergence and Evolution*. London: Routledge.

UNCTAD (The United Nations Conference on Trade and Development). *World Investment Report*, various years.

Van Kralingen, Bridget. (2010) IBM's Transformation - From Survival to Success. *Forbes*. accessible at www.forbes.com/2010/07/07/ibm-transformation-lessons-leadership-managing-change.html [Accessed 25 April 2016].

Wilkins, Mira. (1974) *The Maturing of Multinational Enterprise: American Business Abroad From 1914 to 1970*. Boston: Harvard Business Press.

——. (1986) Japanese Multinational Enterprise Before 1914. *Business History Review* 60(2): 199-231.

Wulf, Julie. (2012) The Flattened Firm—Not as Advertised. *Harvard Business School*, Working Paper 12-087, 9 April.

Zhang, Jin. (2004, reissued in 2016) *Catch-up and Competitiveness in China: The Case of Large Firms in the Oil Industry*, Abingdon: Routledge.

10

超大型企业、焦点公司与全球价值链

保罗·登宾斯基

世界经济中的超大型企业

大量证据表明,跨国公司在当今世界经济中发挥着主导作用,这一点已为人们所广泛认同。但是,当我们需对之进行定量和定性证明时,上述证据和认同便显得无力了。本章内容涉及有关超大型企业的两个完全不同的方面。首先,本章提出了有关超大型企业总体表现的一些证据,并将其总体表现与国家表现进行比较。其次,本章对超大型企业作为世界经济的终极构建力以及在全球价值链中发挥的焦点作用进行了探讨。

"超大型企业"是一个有用但比较模糊的概念。通过对其以下四个特点的了解,我们能够更好地将之与其他类型企业加以区分。

> ➤ 大部分超大型企业都是上市公司,其股票和债券均在主要金

融市场上交易。在大多数情况下，这些公司的股票在市场上具有最强的流动性，也就是说，对金融投资者而言，这些股票风险更低。正是由于具备这种流动性，超大型企业与流动性较低的公司或非上市公司相比，一般能以更有利的条件更好地进行追加融资。为了能够在融资方面得到优待，上市公司就必须受到市场主管部门的监管。国际金融公司（IFC）数据显示，全球各地的交易所已有约5万家企业上市（Dembinski，2003），但显然这些上市企业并非全都有资格成为超大型企业。

➤ 超大型企业拥有足够强大的能力来建立并管理一个受到深入研究的覆盖全球的子公司网络。这使它们不仅能够选择适合自身需求的新址，还能对企业的全球活动、技能和财产进行跨国优化。我们经常使用的术语"跨国公司"强调的正是这种构建跨国网络的能力。根据联合国贸易和发展会议（以下简称"联合国贸发会议"，UNCTAD）的数据，全球约有6万家跨国企业控制着遍布于世界各地的约50万家附属公司（UNCTAD，1999）。在对此估算的过程中，联合国贸发会将任何拥有至少一家附属公司的企业均视为跨国企业。因此，根据联合国贸发会议的标准，显然并非所有跨国公司都是超大型企业。

➤ 在工业社会中，大型企业的优势来源于它们充分利用自身生产设施（规模经济）的能力。因此，它们能够提供其小型竞争对手所永远无法提供的低价产品。在后工业时代，营销与服务的重要性要大于商品生产，超大型企业所占优势的性质也已改变。此时，大型企业的优势很少依靠生产方面的规模效益，而是依赖于管理全球品牌和开展相应活动的能力，尽管这些活动将带来不同的产品或服务，或基于相同的基本技能（范围经济）。超大型企业是通过广告和营销活动来完善和维护企业形象与声誉的知名公司。它们的品牌名称或其他易于辨识的特征使得以与公司产品和服务的消费者进行直接互动。
> 超大型企业将相当大一部分收入用于研发新一代产品或服务。事实上，它们的真正目的是控制创新的速度。各家企业都在竭尽全力使创新速度与自身投资周期相匹配，并借此优化企业的赢利能力。

公司报告、股市主管部门、媒体组织评选的榜单（例如始于1954年的著名《财富》世界500强企业排名）和数据供应商都是有关超大型企业量化信息的独特来源。虽然在数据处理技术的帮助下，它们能够方便地利用这些信息，但时至今日，我们依然缺乏有关世界最大企业经济表现的连贯的统计数据序列。

由于缺乏现有数据，本章将分析的实证范围缩小至欧盟、美国和日本规模最大的非金融类上市企业，并同时对"金砖四国"（巴西、俄罗斯、印度、中国）的情况进行了一定考察。借助Worldscope数据库和汤姆森金融数据，本章挑选出1000家欧美企业和800家日本企业，对这些企业1995年和2005年的经济表现进行了分析。

超大型企业的生产率

我们通常在宏观水平上通过用国内生产总值（GDP）除以就业水平或劳动力水平，得出生产率的高低数值。但是，这种整体性的衡量数字并未对不同类型企业（如超大型企业和中小企业）之间生产率水平的差异进行差别考虑。在大型上市企业股市账户数据的基础上，本章对1995年和2005年的企业附加值和生产率进行计算或估测，并将之与世界银行统计的宏观经济国内生产总值和生产率数据进行了比较（均以美元表示）。

如图10.1所示，1995—2005年，欧美日规模最大的2800家企业（欧洲1000家，美国1000家，日本800家）的雇用人数大幅增加了2000多万人，占欧美日总劳动力的比例从15%增至19%，上升了4个百分点。三地企业中的相对就业增长幅度存在较大差异：日本企业雇用人数占总劳动力的比例从10%增长至15%，欧洲从15%增长至19%，美国从17%增长至20%。就增长力度而言：日本的最大型企业雇用人数年均增长率为4.1%，欧洲为3.6%，美国为2.7%。

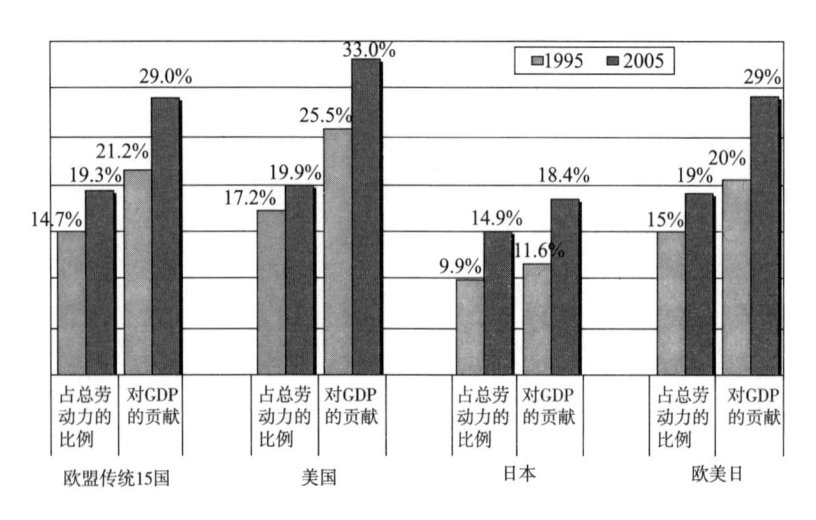

图10.1　最大规模企业：欧美日生产率增长的推动者

资料来源：作者计算，2007。

1995—2005年，上述2800家大型企业生产的附加值占欧美日国内生产总值的比例从20%上升至30%左右，增加了近10个百分点，而这些企业对全球生产总值的相对贡献率从15%上升至19%，增长幅度较低。

欧美日超大型企业对国内生产总值的贡献率增幅要高于其所雇用人数占总劳动力比例的增幅。这表明，这些企业的劳动生产率有着积极发展的强劲动力。在将总体经济的平均劳动生产率水平与超大型企业的生产率相比较时，生产率的增长动力则变得明显可见。

1995—2005年，美国超大型企业的劳动生产率增长了近70%，而该国的劳动生产率则远远落后于前者，仅增长了9%。因此，美国1000家超大型企业成了该国总体经济增长的重要动力来源。欧盟（传统15国）的情况亦是如此。在此10年间，欧盟超大型企业的劳动生产率增长了44%，而欧盟平均劳动生产率（包括失业人口）则下降了6%（以当前美元计算）。日本只有2000—2005年的相关数据，但这些数据表明日本大型企业劳动生产率的总体降幅（以美元计算）要低于日本整体经济的劳动生产率降幅。目前，欧美日超大型企业的生产率水平相对于国家平均生产率的140%（日本）—290%（美国）。

那么，一般来说，劳动力和资本对超大型企业生产率的提高分别产生了多大作用呢？图10.2为我们提供了一定信息，并将分析范围扩展到了其他国家。在过去10年中，与劳动力相关的成本在欧洲大型企业生产的总附加值中所占比例大幅下降（从58%下降至49%），而美日情况则相对稳定（美国为52%，日本为35%左右）。但现有数据表明，在同一时期的欧美超大型企业中，与劳动力相关的成本占员工人均附加值的比例均已下降。这意味着，欧洲和美国企业的资本回报（折旧、利息支出和利润）占总附加值的比例分别从每一员工45%和53%上升至54%和58%。自2000年以来，日本超大型企业的资本回报占附加值的比例从74%上升到84%。如仅考虑利润，那么该比例在日本和欧洲均上升了10个百分点左右（日本从6%上升至17%，欧洲从11%上升至21%），而在美国则平稳地保持在17%上下。

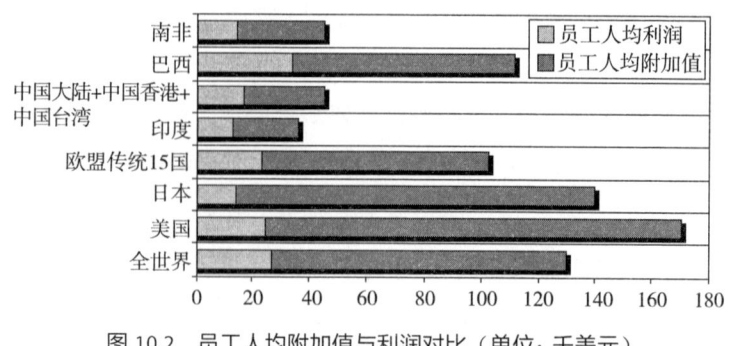

图 10.2 员工人均附加值与利润对比（单位：千美元）

资料来源：作者计算。

自1990年以来，金融市场在许多新兴经济体中所发挥的作用日益增强。因此，大型本地企业变得更为引人注目，并且这些企业的年报可为更多的人所参阅。巴西、中国（包括香港和台湾地区）和印度这三大发展速度最快的经济体的情况正是如此。但是，报告完备的公司依然相对较少。此外，数据的缺乏也将分析的时间范围限制在了2000—2005年。

在中国、印度（280家中国公司，240家印度公司）和巴西

（仅130家公司），被考察企业对GDP的贡献率大大高于其雇用率的增长。印度大型企业雇用人数占总劳动人口的比例在五年间略微增长了0.5个百分点，而对GDP的贡献率则从5.9%增至9.4%，增加了3.5个百分点。中国280家大公司生产的附加值占该国GDP的比重上升了4个百分点至13.4%，雇用率则上升了0.4个百分点，在2005年达到1%。巴西大型企业雇用人数占总劳动人口的比例从1.4%下降至1.2%，对GDP的贡献率也下降了0.2个百分点，但仍保持较高水平。

中国和印度的大型企业雇员人均附加值分别为本国劳动力生产率的40倍和30倍，而该比率在巴西"仅为"10倍。雇员人均附加值的惊人增长显示了超大型企业在促进生产率发展方面发挥的重要推动作用。同时，这些数字表明，大型企业是推动"金砖四国"经济发展切实有效的增长引擎。

超大型企业的劳动回报和资本回报

不论是在全球还是各个地区，超大型企业均可称得上是强大的生产率工程师。这些企业（大多为跨国公司）拥有完善的设备和精英员工，从而尽可能地将全球各地所能实现的最大生产率相结合。尽管如此，我们看到，我们所研究的不同国家的企业员工人均附加值情况各不相同，这表明当地实际条件对此产生了重大影响（见图10.3）。美国跨国公司的员工人均附加值水平最高（17万美元），欧洲企业比美国低40%，而中国和印度则比欧洲低60%左右。因此，印度一家大型企业员工产生的附加值是同类美国企业员工所产生附加值的20%。

而当我们将员工的人均利润考虑进来时,上述数据离差则变小了:巴西最高(3.4万美元),印度最低(1.3万美元,即前者的38%)。员工人均利润率的趋同可能部分是由于世界金融市场及全球资金需求的日益整合所致。

在对大型上市公司的附加值构成进行比较时,我们可以看到,劳动回报在其中所占比例在大多数情况下比较稳定,但欧盟是一个重要例外,在10年间下降了近10个百分点。

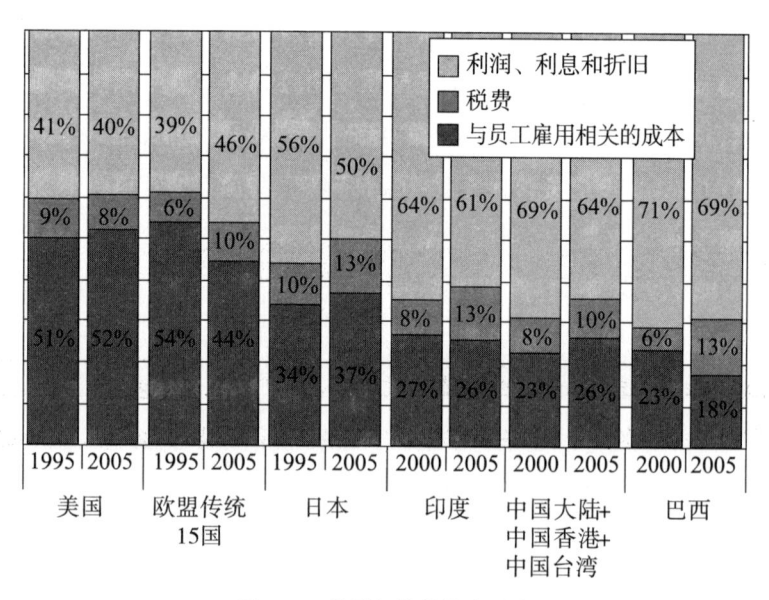

地区	年份	利润、利息和折旧	税费	与员工雇用相关的成本
美国	1995	41%	9%	51%
美国	2005	40%	8%	52%
欧盟传统15国	1995	39%	6%	54%
欧盟传统15国	2005	46%	10%	44%
日本	1995	56%	10%	34%
日本	2005	50%	13%	37%
印度	2000	64%	8%	27%
印度	2005	61%	13%	26%
中国大陆+中国香港+中国台湾	2000	69%	8%	23%
中国大陆+中国香港+中国台湾	2005	64%	10%	26%
巴西	2000	71%	6%	23%
巴西	2005	69%	13%	18%

图10.3 总附加值的构成对比

资料来源:作者计算。

超大型上市企业:增长推动者

与其他规模相对较小的非上市企业(中小企业)相比,大型上市企业的超凡表现可能取决于如下诸多因素：

（a）高资本密集度，或换言之，较高的机械设备水平。这可能得益于它们能够更加容易地获取廉价的资金来源。

（b）大型企业有能力吸引劳动力中最具生产力的要素。

（c）高创新率使它们能够获取"先驱者"所能获得的市场效益。

（d）扩大和组织全球性复杂运营活动的能力，如基于所有权-本地化-国际化优势的"折中范式"（Dunning，1992）。

（e）由于对强势品牌和独特营销能力的拥有与开发而具有的针对最终用户市场的提价能力。

（f）针对供应商的定价权力。这使超大型企业能够取得因全球价值链其他环节技术生产率提高而实现的经济收益。

上述最后三项因素均假设超大型企业具有掌控自身经济环境（通常还包括政治环境）的能力，而这是小型企业所不具备的。因此，这将直接导致大型企业的经济表现要优于国家经济的其他组成部分。"全球价值链"的概念则是一种新的尝试，旨在对该假说进行更为准确清晰的阐述。

全球价值链（GVC）

概念的复杂性

"全球价值链"这一概念系由三个鲜明的概念复合而成。在我们正确把握它的意义之前，还须分别对其三个组成概念进行详细考察。"附加值"是一个重要的（国民）会计学概念。如上节所示，该概念使得企业和宏观经济水平之间能够建立一种明确的联系。它是国民经济核算的奠基石，但很少出现在企业核算之中。法国的会计实践则是例外。从企业角度而言，附加值相当于营业额与外部买入之间的差额，与企业生产要素（劳动力和资本）的总回报相一致。

全球价值链的第二个重要组成概念是"链条"。在日常交流中，链条指的是一连串的环节。而在管理学与经济学文献中，"链条"一词具有了比喻意义。首先，它指的是在将投入转变为最终产品过程中的一连串技术步骤。因此在该链条上，从原材料到最终用户的各项环节，其数目和大小将取决于当时的技术状况。当技术革新的不同组成部分是由一家或多家企业完成时，"链条"一词的经济学意义则得到凸显。在经济学家谈到"纵向一体化"的不同程度时，链条序列的各构成部分将不再是技术革新的步骤，而是公司之间进行的经济交易。经济和技术革新／交易序列的概念被应用于两个不同的分析层面：传统的行业间投入-产出相互依存性分析以及被法国人称为"la filière"的分析。"商品链"是国际政治经济学家和发展学专家使用过的一个概念，但今天，一部分已被全球价值链这一概念所替代。

1985年，迈克尔·波特通过其专著《竞争战略》将"价值链"概念非常成功地引入了管理学理论（Porter，1985）。但不同于上述经济学方法的是，波特主要将价值链概念运用于企业内部流程，其中隐含的一个观点是：在一家企业内部，产品流程将经历一系列转变和提升，而其价值也将相应地逐步增加。这也是波特为何会确立直接增加产品价值的五大步骤或功能（供应、内向物流、生产、对外供应和营销）的原因所在。它们就是波特提出的公司内部价值链的组成环节。波特承认，企业内部还存在其他功能（研发、人力资源、财务等），但他仅将之视为有利于增加产品价值的间接因素。此分析框架清晰地阐明了一个重要的管理问题，即如何一方面识别应在企业内部开展的能够产生最高价值的活动，另一方面识别应被淘汰或外包的低价值活动。在波特的著述中，"价值"一词并不具备明确定义，但其意义似乎更接近于"投资回报"（ROI）或股东价值，而非附加值或成本。

与经济学理论不同，"链条"这一概念在管理学理论中很少被用来泛指从原材料到最终用户的整个交易或转变的序列。传统分析局限于企业"上游"或"下游"的某个转变阶段。"上游"部分集中了与"供应链"相关的各种情况和问题，"下游"部分则与"分销链"上的管理问题有关，而企业正处于这两条形成互补的"半链"的结合处。从这一点看，企业将根据涉及的相应价值块，来应对传统的"制造、购买或分享"困境。此外，它还需管理与各层面（层级）供应商和分销商的关系。

当企业进行多样化经营，即开展多种而非单一性经营活动时，则会遇到与"链条"概念相关的另一个难题——这也是当前超大型企业普遍面临的情况：波特的价值链模型是应运用于单一的最终产品或服务，还是拓展至整个企业活动的层面？

"链条"的概念本身具有"线性"和"序列"的含义。即使我们将这些特性应用于某些制造过程，它们也只与直接促进企业创造价值的功能有关。在其他所有领域，即在大多数服务企业以及制造企业的许多支持性部门（研发、财务、人力资源、会计等）中（大多为内部服务活动），"序列"的含义已然缺失或不甚明显。在这些情况下，合作、网络或集中式活动替代了序贯交易。因此，将单纯的"价值链"范式应用于排他性制造活动之外并非恰当之举。相反，我们须用一个相对不那么精致的"网络"或"系统"概念来替代"价值链"范式，且该概念应考虑到商品或服务附加值各促进因素之间复杂的交互作用。无论企业采取何种形式与供应商、合作方或分销商进行互动，从管理学角度而言，"价值"的最大化（短期、中期或长期？）即使不是唯一目的，也是主要目的。

尽管"链条"的形象可使人们在直观上产生共鸣，但当各价值生产方之间的互动变得如此激烈和多维以至模糊了参与方之间的界限时，其形象就变得十分简化了。因此，在理论文献当中，"链条"一词或具象征性的广义，或被"系统"一词所替代。"价值链"也由此成为了"生产系统"。但是，两者的差异不仅限于措辞方面。对坚持使用"链条"一词的作者而言，寻找价值创造和分配过程的管理工具依然是其核心兴趣所在，而对偏爱使用"系统"一词的人而言，他们更加关注互动企业之间的战略依存性。这两种方法形成互补，但并不相同。

在全球化时代，"全球"这个形容词几乎在任何背景下都倍具新潮感。当与"价值链"联系起来时，它用于指企业间关系结构的跨国触角。因价值链上的依存关系而产生的企业联系甚至比国界更为"坚固"。换言之，价值链或生产系统内部互动的指导性逻辑在很大程度上是外生于企业运营场所的。

跨国或全球性思想支配着世界各地的价值链或生产系统，并引发人们对价值链或生产系统的空间维度以及国家和地方主管部门对它们所产生的影响进行思考。它们是被迫处于被动地位，还是能够采取积极行动以扩大其占有的（附加）价值份额？

上述分析表明，组成"全球价值链"这一概念的三大支柱性词语存在多种意义。与其说它是一个结论，不如说是一次警示。虽然人们关于全球价值链意义的讨论还将延续多年，但在此值得一提的是，它引发了以下三个更为普遍的认知问题。

> 全球价值链是否是一种全新的经济组织形式？在该形式下，复杂关系替代了市场交易，且相关企业之间形成了前所未有的互相依存、互相渗透的关系。
> 作为全新的跨国性企业关联形式，全球价值链是否在将曾经的国际贸易进行事实上的内在化？换言之，它们是否正以人们未曾想到的更直接方式，在纯粹的跨国企业所固有的转换定价范围之外，控制着附加值的全球分配？
> 全球价值链的概念只是分析工具，还是真实的现象？这些概念仅是帮助我们处理日益复杂的企业间现实问题的工具，还是它们确实如此存在？企业间关系无疑已经超越了"市场"或"企业"这些传统概念的范畴，这些概念已经无法完全把握企业间关系的现实，但这并不能成为我们得出"全球价值链如此存在"这一结论的充分依据。

全球价值链的三个研究方向

"全球价值链"概念的多义性解释了相关研究为何能够实现蓬勃发展。本小节的目的并不是对这些研究进行最终的系统化归纳，而是对主要观点的相似性和差异性进行简要概述。全球价值链研究存在三个研究方向或研究计划。我们可在众多学科领域的丰富文献资料中对之加以识别。

下面所讨论的三个研究计划在其基本研究问题上趋于一致：当企业之间的互补性强于竞争性时，它们是如何在高度复杂的技术性问题上组织和协调各自活动的？

在针对共同问题的研究方法和所得结论的类型方面，三个研究方向存在一定差异。就全球价值链问题而言，三个研究方向的"切入点"不尽相同。从管理学研究角度看（这或许是探讨全球价值链问题的首个学科），企业及其效率目标是独一无二的关注点。因此，管理学的研究方向将严格围绕管理技术来审视问题。产业经济和发展学研究则会从宏观的角度来对全球价值链进行阐释，并对可能影响价值链空间意义和社会意义的因素进行考察——包括内部因素（治理）和外部因素（监管）。最后，本土和地域性研究方法将从特定区域的角度讨论全球价值链问题，寻找可能有益于该地区扩大影响或增加其在全球价值链中所占份额的工具。

管理学理论与研究

多年来，供应链管理一直都是大部分商学院的一门学科。直至最近，它的意思都局限在指为实现"准时化生产"效果而实施的技术和流程，其问题是我们要如何保证订单、存货和产品的顺畅流通。近些年，由于超大型企业进行了大规模的离岸和外包工作，供应链管理也因此具有了供应商关系管理方面的重要性（作为总体质量管理的外延），并包括在复杂情况下缔结契约的技巧。如今，供应链管理已拓展至供应链各层次之间的后勤、数据传输和交互等问题。从这点上看，它已成为旨在提高供应链效率和构建长期信赖关系的战略性工作的一部分。

超大型企业（大部分为跨国企业）是管理学理论最为常见的切入点。这类研究试图为这些企业提供一些分析和实践工具，帮助其对供应商群体进行评估并与之建立最为恰当的关系。学术研究和咨询专家、顾问工作之间的界限并不清晰，因为供应链和销售链管理依然是主要参与者日程上的热点话题。

面对财务压力，制造业中的许多大型企业力求加强其作为供应商及分销商工作组织者和分配者的关键地位。如此一来，它们便能将初步的生产性工作留给那些企业完成。高强度的研发活动所面临的挑战尤其艰巨，而在研究领域，大型企业也倾向于在新技术的开发及其知识产权保护方面一直发挥控制作用。

价值链管理的重要性及其多维性的特点正是该领域数据收集过程极为艰难的原因所在。大部分相关研究（或咨询报告）或源于坊间证据（特别访谈或经历）或源于行业协会或顾问进行的实地调查，且大部分工作都与具体行业甚至公司相关。

与"传统"供应链（和销售链）管理理论同时存在的还有另一个研究趋势，在此值得一提。该研究重点关注了供应链在网络或系统中的重构，并确立了这一转变背后的两个主要驱动因素：信息通信技术的推广和服务行业中涌现的"新商业模式"。供应链的序贯形象被各种趋同但相互独立的活动的同步性所替代,这些活动由企业共同为顾客执行。航空旅行便是最佳范例之一:机场服务、订票系统、食品和运输均属于出售的同一类"服务",但通常由不同的供应商提供。这些供应商或许在财务上相互独立,但在经济上是相互依存甚至相互联结的。

产业与发展研究

全球价值链同样是产业研究的关注点所在。但其切入点不再是大公司或中小企业,而是制造轮船、汽车或飞机所必要的产业联动。该研究借鉴了投入-产出理论,并深入探讨了产业部门之间的相互依存性以及各级供应商和分销商之间的功能分配(研发、生产和营销)。在大多数情况下,全球价值链产业研究具有国际性视角,甚至是明确的发展学意义。对此研究方法而言,其主要关切和政策考虑在于国际附加值跨国共享的条款与条件、对就业造成的影响(工作职位数及其质量)和技术转让问题。本章在此讨论的问题在多数情况下均和具体产业有关。过去 20 年中,在发展研究所(苏塞克斯)以及格里菲(Gereffi)和卡普林斯基(Kaplinsky)等学者的引领下,人们正在逐步确立一种完善的研究方法(Bair,2005)。

地域研究和集群研究方法

集群研究主要关注的是地理位置问题。由于地理位置上的临近(及其他因素),各企业均可体验到协同效应。地域集群与全球价值链的接合质量——或具体而言,大型企业在全球各地的运营——是许多地方决策者关心的主要问题。由于中小企业在大部分现有或新兴产业集群中发挥着重要作用，集群研究显然有利于我们更好地理解全球价值链问题。

焦点公司与全球价值链

2005—2007年，瑞士两所大学（由保罗·登宾斯基领导的瑞士研究小组）、经合组织（玛丽-佛罗伦斯·埃斯蒂梅女士与玛利亚罗萨·卢纳蒂女士）和联合国贸发会议（富尔维娅·法瑞内利女士）合作开展了一项名为"增强中小企业在全球价值链中的作用"的联合实地研究。日内瓦国际学术网络（GIAN）和瑞士政府为该项目提供资金赞助。此研究的主要目的在于考察超大型企业及中小型企业的互动类型——后者一般为前者的供应商或经销商。研究挑选了五类最终产品或服务，使研究范围超越了传统的汽车业，并在更为广泛的意义上超越了制造业。这些产品和服务包括：汽车、医学和科学仪器、旅游服务、电影和软件。在研究小组或政府的委托下，项目在15个国家进行了实地调查。其中有两项重要研究结论在此值得一提。

全球价值链的异质性

在某些情况下，全球价值链是一个用于分析相关领域企业联动的概念性工具，对大型企业规划与众多小型合作方的互动也颇为有用。但是，研究分析的五大产品/服务链具有高度的针对性，且必须通过大量变量来进行说明。

上述五大产品/服务价值链的工作原理在诸多方面存在差异，因此，人们无法对其进行全面对比。表10.1将那些有助于我们理解价值链内在工作原理的关键问题进行了比较。通过这个表格，我们一方面可以了解超大型企业所发挥的战略作用，另一方面也因此可以了解余下的需要中小企业去发挥的作用。

而在此之中，关于是否存在其他竞争性价值链结构或组织的问题显得尤为重要。占主导地位的价值链是否是独特的（如汽车业）、具有支配性的（如电影业）或只是众多价值链之一（如旅游业）？如果不存在任何明显占主导地位的价值链结构（如医学和科学仪器业）呢？或又如电影业和软件业，其中存在着以远程交付或盗版为基础的新型价值链的发展空间？价值链结构中的可竞争性和创新问题与全球价值链的战略环节紧密相关：对其他革新步骤具有建构影响的价值附加活动是什么？换言之，在价值链的实际结构中，是否存在"焦点公司"所能占领或瞄准的战略点，以获得整条价值链所拥有的优势？

焦点公司：全球价值链的核心

表10.1显示，全球价值链这一概念可专门用于以下情形：技术娴熟的公司（通常也是大型公司）对各企业不同层面的互动进行总揽性规划，并发挥了作为"总指挥或音乐总监"的积极作用。该企业（通常为超大型企业）被称为焦点公司。

表10.1中所包含的各条产品/服务链均可被划分为两个部分：在一部分中，所有附加值活动均围绕商品和服务的生产而开展，而在另一部分中，附加值由针对最终顾客或用户的相关工作产生。在本章中，关注点从生产转向市场的大致时刻或位置被称为焦点。它将全球价值链分割为以生产为中心的上游环节和以市场为中心

的下游环节。

在生产和市场营销／销售中，当公司在价值链焦点两端一贯地执行着附加值流程时，它就是在发挥焦点作用（因此可称为焦点公司）。"焦点公司"一词是受哈兰德等人所阐述的供应商网络分类学（Harland et al., 2001）的启发而形成的。因此，汽车业的全球价值链既受到焦点公司的强大影响，也存在网络结构的低活力。但是，某些医学和科学仪器制造业的全球价值链则源于活力高度强劲的网络结构，而焦点公司产生的影响较低或为零。

在汽车业和大多数软件业及电影业活动中，焦点公司的影响十分明显，而在旅游业、医学和科学仪器制造业这两个行业中则较为模糊。此外，在所考察的行业中，焦点公司多为已经上市的大公司或全球企业。但有待我们回答的一个关键问题是：在价值链各环节生成的最终附加值中，哪些是由焦点公司直接产生？哪些则是由价值链上游或下游的合作者产生？

有关全球价值链结构的另一重要方面则是各行业焦点公司的优势来源和集中水平。例如，当规模效益依然是汽车制造商的重要优势时，标准设定则成为了软件活动的关键优势所在。

一些证据表明，在汽车业全球价值链上，焦点位于约65%的最终附加值的位置上。这意味着，分销和市场营销应占另外35%的最终产品价值。对于医学和科学仪器制造业，焦点位于约80%的最终附加值的位置上，而在电影业这一比例约为50%。

中小企业在全球价值链上所处的位置及其实际或可能发挥的作用，取决于焦点公司的作用与优势以及全球价值链结构的普及程度。价值链生产环节的活动更为开放，因为焦点公司（至少在某种程度上）或依托于高效的供应商（尤其是知识和创新供应商），或易与新加入者形成竞争。医学和科学仪器制造业、软件业、电影业以及旅游业的情况正是如此。而对于价值链的分销环节，如其结构是紧紧围绕强大的焦点公司而建，那么中小企业所能发挥的作用则仅限于"大规模运销"和"个性化"（如软件业）或提供附加服务（如汽车业）。

我们所研究考察的大部分全球价值链均涉及大型企业和中小企业的长期互动。在大多数时候，这些互动均超越了教科书式的市场交易。对此，相关理论运用了诸如"联盟""合作"和"外包"等多种措辞方式。但是，这些词语无一能犀利地捕捉到全球价值链上各企业在开展合作时产生的信任、权力、协商、互惠、团结等模棱两可的问题。它们虽已超越了公认的经济学专业理论范畴，但对我们理解中小企业的实际及潜在作用具有重要意义。

最知名的全球价值链治理类型学系由联合国工业发展组织（UNIDO）提出（Humphrey and Memedovic, 2003; Gereffi and Memedovic, 2003, 1994 年由格里菲首次提出），它将购买者和生产者驱动型价值链加以区分：

> "在生产者驱动型价值链上，大型制造商在协调生产网络方面（包括后向联系和前向联系）起到了关键作用。它们通常也是跨国企业。该情况在资本和技术密集型产业中十分常见，如汽车、飞机、计算机、半导体和重型机械工业。与此同时，在购买者驱动型价值链上，大型零售商、营销商和品牌制造商则在出口导向型国家建立分散型生产网络（通常位

于发展中国家)方面扮演了重要角色。"

归根结底,这些价值链结构均建立在处于价值链中心地位的企业所实现的规模效益基础之上。因此,无论在何种情况下,中小企业除了成为二级甚至三级供应商之外,别无其他出路。最近的一篇论文(Gereffi, Humphrey and Sturgeon, 2005)提出了另一类型学理论(与先前理论构成互补),这一理论重点关注公司间交易(复杂性和合作方的汇编能力)和供应库高度复杂性等特点。该方法确立了"明晰协调性"和"权力不对称性"从高到低的五类全球价值链:等级型价值链、领导型价值链、关系型价值链、模块型价值链和市场型价值链。

全球价值链的作用是否正在不断发展呢?由于全球价值链是由一系列可能因诸如新技术或新规定等外部因素而改变的价值附加活动构成,所以它们并非静止不变。并且,它们也可能因内部变化而发展,如实行外包战略或将部分活动交予合作方进行。

在大多数发展成熟的全球价值链结构中,中小企业必须直面焦点公司的存在。对后者而言,占据价值链的根基部位是其战略优势所在。这些公司将大量资源投入价值链关键部分的活动规划以及对价值链进行精简,从而实现自身经济效益的优化。它们能在全球范围内对重要的知识、技术和知识产权资产进行管理。此外,许多焦点公司还具备必要的资金流动性,以迅速收购其"感兴趣的"中小企业。

与之相应的是,中小企业控制着对单个流程和本地客户的基础认识。它们能快速探索利基市场,但缺乏对价值链结构和关键资产的整体认识。因此，在面对焦点公司时，中小企业通常会在谈判中处于弱势地位。即便它们拥有比较优势，但在价值链总附加值的占有比例方面，中小企业也可能难以保持这一优势。

结论

本章以上两节内容分别从两个不同角度对超大型企业的作用进行了介绍。第一部分主要分析了超大型企业在生产率方面的经济绩效以及它们对总体经济增长的贡献。第二部分则分析了企业在现有或新兴全球价值链上作为焦点公司所能获得的效益。焦点公司从自身的其他资产或技术中取得建构权力或能力，并根据企业的战略思想利用该能力对环境进行塑造。虽然并非所有超大型企业在现实当中均能发挥作为焦点公司的作用，但正如本章第一部分所述，成为焦点公司的最低先决条件与高度跨国超大型企业的主要特点是一致的。

本章两节内容虽采用了截然不同的分析方法，但它们仍然构成互补：第二节指出了超大型企业如何通过在全球价值链中发挥焦点公司的作用来实现更为强大的经济效益。本章未对此做出具体论证，而是仅对该假说进行了巩固说明。

表10.1 五条价值链的主要特征

	汽车业	医学和科学仪器制造业	软件业	旅游业	电影业
长期趋势	20世纪90年代"去垂直化"趋势加快发展；大规模产能被分包；供应基地过剩产能实现地域重组；企业并购增强了集中度；全球性技术和监管趋势	由技术和需求驱动；发展阶段可能较短	20世纪70年代，随着个人电脑的兴起，软件生产日渐自动化，在"集中化时代"，软件生产实现高度一体化；软件生产商成为信息技术体系的一部分；技术和互联网趋同或一体化	旅游费用的长期下降；在经合组织成员国，社会更加老龄化，更倾向于休闲娱乐；信息通信技术的广泛利用	价值链各环节日益增强的纵向一体化（从生产到销售）；信息技术，尤其是互联网，正对传统销售渠道产生深远影响
重要产出	相当单一但高度"品牌化"的耐用品；产品生命周期长，平均价格为10000—20000美元	极其多样的产品系列，通常附带专家服务或一次性使用品；产品生命周期很短，由技术决定；价格范围：从几美元的产品到几百万美元的精密医院设备	有关硬件运行的整套方法说明；批量产品或个性化服务；产品生命周期可缩短，这取决于相关标准和硬件。批量生产的标准化产品为1000美元左右，专业软件包可达数百万美元	与游客在非常环境中进行的所有活动相关的服务。价格范围：从几百美元到几千美元	在剧院或私人环境中（家中）获得的审美表演/体验；产品生命周期相当短，价格范围：10—50美元

续表

	汽车业	医学和科学仪器制造业	软件业	旅游业	电影业
价值链的关键部分	可接触到最终用户；进入壁垒极高	技术和产品创新；合理的竞争性	标准控制；一定的竞争性	产品/信息的分布	销售
分销方法	主要是品牌汽车的独有零售渠道	企业对企业（B2B），企业对消费者（B2C）	多渠道，基于互联网，欺诈渠道（盗版）	通过中介对服务进行捆绑或打包销售，或由旅游者单独购买	多渠道：电影院，DVD，下载
是否存在焦点公司	是	仅存在一些高度专业的市场	是	旅游运营商期望成为焦点公司	是（大多数情况下）
全球品牌	受控于具有重要营销预算的强大焦点公司	正在成长，但依然次要	尤其处于水平市场（全用户）中	在机场、酒店、旅游运营商和旅行社活动中	成功的电影在全球放映；世界级明星
焦点公司的关键优势	规模经济；生产的全球性优化；与供应商和零售商的谈判能力	多个技术平台管理	管理复杂情况，产品架构（微软）和复杂系统运营商（雅虎）的能力	可预先将供应商服务承包出去；质量控制和保险	限制生产活动的资金；融资风险的资金能力和广告能力

续表

	汽车业	医学和科学仪器制造业	软件业	旅游业	电影业
焦点公司的作用	强大：产品设计和架构，关键技术的控制；品牌管理；谈判能力	十分微弱：多技术和多产品；掌握协作	标准设定，其他产品依据标准研制	"基础"互补型服务的集成商	强大：知识产权，交易所，生产，权利营销
是否存在其他形式的全球价值链结构	无。但可依靠汽车租赁和"非品牌"汽车	他律	专利与开放资源；嵌入式盗版	客户直接接触"基础"服务供应商	非法（依赖于盗版）
上游协调机制	供应商分层；拥有部分战略性利基供应商	网络、地方集群	复杂问题管理，分包	地方集群；目的地管理	在项目基础上，签订具有长期权利的期权契约
下游协调机制	焦点公司对零售商的控制增强	常通过生产者直接销售；企业对企业（B2B）	零售商（可能）是具体软件应用的定制商	全球预订系统；酒店业特许经营	在项目基础上，签订具有长期权利的期权契约

续表

	汽车业	医学和科学仪器制造业	软件业	旅游业	电影业
明晰的治理	无	无	可能有	酒店业特许经营；本地联合供应	互依性契约网络，将整条生产链上的风险和回报相联系
全球市场与本地市场	全球生产可能涉及地方产业集群；通过地方渠道实现全球销售	生产较分散（也可能有集群）；医学设备产品须符合地方规定；其他价值市场为全球性市场	可能要求进行本地化（语言），但硬件是全球性的	全球销售；旅游服务的本地供应	本地化生产（集群）；全球销售
中小企业在上游环节的作用	焦点公司的供应链分为不同级别。全球性企业组成第一级，中小企业大多处于第二和第三级，并多为大规模供应商。中小企业作为知识供应商进入第一梯队研发	可能独立于焦点公司之外，但通常依赖于焦点公司。中小企业处于价值链的任意环节，尤其是在创新过程中	可能成为相关标准和焦点公司的创新者的挑战者。在大多数情况下，是大规模代码供应商	独立的利基企业，或作为"基础"，旅游服务最终生产商与焦点公司建立联系；局部性封锁；特许经营	在特殊情况下是焦点公司的竞争对手；在大多数情况下，是元器件供应商或零售商

续表

	汽车业	医学和科学仪器制造业	软件业	旅游业	电影业
中小企业在下游环节的作用	零售商网络日益集中。维修店仍多为中小企业	中小企业通常可接触到最终用户或处方医师	中小企业是零售定制商和应用软件开发者	传统的旅行社代理。如今，由于可通过网络支付服务，它们已失去了"存在的理由"	DVD商店和剧院，但严重依赖于电影发行者和制作者
政策含义	重要：安全、责任与环境规范；全球规范规范趋同；竞争政策对分销的影响	本地的安全与专业规范；知识产权；政府对创新的支持	非常重要；知识产权规范与保护协同；公共政策困境	重要但有限；自然与文化方面的便利设施被认为是公共物品。对目的地、安全以及环境和质量标准的本地支持	公共支持在争论之中；文化产品

参考文献

Bair, Jennifer. (2005) Global Capitalism and Commodity Chains: Looking Back, Going Forward. *Competition and Change* 5(2): 153-180.

Dembinski, Pawel H. (2003) *Economic and Financial Globalization: What the Numbers Say?* Geneva and New York: United Nations.

Dunning, John. (1992) *Multinational Enterprises and the Global Economy.* Redding: Addison-Wesley Publishing Company.

Gereffi, Gary, John Humphrey and Timothy J. Sturgeon. (2005) The Governance of Global Value Chains. *Review of International Political Economy* 12(1): 78-104.

Gereffi, Gary and Olga Memedovic. (2003) *The Global Apparel Value Chain: What Prospects for Upgrading by Developing Countries?* Vienna: UNIDO (United Nations Industrial Development Organization).

Harland, Christine M., Richard C. Lamming, Jurong Zheng and Thomas E. Johnson. (2001) A Taxonomy of Supply Networks. *Journal of Supply Chain Management* 37(4): 21-27.

Humphrey, John and Olga Memedovic. (2003) *The Global Automotive Industry Value Chain: What Prospects for Upgrading by Developing Countries?* Vienna: UNIDO (United Nations Industrial Development Organization).

Porter, Michael. (1985) *Competitive Advantage: Creating and Sustaining Superior Performance.* New York: The Free Press.

UNCTAD. (1999) *World Investment Report 1999.* Geneva: United Nations Conference on Trade and Development.

11

中国跨境电子商务的发展现状、发展趋势与相关政策建议

来有为

中国跨境电子商务的总体发展状况

跨境电子商务是指不同关境的交易主体,通过电子商务平台达成交易、进行支付结算,并通过跨境物流送达商品、完成交易的一种国际贸易活动。跨境电子商务与传统的贸易方式有所不同,它是一种新型的贸易方式和业态。跨境电子商务依靠互联网和国际物流,直接对接终端,满足客户需求,具有门槛低、环节少、成本低、周期短等方面的优势,能够帮助国内企业降低国际贸易成本,并且能够帮助国内的中小企业更便利地开展国际贸易,具有广阔的市场空间和良好的发展前景。

近几年,中国传统外贸发展速度放缓,跨境电子商务却保持了快速增长的态势。从需求端来说,越来越多的消费者通过电子

商务交易平台采购国际商品，跨境电商在中国已进入全球化大众消费时代；从供给端来说，越来越多的企业通过电子商务交易平台销售产品给全球客户。中国电子商务研究中心发布的《2015年度中国电子商务市场数据监测报告》显示（中国电子商务研究中心，2016），2015年，中国跨境电子商务交易规模为5.4万亿元，同比增长28.6%。2015年，中国跨境电子商务出口交易规模达4.49万亿元，占跨境电子商务进出口总额的83.2%，进口交易规模为9072亿元，占比为16.8%，出口额远远大于进口额，说明跨境电子商务促进中国商品和服务出口的效应非常明显。中国企业的出口商品主要是服装、饰品、小家电、数码产品等日用消费品，规模较大且增速较快。中国跨境电商进口处于起步阶段但增速很快，化妆品、护肤品、母婴用品、奢侈品、新潮服装、电子消费品、食品及保健品是跨境电子商务进口的主流商品。

按照运营模式，中国跨境电子商务可分为跨境电商B2B（企业间的跨境电子商务交易）和跨境网络零售两大类。从市场格局来看，跨境电商B2B模式在中国跨境电子商务中一直占主导地位，占比超过90%。跨境电商B2B贸易企业主要依托阿里巴巴、敦煌网、环球资源、中国制造网、环球市场集团、兰亭集势等电商平台进行信息展示，电商平台帮助企业进行在线匹配和撮合。大多数跨境B2B贸易订单的金额较大，进出口贸易的部分环节在线上完成，目前尚未实现完全的在线交易。虽然在线全流程的跨境电子商务是未来的发展趋势，但今后几年，跨境电商B2B模式仍将以信息撮合和信息化服务为主。

发展跨境电子商务的意义

发展跨境电子商务不仅可以带动中国对外贸易和国民经济增长，还可以促进中国经济转型升级，培育新的外贸竞争优势。在促进中国经济转型升级、培育新的外贸竞争优势方面，发展跨境电子商务可以发挥三方面的重要作用：

第一，发展跨境电子商务有助于推动中国企业适应国际客户需求和竞争环境，使其更加充分、更加及时地了解国际市场的发展动态并快速捕捉和响应客户需求，不断增强产品创新能力，提升"中国制造"和"中国服务"的国际竞争力。

第二，发展跨境电子商务有助于促进中国外贸行业转型升级。2008年国际金融危机爆发以来，海外进口商倾向于将大额采购转变为中小额采购，将长期采购转变为短期采购，传统外贸集装箱式的大额交易逐渐被小批量、多频次的"碎片式"进出口贸易取代。中国外贸企业通过发展跨境电子商务，拓展和深化电子商务应用，能够适应国际市场这种新的发展趋势。

第三，发展跨境电子商务有助于培育中国企业的品牌。跨境电子商务减少了中间环节，使大量中国企业走向前台，掌握销售渠道，发展自主品牌，直接连接外贸企业与终端客户，改变了OEM贴牌加工模式，为提高品牌知名度和美誉度创造了更好的机会和途径，尤其是给一些"小而美"的中小企业创造了新的发展空间。

中国跨境电子商务的发展趋势与相关政策建议

逐步建立适应跨境电子商务发展特点的政策体系和监管体系

为支持跨境电子商务这一新型业态发展，中国海关总署不断优化通关监管模式，从2012年开始选择条件成熟的城市开展试点，争取建立新型跨境贸易电子商务监管模式。2013年8月，国务院办公厅转发由商务部会同国家发展和改革委员会、财政部、中国人民银行、海关总署等九个部门共同研究制定的《关于实施支持跨境电子商务零售出口有关政策的意见》(国务院办公厅，2013)，推出六大支持政策，包括：建立电子商务出口新型海关监管模式并进行专项统计，建立电子商务出口检验监管模式，支持电子商务出口企业正常收结汇，鼓励银行机构和支付机构为跨境电子商务提供支付服务，实施适应电子商务出口的税收政策，建立电子商务出口信用体系。上海、重庆、杭州、宁波、郑州、广州、深圳等跨境电子商务试点城市因地制宜，积极有效推进有关试点示范工作。此后，2014年7月，海关总署（2014a，2014b）出台《关于跨境贸易电子商务进出境货物、物品有关监管事宜的公告》和《关于增列海关监管方式代码的公告》，认可了业内通行的保税进口模式；2015年1月，国家外汇管理局将跨境电商单笔交易金额上限自1万美元提高至5万美元；2015年3月，国家质量监督检验检疫总局出台《关于深化检验检疫监管模式改革，支持自贸试验区发展的意见》(质检总局，2015)，支持跨境电商发展。

在前期试点和探索的基础上，2015年6月16日，国务院印发《关于促进跨境电子商务健康快速发展的指导意见》(国务院，2015)，着力解决制约跨境电子商务发展的突出问题，优化跨境电子商务海关进出口通关作业流程，完善检验检疫监管政策措施，提供积极财政金融支持，努力实现跨境电子商务在发展中逐步规范、在规范中健康发展。国务院还要求加强部门间沟通协作和相关政策衔接，全力推动中国（杭州）跨境电子商务综合试验区和海峡两岸电子商务经济合作实验区建设，及时总结经验，适时扩大试点。

2016年4月8日，中国有关政府部门出台了跨境电商税收新政，旨在维护全国税收政策的统一性，减少国家进口税款流失，营造公平竞争的市场环境。跨境电商税收新政在上海等十个跨境电子商务试点城市暂缓一年执行，它对非试点城市跨境电商进口产生了较大冲击，特别是对以保税备货为主要模式的B2C企业冲击较大。因跨境电商有别于传统贸易，建议中国有关政府部门今后继续完善针对跨境电商的税收政策，促进跨境电商的健康、可持续发展。

不断优化跨境电子商务的发展环境

跨境网络零售呈现出小金额、多批次、高频率的交易特征。跨境网络零售的商品大量采用航空小包、邮寄、快递等方式运送，传统的贸易通关方式并不适应跨境网络零售的特点。中国大多数小企业没有进出口经营权，跨境网络零售又没有报关单，结汇、退税等都难以操作（来有为、王开前，2014；来有为、王开前、李广乾，2014a）。根据以零散邮寄方式向境外邮寄货品的情况，为了便利结汇，国家外汇管理局2015年在浙江和福建进行试点，允许以商业单据代替报关单作为结汇的依据，取得了比较好的效果。今后，在上海、重庆、杭州、宁波、郑州、广州、深圳等试点城市取得的经验的基础上，要建立起由海关、检验检疫、商务、工商、外汇等相关职能部门共同参与的良好协调沟通机制，大力推进体制机制改革和政策创新，继续优化通关、支付、物流、结汇等方面的服务支撑体系，进一步提高商检、清关、物流效率，降低跨境电商的运营成本。同时，要健全跨境电商入境消费品检验检疫监管机制，提升检验检疫服务效能，争取实现对跨境电商入境消费品"源头可追溯、过程可监控、流向可追踪"的有效监管，降低跨境电商的质量安全风险，保护消费者权益。

跨境电子商务主要依靠空运和海运，目前中国国际航空货物转运中心布局在上海、北京、广州等一线城市，海运则集中在沿海地区。中国的制造加工企业已逐步向内陆和二三线城市转移，虽然这些地区在周边大航空转运中心的辐射范围内，但受海关关区和行政管辖权等方面的限制无法实现无缝对接，因此，今后要在各个试验试点区尝试建立跨境电商监管区域与出境口岸的快捷联动通道，进一步优化通关流程，加快通关速度。

另外，中国跨境网络零售庞大的目标客户群都在海外，电商企业在跨境交易过程中也遇到了一些实际问题，如俄罗斯海关清关时间过长，经常出现货物丢失等（来有为、王开前、李广乾，

2014b）。2014年，中国哈尔滨市积极与俄罗斯叶卡捷琳堡市对接协调，叶卡捷琳堡市为中俄跨境包裹设立的作业线每天24小时清关，极大地提高了清关效率。2015年4月8日，中俄跨境电商通关服务平台在绥芬河市正式开通，实现了对俄电商平台、电商企业、物流企业操作系统与海关总署电子口岸的系统对接，采用"清单核放、汇总申报"监管方式办理通关手续，海关在线实时监控，实现中俄跨境贸易互通阳光化（马晓成和王晨笛，2015）。

目前各国对跨境电子商务的配套政策、标准规范、监管模式尚处于探索阶段，缺乏有效的国际合作机制。2016年7月，二十国集团（G20）贸易部长会议批准了《G20全球贸易增长战略》（G20，2016），《G20全球贸易增长战略》将"促进电子商务"列为合作支柱之一，适应了全球经济贸易发展的新趋势，这将为建立健全跨境电子商务国际合作机制、加强政策协调、搭建全球电子商务合作平台、推进跨境电子商务便利化创造必要条件。今后中国商务部、海关总署等部门要继续与相关国家推进跨境电子商务规则、条约的研究和制定工作，与各国一道建立健全跨境电子商务国际合作机制，不断优化跨境电子商务的发展环境。

促进跨境电子商务直购进口、保税备货、闪购等新业态发展

近几年，国内消费者一般采取代购或转运公司转运的方式海淘商品，商品真伪、质量、售后等均无法充分保障。2015年，青岛、广州、南京、厦门等城市开通了跨境电子商务直购进口业务。"直购进口"接近于"海淘"概念。中国国内消费者在跨境电商网

站订购境外商品,企业将电子订单、支付凭证、电子运单等实时传输给海关,随后在海外将商品打包,以海运、空运、邮递等方式直接运输进境,通过电商交易平台和海关通关管理系统对订单、支付、运单等进行信息申报,并按税率缴纳关税,实现快速通关。与传统"海淘"相比,跨境电商直购进口税费信息透明、通关时间短,并且购买平台均经合法注册备案,商品的质量、售后等得到了保障。通过直购进口模式,消费者从下单到收货的时间大大缩短,运输成本大幅降低。山东青岛海关开通的跨境电商"直购进口"通道采用"自动申报、自动审结、货到放行、汇总征税"模式,减轻了物流企业逐票手工申报和缴纳税款的烦琐手续,实现了跨境网购全过程电子化、高效化(侯云龙,2015)。而山东青岛海关在青岛、威海开通的中韩海运跨境电商通道,充分利用了山东半岛地区与韩国间的地域优势和产业互补,运输成本低,通关效率高,实现了跨境电商商品"空运的速度、海运的价格"。

杭州跨境电商试验区 2015 年推出了保税备货模式,商家将热门商品提前备货到保税仓库。由于保税仓系统平台上协同对接了海关、商检等部门,订单产生后根据前置信息可以迅速地完成清关环节,正常情况下通关过程在 1 小时之内即可完成。2015 年 8 月,浙江宁波海关正式启动跨境贸易电子商务"一般进口"(跨境直购)模式(杜海涛,2015)。该模式允许特定商品在进口前完成海关备案手续,消费者购买商品后,海关给予跨境商品相应的通关便利。这些货物到达宁波后,24 小时以内就能通关。上海虹桥机场海关于 2015 年 8 月试点启动跨境电商直邮业务(陈君言和张裕麒,2015)。为了保障消费者享受直邮网购的便利,上海海关推出多项举措，包括开通直邮绿色通道，允许直邮进口商品采取提前申报模式进境，对于进入绿色低风险通道的海外电商平台商品实时验放，等等。

2015年，天猫国际积极开展跨境进口模式创新，吸引海外品牌方直接入驻平台，保证了消费者长期享受多品类、多品牌的全球直供、全球直采、全球同价。亚马逊中国上线"全球购·闪购"项目，甄选海外购中的畅销单品，预先进口备货至保税仓或香港仓，并通过中国国内物流直接发运，平均三天可送达买家手中。闪购类似于保税仓模式，唯品会、京东、聚美优品等国内电商企业都已开展此业务。未来，有关部门应继续开展政策创新，促进跨境电子商务直购进口、保税备货、闪购等新业态发展，满足消费者的个性化需求并继续提高中国跨境电子商务的发展质量。

提升中国跨境电子商务服务业的发展水平和国际竞争力

跨境电商实现"买全球""卖全球"，需要跨境电子商务服务业提供有效支撑。跨境电子商务服务业为跨境电子商务应用提供各种专业服务，包括交易平台服务以及物流配送、电子支付等几个大类。

跨境电子商务服务业的第一个大类是跨境电子商务的交易平台服务，阿里巴巴、敦煌网、环球资源、中国制造网、环球市场集团、兰亭集势、苏宁、亚马逊中国、聚美优品、大龙网等电商平台企业占据了中国跨境电子商务比较大的市场份额。天猫国际是阿里巴巴专门供国外商家销售产品到国内的平台，开展跨境B2B业务和跨境B2C业务。全球速卖通是阿里巴巴另一个跨境电商平台，它以小额批发类为主，帮助中国的中小企业把产品销售到全球。全球速卖通于2010年4月上线，2014年已经覆盖220多个国家，每天海外买家的流量超过5000万。敦煌网将自身定位为"B2B在线交易及供应链服务平台"（来有为和王开前，2014）。敦煌网以交易服务为核心，提供整合信息、支付、物流推荐、竞价排名、免费翻译等全程交易服务，并在交易完成之后向买方收取一定比例的佣金。敦煌网"为成功付费"的模式打破了传统电子商务"会员收费"的经营模式。2013年，敦煌网推出了外贸开放平台，借此发展外贸B2B的"中大额"交易，吸引大中型制造企业开展线上交易（来有为和王开前，2014；来有为、王开前和李广乾，2014a）。

目前，跨境电子商务交易平台仍然是投资和发展的热点，中国国内众多电商公司纷纷推出国际板块和全球购的服务项目。2015年年初，网易公司上线"考拉海购"，顺丰速运上线"顺丰海淘"。2015年4月，京东商城推出了"京东全球购"。此外，一些地方政府和综合保税区、产业园区搭建了具有公益性质的跨境电商综合服务平台。2015年8月，浙江省义乌市跨境电商综合服务平台"义网通"正式上线。该综合服务平台与各大电商、供货商、网购平台、物流企业、支付企业、金融企业、代理企业及国际机构实现互联互通、数据交换，形成覆盖义乌出口跨境通关、进口跨境通关、保税进口通关、国际快件通关、铁路快运通关等多式联运立体模式的跨境电商通关服务网络。

展望中国跨境电子商务交易平台的发展趋势，今后要做好以下三方面工作：一是立足于长远发展，保证产品质量，加强品牌建设,提升市场拓展和客户服务能力;二是加强海外布局,具备条件的企业将在国外建设或租赁更多的海外仓,完善物流与售后服务,降低企业的物流成本,缩短订单周期;三是向国际一流服务商看齐,开展规范化经营,提升服务品质,探索跨境电子商务切实可行的交易模式。

跨境电子商务服务业的第二个大类是物流快递服务。在跨境电子商务的带动下,近年来中国跨境包裹数量持续快速增长。联邦快递(FedEx)、联合包裹(UPS)、敦豪速递(DHL)、天地快运(TNT)、德迅(KN)等国际物流快递公司是跨境包裹的主要承运商。除快递公司外,还有马士基、中远、中海等海运公司可供选择。中国邮政速递物流、顺丰速运、中外运、韵达快递、中通快递等国内企业积极拓展跨境物流快递业务,取得了一定的突破(来有为和王开前,2014;来有为、王开前和李广乾,2014a)。

中国邮政速递物流积极开展跨境物流快递业务,针对跨境电商市场不同的寄递需求,推出了e邮宝、e特快、e速宝等产品,同时还推出了中邮海外仓(跨境电商出口)和中邮海外购(跨境电商进口)一站式综合物流解决方案。e邮宝是中国邮政速递物流为适应跨境电商轻小件物品寄递需要推出的经济型国际速递业务,利用邮政渠道清关,进入合作邮政轻小件网络投递。e邮宝经济实惠,在正常情况下7—10个工作日即可完成妥投。目前,e邮宝已经开通了美国、俄罗斯、英国、澳大利亚、巴西等11条空邮产品路线。

自2014年开始,顺丰速运加速全球化布局,为电商卖家提供跨境物流服务(顺丰国际,2015)。面向有直邮需求的出口卖家,顺丰依托目的国的网络资源和清关系统推出国际小包服务，如美国小包、欧洲小包、澳洲小包、俄罗斯小包等，基本采取"航班直飞+本土化派送"的方式，帮助卖家货通全球。顺丰在业内率先做出"先行赔付"的承诺，如果发生货件遗失，顺丰承诺在8个工作日内完成赔付。面向销售高价值商品、对物流时效要求更高的客户，顺丰提供专递服务。在进口方面，顺丰推出包括直邮、保税两种模式的"全球顺"服务。2015年7月，顺丰开通了首条跨境全货机航线。此外，顺丰计划建立20个全球仓，覆盖4个主要目标市场。2015年上半年，顺丰东欧仓已经启用，向中国国内发往俄罗斯及东欧、北欧的跨境电商卖家开放仓配一体化服务。

目前，中国邮政、顺丰速运等国内企业在国际覆盖范围、物流配送效率、物流信息采集等方面与国际物流快递公司相比还存在较大差距。物流快递仍是中国发展跨境电子商务面临的主要瓶颈。今后要鼓励和支持中国国内物流快递企业的国际化发展，拓展中国国内物流快递企业的国际服务网络，提高物流配送效率，力求为客户量身打造仓配一体的一站式物流供应链服务。同时，可制定跨境物流配送企业服务质量标准，促进跨境物流配送企业提质增效。

跨境电子商务服务业的第三个大类是支付服务。目前，在跨境电子商务领域，银行转账、信用卡、第三方支付等多种支付方式并存。跨境电子商务B2B目前主要以传统线下模式完成交易，支付方式主要是信用证和银行转账。跨境电子商务B2C主要使用线上支付方式完成交易，第三方支付工具得到了广泛应用。

在除中国之外的全球市场，美国的第三方支付系统贝宝

（PayPal）是规模最大的在线支付工具。贝宝支持100多种货币支付，覆盖全球203个国家和地区，拥有超过1.69亿的活跃客户。作为美国公司，贝宝无法在中国大陆开展本地支付，但为中国跨境电商提供外币在线支付服务已有多年。随着中国跨境电商的崛起，贝宝与越来越多的中国国内跨境电商平台开展合作，并携手中国银联打通中国国内银行卡（包括借记卡），还将为中国商户正式推出B2B2C跨境电商解决方案（滑明飞，2015）。

中国一批优秀的第三方支付本土企业，比如支付宝、财付通和银联电子支付，已获得跨境电子商务外汇支付业务试点资格、跨境人民币支付业务试点资格、跨境汇款业务试点资格等跨境支付业务试点资格，陆续进军跨境支付领域，致力于提供高效、便捷、安全的跨境网络支付服务。它们可以通过银行为小额电子商务交易双方提供跨境互联网支付（包括单笔交易不超过5万美元的货物贸易和留学教育、航空机票、酒店住宿等服务贸易）所涉及的外汇资金集中收付及相关结售汇服务。总体而言，中国的第三方支付本土企业尽管发展速度很快，但目前尚不具备国际竞争力。中国政府有关部门今后应继续推进金融创新，在风险可控的前提下进一步扩大第三方支付本土企业的支付限额，引导和支持中国国内金融机构特别是支付企业"走出去"，逐步完善跨境电子支付体系，有效满足境内外企业及个人跨境电子支付的合理需求，助推跨境电子商务发展。

参考文献

陈君言和张裕麒（2015）："上海虹桥机场海关启动跨境电商直邮业务试点",《科技日报》,8月17日。

杜海涛（2015）："宁波海关启动跨境电商直购监管模式",《人民日报》,8月26日。

中华人民共和国国务院（2015）:《关于促进跨境电子商务健康快速发展的指导意见》,http://www.gov.cn/zhengce/content/2015-06/20/content_9955.htm。

国务院办公厅（2013）:《关于实施支持跨境电子商务零售出口有关政策的意见》,商务部网站,9月2日。

海关总署（2014a）:《关于跨境贸易电子商务进出境货物、物品有关监管事宜的公告》,http://www.customs.gov.cn/customs/302249/302266/302267/356122/index.html。

海关总署（2014b）:《关于增列海关监管方式代码的公告》,http://www.customs.gov.cn/customs/302249/302266/302267/356123/index.html。

滑明飞（2015）："Paypal独立上市押注跨境电商",《21世纪经济报道》,7月22日。

侯云龙（2015）："跨境电商试点热潮涌动瓶颈待破",《经济参考报》,5月15日。

来有为和王开前（2014）："中国跨境电子商务发展形态、障碍性因素及其下一步",《改革》,第5期。

来有为、王开前和李广乾（2014a）："我国跨境电子商务的发展形态和发展状况",《中国经济时报》,6月17日。

来有为、王开前和李广乾（2014b）："我国跨境电子商务面对的主要挑战与政策建议",《中国经济时报》,6月19日。

马晓成和王晨笛（2015）："中俄跨境电商通关服务平台开通",http://www.gov.cn/xinwen/2015-04/09/content_2844287.htm,4月9日。

顺丰国际（2015）："物流不应成跨境电商短板",www.gznet.com,8月20日。

中国电子商务研究中心（2016）："2015年度中国电子商务市场数据监测报告"，www.100EC.cn，5月17日。

质检总局（2015）：《关于深化检验检疫监管模式改革，支持自贸区发展的意见》，http://zmqgs.mofcom.gov.cn/article/zgdwjjmywg/myl/201611/20161101991868.shtml。

G20.（2016）Strategy for Global Trade Growth, accessible at http://trade.ec.europa.eu/doclib/docs/2016/july/tradoc_154789.pdf.

12

工业化后期的中国经济增长新动力

赵昌文　许召元　朱鸿鸣

自 2011 年下半年以来,中国经济增速从以前的平均 10% 左右下降到 7% 左右的水平,经济社会发展进入了"新常态"。2012 年左右也正好是中国从工业化中期进入后期的转折点。工业化阶段的转变与经济发展"新常态"背后的经济规律本质上是一致的。新的发展阶段,将会带来经济结构多方面的调整,也会带来增长动力全方位的转换,经济管理体制需要适应这一转变,从而更好地培育增长新动力,促进经济结构的顺利转型。

工业化阶段的演变及其对制度环境的新要求

2012 年前后中国已经进入工业化后期的新阶段

所谓工业化是指一个经济体随着工业发展,人均收入和经济结构发生连续变化的过程,而不仅仅是工业部门本身的发展,目前一般把人均收入的增长和经济结构的转换作为工业化进程的主要标志（陈佳贵等，2006）。其中，人均GDP水平小于200美元（1964年不变价，下同）属于前工业化时期，200—400美元为工业化初期，400—800美元为工业化中期，800—1500美元为工业化后期，超过1500美元则进入后工业化时期。

根据中国人均GDP水平，并参考其他指标综合考虑（陈佳贵等，2006），改革开放以后的中国工业化进程可以划为以下几个阶段：第一阶段，前工业化时期（1978—1989年），人均GDP从不足39美元（按汇率现价计算）提高到接近200美元（1964年价格，按汇率和购买力平价加权平均计算）；第二阶段，工业化初期（1990—1999年），按加权平均的人均GDP大致从200美元增长到400美元；第三阶段，工业化中期（2000—2011年），加权平均人均GDP从400美元提高到900美元。

2012年前后是中国进入工业化后期的重要转折点。从人均GDP水平看，2012年中国人均GDP达到6276美元（现价），按汇率法折算的1964年不变价也达到688美元的水平，按汇率-购买力平价加权平均计算的人均GDP已经超过900美元。从产业结构看，2012年中国第二产业比重下降到45.0%，自上世纪50年代以来，首次低于服务业比重（45.5%），出现了历史上没有过的转折性变化。从主导产业的变化看，2012年以来不少重化工业产品出现了产能过剩现象，产量增长接近峰值或进入平台期，经济增长的主导产业开始转向高技术制造业和服务业。

进入工业化后期，企业发展的制度环境需要相应转变

不同工业化阶段的主导产业有不同特征，具体而言：前工业化阶段，农业是经济增长的主导产业；工业化初期，纺织、服装等轻工业比重较高，成为经济增长的主导产业；工业化中期，主导产业是资本密集型的重化工业，如能源、钢铁、水泥、电力等；工业化后期，主导产业是以汽车、装备制造等为代表的高加工度制造业以及生产性服务业；后工业化阶段，主导产业主要是服务业。从整个工业化进程看，经济增长的主要动力呈现出农业→纺织、服装等轻工业→能源、原材料工业（资本密集型行业）→高加工度制造业（技术密集型行业）→服务业的变化轨迹。

不同的主导产业要求不同的增长模式，不同增长模式要求不同的制度环境。轻工业和重化工业的特点是高度规模扩张型的，其增长模式主要是外延式扩大再生产。而高加工度制造业和生产性服务业将更多依靠技术创新而不是要素驱动，或者说这些行业必然要走内涵式增长模式。不同的增长模式对制度环境的要求也不一样，比如规模扩张模式要求政府和社会能优先为企业提供足够的土地、资金和人力等资源，而内涵式扩张模式更需要一个高度开放、统一公平、竞争有序和激励创新的制度环境。

从供给角度看，工业化后期经济增长的新动力主要在于效率提升

根据经济增长理论，在长期里生产决定消费，而生产能力扩

大的根本动力在于要素投入增长和生产技术（生产效率）提升。

从要素投入的角度看，中国在进入工业化后期以前资本积累和效率提高是主要的增长力量，劳动增长的贡献随着工业化推进呈下降趋势

与世界其他国家相比，中国的物质资本积累速度要快得多，资本积累对经济增长的贡献也较大。1978—2000年，资本积累对增长的贡献在50%—66%，2000年以后，资本的贡献有进一步提高趋势，2006—2011年，高达72.2%（见表12.1）。

表12.1　从供给角度看经济增长动力的变化（%）

时期	工业化阶段	GDP增速	资本增长贡献	劳动增长贡献	TFP增长贡献
1978—1984	前工业化时期	9.3	59.2	14.2	26.6
1985—1989		9.8	50.7	13.3	36.0
1990—1994	工业化初期	10.9	52.9	9.1	37.9
1995—1999		9.1	65.9	5.7	28.4
2000—2005	工业化中期	9.5	66.1	4.7	29.3
2006—2011		10.9	72.2	2.3	25.5
2012—2013	工业化后期	7.7	104.6	1.9	-6.5

资料来源：作者根据Penn World Table第8版数据计算。

与此同时，劳动力数量增长对经济的贡献则呈明显减少的趋势。1978—1989年，就业对经济增长的贡献为13.3%—14.2%，

20 世纪 90 年代在 5.0%—10%，但 2000 年以后明显下降，2006—2011 年为 2.3%。

除了资本和劳动的贡献外，生产效率提高对经济增长的贡献也很大。1978—2011 年，全要素生产率的提高对经济增长的贡献在 25%—40%，总体占了 1/5 以上的水平。

进入工业化后期，劳动力数量增长的贡献将进一步下降，资本积累的贡献也有降低的内在要求

中国劳动年龄人口已经进入下降阶段，劳动力数量对经济增长的贡献将进一步下降甚至负增长。按照国家统计局统计，2012 年中国 15—59 岁的劳动年龄人口为 93727 万，比 2011 年年末减少 345 万，2013 年进一步减少 227 万。根据人力模型预测，"十三五"期间劳动年龄人口还将平均每年减少 200 万左右。

新增资本产出比（Incremental Capital-Output Ratio，ICOR）显著提高，投资效率严重降低，投资对经济增长的贡献有下降的内在要求。虽然通过加快投资可以提高经济增长速度，但也可能带来投资效率的大幅度下降。新增资本产出比是每增加一单位 GDP 所需要增加的投资额，是衡量增长效率的一个直观指标。根据测算，2005 年，每新增一个单位 GDP，需要增加投资 2.4 元，2008 年提升至 2.9 元，2009 年进一步攀升至 3.6 元，2014 年新增资本产出比已经上升到 4.3 的较高水平。

从要素供给角度看，工业化后期的增长新动力主要在于要素质量提升、资源优化配置和创新驱动

由于中国劳动力数量对增长的贡献很快将变为负值，投资也

有内在下降的趋势,今后的增长新动力主要在于通过各方面措施提高生产效率。

提高人力资本质量。虽然劳动力数量将持续减少,中国的劳动力受教育程度仍有较大提高空间。通过加强职业技能教育、推进高等教育体制改革,都可以显著提高人力资本质量水平,从而提高劳动生产率。

通过改革促进要素优化配置。要素优化配置可以极大地提高生产率,例如谢和克莱诺(Hsieh and Klenow,2009)发现,如果要素可以自由流动,实现优化配置(达到美国的配置效率),那么中国制造业的TFP可以提高30%—50%。优化要素的配置可分为多个层面,在产业层面主要是推进垄断行业改革,在企业层面主要是推动国有企业改革,在要素层面还要推进公共资源配置的市场化。

加强研发和互联网大数据等新技术应用促进创新驱动。2014年中国研发投入占GDP比重提升到2.09%,但与其他国家相比仍有不小差距:2013年OECD国家平均值为2.4%,其中德国、日本、韩国和美国分别为2.9%、3.5%、4.2%和2.8%。除了研发投入以外,通过加强政府、大学、研发机构和企业在促进创新方面的分工与协作,构建良好的创新生态环境,也有利于创新发展。另外,通过应用互联网和大数据,可以大幅度提高很多行业的生产效率,近年来我国在物流、电子商务、出租车等领域已经取得明显进展。

从需求的角度看,增长的新动力主要在于居民消费增长

在短期内,全社会生产能力已经形成,而且多数行业都存在一定的过剩生产能力,因而社会总需求的扩张是推动经济增长的直接动力。

进入工业化后期以前,投资、消费和出口都对经济增长起了重要贡献

从表12.2可以看出,1981—1999年,消费是我国经济增长的主要动力,每年拉动经济增长4.2—7.1个百分点;进入工业化中期后,消费对经济增长的贡献有所降低,每年拉动经济增长降至3.2—3.7个百分点。

表12.2 从总需求结构看经济增长动力的变化(%)

时期	工业化阶段	GDP增速	拉动值		
			最终消费	资本形成	出口
1981—1984	前工业化时期	10.0	7.1	1.6	1.3
1985—1989		9.9	4.2	4.3	1.4
1990—1994	工业化初期	10.9	4.9	2.5	3.5
1995—1999		9.1	4.8	3.2	1.1
2000—2005	工业化中期	9.5	3.2	2.7	3.7
2006—2011		11.0	3.7	4.6	2.7
2012—2013	工业化后期	7.7	3.6	3.6	0.5

资料来源:作者计算,基础数据来源于《中国统计年鉴2014》。

投资对经济增长的贡献总体有上升的趋势。1981—1984年资本形成每年拉动经济增长仅1.6个百分点；此后则显著增加，特别是2006—2011年，平均每年拉动经济增长达4.6个百分点。

作为一个制造业大国，出口对中国的经济增长起到了重要的作用。1981—1989年出口平均每年拉动经济增长仅1.3—1.4个百分点；进入工业化初期这一速度迅速提高，1990—1994年，达到3.5%；到了工业化中期，也就是中国加入WTO以后，出口对经济增长的贡献进一步增加，2000—2005年每年拉动经济3.7个百分点。

新阶段的需求增长新动力将主要在于居民消费

进入工业化后期，虽然工业升级改造、节能生态环保和生产性服务业等领域仍有较大投资需求，但总体看投资增长的潜力已经大幅度下降。从房地产投资看，目前除一线城市外，二三四线城市，特别是不少三四线城市，已经面临大量的房地产库存。国务院发展研究中心课题组预计，"十三五"期间的房地产投资增速仅为年均5%左右（许伟，2014）。从基础设施投资看，经过多年的快速增长，我国不少基础设施领域已经达到相当发达的水平，未来十年中国的基础设施投资增速也将降至个位数水平（邵挺，2014）。从制造业投资看，一方面出口和房地产增长下滑将相应带动制造业投资减速，另一方面由于不少重化工业甚至包括一些新兴产业，面临化解产能过剩矛盾的压力，预计"十三五"以至更长时期制造业投资也将保持低速增长。

传统比较优势弱化，出口快速增长的空间已经较小。改革开放以后，特别是加入 WTO 以后，中国出口取得了快速增长。1981—2011 年，出口平均增速多在 15% 以上。但是，受金融危机后世界经济复苏乏力、传统比较优势弱化和国际市场竞争加剧等因素的影响，自 2012 年以来，出口已连续三年维持个位数增长，特别是 2014 年出口增长率仅达到 6.1%。预计"十三五"期间虽然出口有利因素多于不利因素，但重现高速增长的可能性很小，估计全国货物出口增速将维持在 2014 年 6% 左右的水平。

与投资和出口的发展趋势不同，随着中国进入上中等收入社会，居民消费有望进入新的快速发展期。目前中国居民消费正加快从温饱型向发展型和享受型转变。高收入居民的消费具有"先导型"的特点，对文化娱乐、医疗保健、旅游休闲以及培训教育等服务性消费的需求将明显增长。而且，其对于中等收入、低收入居民具有较强的示范效应，并会促进消费观念、消费偏好以及消费方式不断更新。另外，以"互联网+"为代表的新一轮技术革命将推动新的产业链及消费需求的形成，而电子商务等新型消费模式的兴起正有力地改善消费环境，提升消费意愿。

培育新动力的关键是政府行为模式的深刻重塑

随着中国进入工业化后期，企业发展模式也将从重化工业时期的要素投入驱动为主向创新驱动为主转变，经济增长将更多依靠生产率提升，更多依靠居民消费增长。要适应这三个方面的转变，培育新常态下的增长新动力，要求政府和企业顺应发展阶段的新要求，进行相应的改革和调整。由于企业的行为更多受发展的制度和政策环境所影响,因此,培育经济增长新动力更主要在于政府进一步深化改革,重塑行为模式,提升治理能力。

从生产型政府向服务型政府转变,特别是地方政府要从政策优惠竞争转移到营商环境竞争,形成有利于新动力培育的国家治理体系。随着主导产业的转变,过去地方政府通过优惠政策招商引资,依靠规模扩张和要素投入驱动的模式已经不适应新的要求。而经济发展对政府服务的需求不断增加,这需要政府的职能和工作重心进行相应调整,实现向服务型政府的转变。

全面深化改革,着力建立一个统一开放、公平竞争、有助于引导和激励创新的市场体系。市场是新动力培育最重要的土壤,在一个自由、创新和公正的市场环境下,高效率、有生命力的企业必然会脱颖而出,快速发展。

塑造有利于居民消费发展的体制机制。为了使居民消费的作用得到充分发挥,需要通过加快医疗、教育改革和完善社会保障体系,降低居民支出的不确定性;通过进一步采取各种新技术,降低不合理成本和总体价格水平,提高消费能力;通过加强产品质量监管、打击假冒伪劣、防范价格欺诈和维护消费者权益,提高居民消费信心。

防范四大风险,保持宏观经济基本稳定。新动力的培育需要有一个基本稳定的宏观经济环境,当前要通过优化金融生态环境,实施逆周期监管等手段避免信用过度紧缩的危险;要在降低隐性赤字率的同时相应提高显性赤字率,避免财政政策力度不足的风险;要建立防范和化解产能过剩的长效机制,防范产能过剩矛盾扩大的风险;要从稳定社会预期,引导住房回归居住本质、实施中性住房金融政策等方面着手,防范房地产市场大幅波动的风险。

参考文献

陈佳贵、黄群慧和钟宏武(2006):"中国地区工业化进程的综合评价和特征分析",《经济研究》第6期。

邵挺(2014):"基础设施:释放改革红利 推进区域均衡发展",载于刘世锦主编:《中国经济增长十年展望2014—2023》,中信出版社。

许伟(2014):"城镇住房:年度需求接近峰值 区域结构出现分化",载于刘世锦主编:《中国经济增长十年展望2014—2023》,中信出版社。

Hsieh, Chang-Tai and Peter Klenow. (2009) Misallocation and Manufacturing TFP in China and India. *The Quarterly Journal of Economics* 124(4): 1403-1448.

PART FOUR
第四部分

金融

13

进入深水区的中国金融改革需要推进关键性突破

张承惠

党的十八届三中全会以来,中国金融领域推出了许多改革措施,例如,利率市场化,通过上海自贸区扩大对外开放和简政放权,股票IPO注册制将要推出,政策性银行改革方案出台,积极推进保险市场发展和配套改革,等等。尽管如此,仍有一些体制的深层问题尚未触及,使得改革措施效果不够彰显,金融服务的改善程度远远不能满足结构调整的需要。

中国金融改革的深层问题

如何重塑政府管理金融的行为模式

这个问题是所有制度问题的核心,其实质是如何调整政府和金融市场的关系,以及中央政府和地方政府之间如何实现利益再分配。毋庸讳言，政府作为金融市场主体之一，并不能超然于金融市场之外而仅仅作为中立的第三方管理金融市场。事实上，在金融市场上政府已经成为实实在在的利益主体。政府在金融领域的利益主要通过三个层面表现出来：一是通过对金融机构和金融市场的控制（包括股权控制和非股权控制），影响金融资源的初次分配和再分配，使资金流入政府支持的领域、行业和企业；二是通过对金融交易活动施加影响（例如，为金融商品提供隐性担保，尽量帮助金融机构避免经营失败），保持金融的稳定乃至经济和社会的稳定，减少政府为应对风险而必须支出的财政成本，特别是在国有资本控制了大部分主要金融机构的情况下更应如此；三是通过深度介入金融活动，管理金融的职能部门得以扩张自己的职能范围，并实现利益输送。

由于利益巨大，政府（包括中央政府和地方政府）往往并不愿意将本应属于市场的职能交还给市场。"使市场在资源配置中起决定性作用和更好发挥政府作用"，说易行难。政府干预金融活动和金融市场的具体表现形式多种多样。例如，以金融属国民经济重要部门、需要保持控制力为由，继续掌控金融机构大部分股权并直接任命高管；以行政权力要求金融机构重点支持政府项目（这一点在地方政府层面表现更为突出，在经济增速下行、地方政府稳增长压力加大的情况下干预金融机构的现象还有所加剧）；金融管理部门直接设立和管理各类金融市场，甚至出现"为一个产品设立一个专营市场"的现象；设立各种各样、数量繁多的政府控制的基金；等等。从行为方式来看，政府官员更愿意采用行政性管制手段直接干预金融机构活动，因为简单、直接、见效快；而不愿间接引导和影响资源配置，因为通过市场机制反馈时间相对较长、寻租空间小。与近期中央政府大力推进简政放权相悖，一些金融管理部门不仅几乎没有下放权力，反而有进一步强化、细化行政管理的趋势。

如何推动主体金融机构深化改革

近年来，受到意识形态、既得利益群体等因素的影响，金融改革遇到了一定阻力。从近期一些改革措施看，其中隐含了"外围突破"的政策导向。例如，推动民营银行设立，对互联网金融发展持宽容态度，大力发展各种类金融机构，包括小贷公司、融资性担保公司、融资租赁公司、资本管理公司等。尽管外围突破策略对支持实体经济发展起到了一定作用，但仍然绕不过主体金融机构改革这道坎。其原因，一是这些新兴机构规模太小，不足以改变金融竞争大局。以民营银行为例，20亿元左右资本金的民营银行即便设立100家，其资产规模也不过两三千亿元，而目前银行业金融机构总资产已超过180万亿。显然，主体金融机构的竞争能力和风控能力仍是决定我国金融体系服务效率和风险程度的关键性因素；二是根据台湾地区的经验教训，过快放开民营银行的市场准入将导致银行数量过多、竞争过度，银行业利润下降，不良贷款率持续攀升。在本世纪早期阶段，为处置民营银行带来的金融风险，台湾地区金融监管当局承受了巨大压力。三是随着类金融机构种类和数量的大量增加，地方政府的金融监管压力不断加大。由于各地经济发展水平和政府治理能力不一，不同省份之间出现较大的监管差异，市场规则和监管力度的不统一很容易带来金融秩序紊乱和监管套利。现实中，近几年融资性担保公司、小贷公司等类金融机构违法违规经营案件频发，金融风险在一定程度上已经蔓延到正规金融体系。

从目前主体金融机构的问题看，突出表现在公司治理不规范、总部控制力和风控能力不足、市场竞争行为异化等方面。造成这些问题的外部原因是存在隐性担保和缺乏市场纪律约束，内部原因是国有股比重过高和行政权力对金融机构的过度干预。从公司治理存在的问题看，主要表现在以下几个方面：一是一股独大和内部人控制现象普遍存在，中小股东的制衡作用被削弱甚至消失。目前我国主体金融机构中，政府直接或间接持股的比重估计高达60%—70%。国有股占比过高加上国有资产的委托代理体系十分复杂、层级过多，导致委托人难以对代理人实施有效监管，并使得各个层级之间信息传递损耗和监管成本增加。二是董监事会制度不健全。一方面董监事的选拔往往不是基于金融机构市场化运作的考虑，大量非专业人员被塞入董事会、监事会；另一方面，董事长和总裁（行长）的关系不清。在很多机构，董事长不仅是股东利益在公司的最高代表，也掌控日常经营权力。由于董事会和董事长并没有真正掌握金融机构的决策权和任免经营层的管理权，为避免被架空，董事长不能不介入日常经营活动。最终董事长和总裁（行长）的关系演变成"董事长老大、总裁（行长）老二"，在相当程度上扭曲了委托代理关系。三是在公司高管层的选拔上非市场化因素过强。一方面金融机构总部的高管任命往往由政府决定（某些民营资本控股的金融机构如农信社，其省联社的高管也由政府任命），很多情况下是直接由政府官员调任委派；另一方面"高管"的定义过宽,商业银行分支行、保险公司分支公司管理层的任命也要经过相关部门及其派出机构的批准,金融机构总部的权力受到很大限制。最关键的问题是,用人上不能坚持商业化、市场评价的激励导向,而是越来越倾向于行政化。

如何重塑金融监管体制,建立更有效的协调机制

当前我国金融监管的模式已不能适应金融业快速发展的现实,甚至在某种程度上成为深化金融改革的障碍,这一点已经被多数理论工作者、政策研究者和金融业界认可。但是具体如何解决这个问题,却受到部门利益的巨大阻碍。形成"都认为需要改革,但都不认为自己要改""抽象改革不反对,具体改革不同意"的局面。其结果,一是带来监管空白,大量影子银行活动或者无人监管,或者由于各自设定标准(例如银行、证券、保险行业对理财产品的监管要求和力度均不一致),带来监管套利机会;二是带来重复监管和过度监管,在很大程度上增加了金融机构的运作成本。金融市场机构设置叠床架屋,金融市场分割,大大降低了金融运行效率。

另一方面,现有金融决策机制存在低效、碎片化的缺陷。同时存在各自为政、缺少配合的问题。例如,利率市场化需要汇率机制的配合,建立基准利率曲线需要国债政策配合,发展金融衍生品需要央行和金融监管部门配合,化解债务风险需要财政政策和货币政策更加协调,等等。但在现有体制下,这种配合困难重重。2013年8月成立的金融监管部际联席会议在防范化解金融风险、协调解决行业共性问题等方面发挥了一定作用,但问题仍然

突出：一是该制度只是建立了相关部委之间的协调议事机制而非决策机制，效率不高；二是该制度没有明确的职能定位和工作目标，权力责任不清。设在人民银行的联席会议办公室也非专职机构，只有1—2个人负责开会的具体事项；三是缺少外部人士（包括专家学者、行业协会、资深业界人士等）参与，难以呼应现实诉求和集思广益。

关于关键性突破的思考与建议

重塑政府金融管理行为模式

首先，要重塑政府的金融发展理念。金融发展理念包括价值观和技术两个层面。在价值观层面，要扭转"唯有政府直接掌控金融资源才会带来利益最大化"的旧意识，树立"只有建设高效的金融体系才能带来最大国家利益，而政府只有放手让市场机制发挥作用才能真正提升金融效率"的新理念。在技术层面，要改变过去几十年以数量的增长（如资产规模、金融机构的数量和种类）来衡量金融改革和发展的成效并以此为政策导向的做法，将金融发展质量的提升（如金融机构的国际竞争力、金融商品的定价权、国际金融市场规则的话语权）作为今后的政策取向，以充分发挥金融市场机制为目标，以是否建立起一套有广度、有深度、有弹性、有创造力的金融市场体系为评判标准，下决心调整政府的管理方式。

其次，要处理好经济发展、社会稳定和金融风险的关系。在我国金融发展过程中，既存在盲目发展而不顾风险的现象，也存在为了稳定而一味规避风险，害怕风险暴露的倾向（导致隐性担保普遍存在）。显然，这两种方式都会破坏市场规律，影响市场效率。如果将金融稳定理解为不出现风险事件，并动用行政力量避免风险暴露，用公共资源为金融机构的经营失误买单，势必会对金融市场竞争机制造成极大扭曲。有鉴于此，今后恐怕要从"守住不发生系统性、区域性金融风险的底线"的防守型思维，转向"用小震释放应力、主动化解风险，防止出现大震"的进取型思维，通过加快结构调整、促进金融机构优胜劣汰等措施，积极防范系统性金融风险。

再次，调整政府行为模式需要改变目前有关部门管得过多、过细、过严的做法，切实下放行政权力，简化办事程序，减少行政审批事项，将本应属于金融机构自身管理权限的管理权力还给金融机构，降低金融机构因行政管制而带来的成本。

从试点入手，深化主体金融机构改革，提升其市场竞争能力

本世纪前期四大国有商业银行的改革，实现了商业银行的股份化和上市，初步建立起商业化的绩效考核机制和风险管理体系。尽管改革取得了一定成效，但是前文所述的体制机制问题仍然普遍存在，严重影响了金融效率的提升。未来主体金融机构改革的方向应是进一步推进混合所有制，大幅度降低国有股比重和提升公司治理水平。理论上，要实现对一个企业的有效控制并不需要控股，国外成功运用的金股制度已经为我们提供了可资借鉴的经

验。①实践证明，对金融机构控股尽管有利于实现绝对控制，却无助于提升其效率，而在中国经济新常态下，金融机构的服务效率在相当程度上决定了转型的成败。

为稳妥推进主体金融机构改革，应选择一家大型银行进行全面商业化的改造试点。不久前国务院通过的交通银行混合所有制股改方案，已经开启了大型金融机构推进混合所有制的进程。但是改革过程仍面临很大挑战，如何减持国有股，如何将不必要的行政性干预降到最低，如何真正解决国有控股金融机构委托人层级多、定位不清、权限模糊等问题，如何消除经营层行为短期化、建立市场化的约束激励机制等，都是对改革勇气和技巧的考验。尤其要注意避免的是，将改革异化为片面增加银行职工的福利（如员工持股、更高的工资奖金）和过度追求短期商业利益，而对行政干预、公司治理、如何实现可持续发展等核心问题却避而不谈。对此，建议在试点方案的实施过程中增加中间评估环节，对试点进展和效果进行评价，以便及时解决问题和把握试点方向。

优化金融改革的决策机制，加强改革的协调性和配套性

金融体制改革是一项系统工程，除了需要好的顶层设计之外，还需要数年甚至更长时间坚持不懈的推进。将改革方案的起草和

---

① 金股是特别权利股的一种称谓。20世纪80年代，英国撒切尔政府对国有垄断企业实施民营化过程中，为使一些关系国计民生、国家安全的国有企业不完全失控，首创金股制度。即由政府或财政部持有价值1英镑的1股特别权益股，其余股份全部实行非国有化；特别权益股虽然只有1股，但赋予了政府对企业决策的特别否决权，如果公司管理层欲实施大规模并购，或者某个大股东决定出售、转让其股份，都要经过金股持有者的最终同意。

推进工作分别交由各个相关部门负责的做法,尽管可以提高决策效率,却可能带来碎片化和难于执行的后果。由于必然触动部门利益,一些关键性改革很难推进。加之下一步金融改革需要各个相关部门的密切配合,某项重要改革措施很容易因一两个部门的懈怠而受到牵制。

有鉴于此,建议参照京津冀协同发展领导小组模式,进一步完善现有评估机制,建立起一套更权威的、有更广泛参与度(包括非利益部门和专家学者、业界人士)的金融改革咨询、评价机制。这套机制不需要设立专门机构,但需要建立制度,包括专家队伍建设,明确目标和任务,定期举行会议并向深改小组提出报告等。凡是重要的金融改革措施,均应通过该机制进行预评估、中期评估和后评估。

与此同时,要分期对金融监管框架进行调整。当务之急是强化一行三会的信息沟通机制,统一各个部门统计信息的口径和格式,将定期交换信息作为一项制度确定下来。特别要建立紧急状态的信息沟通和协调机制;其次,应分步调整存在矛盾和冲突的职能,使一行三会进一步明确职能界限;再次,逐步从当前的机构监管为主转向功能监管为主,并在条件成熟时打破分业监管格局,重构监管架构。

总的来看,深化金融改革需要实质性和关键环节的突破,早下决心方可以获得主动性。另一方面,金融改革关系到金融基础设施、政府自律和他律、各部门之间的整合与协调、政策的精准性和处理事务的能力等多个方面。因此,深化金融改革的过程实际上也是提升国家治理能力的过程,需要将金融改革提升到国家战略的高度加以重视。

14

中国金融业的国际化

张丽平

金融国际化是中国融入全球化的重要组成部分。伴随着改革开放的不断推进,中国金融业的国际化水平不断提高,尤其是加入WTO后,在兑现承诺、国内金融市场化改革持续推进和经济实力快速提升过程中,金融领域对外资的市场准入限制大幅降低,中国金融机构"走出去"步伐加快,人民币国际化进程稳步推进。但是总体来看中国金融领域的国际化水平与其经济实力在国际经济中的地位还有不小的差距。目前,中国已经成为世界第二大经济体、第一大贸易国,在2014年成为资本净输出国。与之相对应的是境外资本在国内金融市场的参与程度不高,中国金融机构在国际金融市场利用整合资源的能力还较弱,人民币作为国际货币的功能还不完备。在经济步入新常态、社会迈向全面小康的特殊历史时期,中国迫切需要进一步增强金融实力,提升其在国际金融体系中的地位和影响力,通过世界市场拓展、全球资源配置、价值链跨国转移为成功实现国内经济转型升级提供保障。

外资进入中国金融领域的现状与问题

金融领域的开放不可避免地伴随着外部不确定因素的增加。出于金融风险防范考虑，中国政府对金融领域开放一直持谨慎态度，直至加入WTO。在加入WTO协定中，中国分别对银行业、证券业和保险业做出放宽市场准入承诺。具体承诺参见表14.1。

表14.1 中国金融领域入世的主要承诺

行业	具体承诺
银行业	①扩大外资银行外币业务范围：加入WTO时，外资银行可以立即向中资企业和中国居民全面提供外汇服务；允许外资银行在现有业务范围基础上增加外币兑换、同业拆借、外汇信用卡的发行、代理国外信用卡的发行等业务。 ②逐步扩大外资银行人民币业务范围：加入WTO后，允许外资银行在现有人民币业务范围基础上增加票据贴现、代理收付款项、提供保管箱业务；加入后五年内，取消所有地域限制，放宽对异地业务的限制，允许在一个城市获准经营人民币业务的外资银行向其他开放人民币业务的城市的客户提供服务；逐步取消人民币业务客户对象限制，加入后两年内，允许外资银行向中国企业办理人民币业务，加入后五年内，允许外资银行向所有中国客户提供服务。 ③有关经营网点和营业许可的开放：允许外资银行设立同城营业网点，审批条件与中资银行相同；坚持审慎原则发放营业许可，即在营业许可上没有经济需求测试或者数量限制；加入后五年内，取消所有现存的对外资银行所有权、经营和设立形式，包括对分支机构和许可证发放进行限制的非审慎性措施。 ④开放金融租赁服务：经审批，即允许外资金融租赁公司按照与中资金融租赁公司相同的条件，提供金融租赁服务。 ⑤汽车金融服务开放：中国对以境外消费和商业存在形式进行的非金融机构汽车消费信贷在市场准入和国民待遇上均没有限制。

续表

行业	具体承诺
证券业	①加入时，对跨境提供和境外消费的服务没有限制；外国证券机构可以（不通过中方中介）直接从事B股交易；外国证券机构驻华代表处可以成为所有中国证券交易所的特别会员；允许外国服务提供者设立合营公司，从事国内证券投资基金管理业务，外资比例可以达到33%；中国金融服务业营业许可的发放条件完全是审慎性的（即没有经济需求测试或数量限制）。 ②加入后三年内，从事国内证券投资基金管理业务的中外合营公司中，外资比例可以达到49%；允许外国证券公司设立合营公司，外资比例不超过1/3；合营公司可以（不通过中方中介）从事以下业务：A股的承销，B股和H股、政府和公司债券的承销和交易，基金的发起。
保险业	①关于商业存在形式的承诺：加入时，允许外国非寿险公司在华设立分公司或合资公司，合资公司外资比例可以达到51%；加入后两年内，允许外国非寿险公司设立独资子公司，即没有企业设立形式限制。加入时，允许外国寿险公司在华设立合资公司，外资比例不超过50%，外方可以自由选择合资伙伴。允许所有保险公司按地域限制放开的时间表，设立国内分支机构。加入时，申请设立保险经纪公司的年末总资产要求为5亿美元，以后每年减少1亿美元，直至加入后四年内，降低到2亿美元；加入后五年内，允许设立独资保险经纪公司。 ②关于地域开放的承诺：加入时，允许外国寿险公司和非寿险公司在上海、广州、大连、深圳、佛山提供服务；加入后两年内，允许外国寿险和非寿险公司在北京、成都、重庆、福州、苏州、厦门、宁波、沈阳、武汉和天津提供服务；加入后三年内，取消地域限制。 ③关于开放业务范围的承诺：加入时，允许外国非寿险公司向在华外商投资企业提供财产险以及与之相关的责任险和信用险服务；加入后两年内，允许外国非寿险公司向外国和中国客户提供所有商业和个人非寿险服务。加入时，允许外国保险公司向外国公民和中国公民提供个人（非团体）寿险服务；加入后三年内，允许外国保险公司向外国公民和中国公民提供健康险、团体险和养老金/年金险服务。加入时，保险业务须向一家指定的中国再保险公司进行20%的分保，以后分保比例逐年以5%的幅度降低，加入后四年内取消分保比例要求。

资料来源：根据中国加入WTO协定整理。

由于多哈回合谈判难以达成共识,目前中国金融业的对外开放主要是在自由贸易区战略的推动下进行。中国自贸区战略包括双边多边自贸区和自由贸易试验区两个重要组成部分,前者是中国与他国签订的相互开放商品和服务贸易的自由贸易协定（FTA）,后者是中国根据自身发展需要在境内划定的实施特殊开放政策的经济区域（FTZ）。在 FTA 中,金融是中国新时期对外开放的重中之重。以中澳 FTA 为例,中方就机动车交通事故责任强制保险、澳银行在华经营人民币业务开业年限、设立合资期货和证券公司等做出开放承诺。上海自由贸易试验区是中国第一个 FTZ,在金融改革开放方面进行了积极创新实践,如开展外汇资金集中运营,简化外商直接投资流程,实施外商投资企业外汇资本金意愿结汇,鼓励区内企业开展境外证券和衍生品投资业务,建设国际能源交易平台、国际黄金交易平台,等等。有些实践已经推广至全国。

尽管中国金融业的对外开放度不断提高,但外资金融机构在国内金融领域的份额并不高。以上海国际金融中心为例,截至2015 年年末,上海辖内外资银行资产总额 1.27 万亿元,占上海银行业资产总额的近 10%,这一数值远低于排名靠前的国际金融中心,如 2014 年外资金融机构资产占英国金融机构总资产的 27% 左右。这既有外资金融机构不适应中国金融环境、服务外资企业为主的原因,也有中国金融开放程度还有待进一步提高的原因。总体而言,中国金融市场尤其是资本市场尚未充分开放,资本项目可兑换尚未实现,汇率市场化形成机制尚未完成。在目前的条件下,国际资本与国内资本直接的流动通道受到额度限制,并未真正打通。

中国金融机构的国际化水平与问题

近年来，中国金融机构资本实力快速提升，在实体企业"走出去"的带动和政府政策的大力支持下，其国际化水平快速提升。以银行为主的金融机构加大了海外布点的力度，其海外资产、利润、雇员占比均明显提升。2014年，中国金融业对外直接投资存量超过1300亿美元。但从市场结构和海外业务结构来看，中国金融机构的海外业务拓展和在国际金融市场利用整合资源的能力还较弱，如海外市场主要集中在香港地区，参与并购的项目仍局限于"中国元素"等。总体而言，中国金融机构的国际化速度很快，但国际化程度与国际先进水平相距甚远。

中国金融机构的国际化水平

金融机构在海外投资布点情况

自2008年以来，中国金融业对外直接投资规模不断加大。2007年，中国金融业对外直接投资仅为16.7亿美元，2008年猛增到140.5亿美元。虽然2009年略有回落，但总体上升趋势依然明显，到了2014年中国金融业对外直接投资存量达到了1346亿美元（见图14.1）。

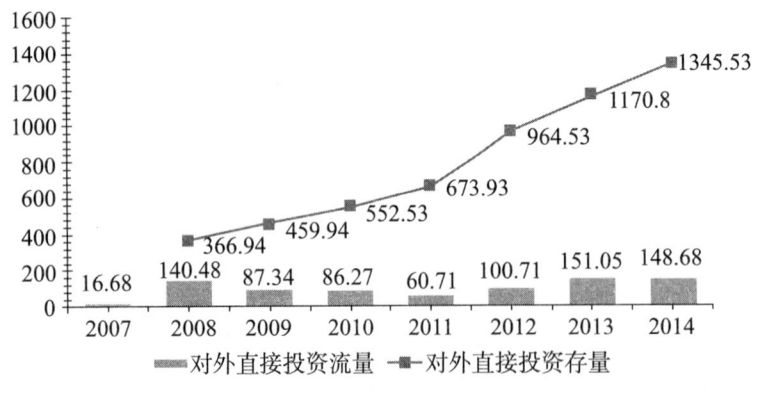

图 14.1　2007—2014 年金融业对外直接投资状况（单位：亿美元）

资料来源：万得数据库。

中国金融业对外直接投资在对外直接投资总额中的比重一直保持稳定，均未超过 15%（2008 年除外，见图 14.2）。这一方面映射出在目前的发展阶段，金融业对外直接投资的主要目的是服务实体经济"走出去"的特性；另一方面，也表明中国金融业的对外直接投资仍有很大的发展空间。真正有国际影响力的跨国金融机构不是将其国内金融业务简单地向国外延伸，而是在国际范围内融通资金，统筹人力资源，在更大范围内优化资源配置。当金融业的对外直接投资超越为本国企业"走出去"服务时，其在国际金融市场的影响力才能真正发挥出来。

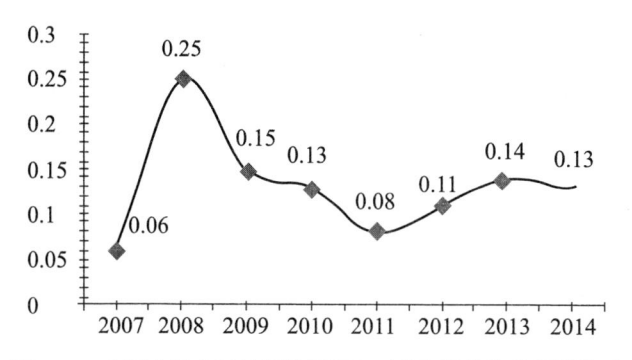

图 14.2 中国金融业对外直接投资占对外直接投资总额的比重

资料来源:万得数据库。

从投资主体结构来看,中国金融业对外直接投资以银行为主,尤其是中国银行、中国工商银行、中国建设银行、中国农业银行四大国有商业银行。截至 2014 年年末,总计 20 家中资银行业金融机构开设了 1200 多家海外分支机构,覆盖全球 53 个国家和地区,总资产 1.5 万亿美元。四大银行的海外机构主要集中在亚太以及欧洲地区,达到了总比重的 70.6%(见表 14.2);其海外机构的设置方式以建立分行为主,这在一定程度上也反映出了中国金融业在投资方式上还处于比较初级的阶段。

证券领域金融机构的国际化水平也在不断提高。目前,中信证券、海通证券、中金公司等大型券商,以及国金证券、东吴证券、西南证券等中型券商已率先实现了海外布局。以海通、中信为例,其境外收入占比已超过 10%,通过设立子公司,其经纪业务、投行业务快速增长。国内券商境外业务的主战场仍是香港市场。在港的中资券商已突破七十余家。在海外进行收购已成为内地券商国际化最为常见的路径。

表 14.2 四大国有商业银行海外机构地区分布

	港澳台	亚太	欧洲	美洲	非洲	总计
中国银行	9	48	27	18	4	106
中国工商银行	2	20	12	7	2	43
中国农业银行	3	6	1	2	0	12
中国建设银行	4	7	7	2	0	20
总计	18	81	47	29	6	181
占比	9.90%	44.60%	26%	16%	3.30%	100%

资料来源：根据中国银行、中国工商银行、中国建设银行、中国农业银行网站上公布的相关统计资料整理。

保险领域的国际化经营以保险资金海外投资为主。从 2012 年 10 月《保险资金境外投资管理暂行办法实施细则》（中国保监会，2012）的出台，到 2014 年 8 月 "新国十条" 明确提出拓展保险资金境外投资范围（国务院，2014），中国保险资金境外投资步伐明显加快，投资规模也持续增加。数据显示，截至 2014 年 12 月末，保险资金境外投资余额为 239.55 亿美元（折合人民币 1465.8 亿元），占保险业总资产的 1.44%，比 2012 年年末增加 142.55 亿美元，增幅为 146.96%。从投资区域来看，保险资金主要以投资香港市场为主，港币资产占比较高，超过 64%。从投资的品种来看，权益类资产是主要投资品种，股票、股权和其他权益类产品的投资占比较高；另外，不动产的占比大约是20%左右，还有一些银行存款和债券等固定收益类的产品。

金融机构海外资产、利润、雇员占比的国际比较

海外资产、利润和雇员占比是衡量一个金融机构国际化水平的主要指标。通过对中国金融机构与国外金融机构在这些指标上的比较，可以分析出中国金融机构的国际化程度以及与国外金融机构在国际化水平方面的差距。出于数据可获得性的考虑，本章选择四大国有银行作为样本进行分析。

中国银行海外资产和利润增长快速。根据各银行的年报，2014年年末中国银行海外资产较年初增长18.11%，海外机构利润总额增长29.91%，利润总额对集团的贡献度达到22.98%，比上年上升3.60个百分点；工商银行境外机构实现净利润折合人民币151亿元，同比增长35.6%。

但是，四大国有商业银行的国际化程度并不高。中国银行的海外资产和利润占比在1/4左右，海外员工比重为8.2%，其余三家银行的海外资产、利润、员工的比重均未超过8%（见表14.3）。此外，近八年来四大国有商业银行再加上交通银行的平均境外资产、营收和利润占比分别为8.09%、6.12%和6.30%，而花旗银行的相应数值分别为60.29%、50.59%、50.32%，汇丰银行分别为48.36%、62.35%、69.05%，远远高于五大行的平均水平（见表14.4）。

表 14.3　2014 年中国四大国有银行海外经营状况

公司名称	海外资产比重	海外利润比重	海外员工比重
中国银行	27.41%	22.98%	8.20%
中国工商银行	7.60%	7.10%	1.50%
中国农业银行	3.70%	1.80%	0.10%
中国建设银行	4.40%	2.10%	0.17%

资料来源：2014 年各银行年报。

表 14.4　中国五大银行海外经营状况的国际比较

公司名称	海外资产比重	海外营收比重	海外利润比重
中国五大银行平均	8.09%	6.12%	6.30%
花旗银行	60.29%	50.59%	50.32%
汇丰银行	48.36%	62.35%	69.05%

注：五大银行包括中国银行、中国工商银行、中国建设银行、中国农业银行、中国交通银行。

资料来源：2014 年各银行年报。

跨国化指数（Trans-nationality Index，简称 TNI）是用来综合评价企业国际化程度的重要指标。TNI 的计算公示如下：

TNI=（国外资产/总资产+国外销售额/总销售额+国外雇员数/总雇员数）/3×100%

TNI 越高，企业的国际化程度就越高。将国外销售额占比用表 14.3 中的海外利润比重来替代，计算出四大国有商业银行的 TNI 水平。表 14.5 的数据显示，中国银行的国际化程度最高，TNI 接近 20%，中国农业银行的 TNI 不到 2%，国际化程度最低。而有资料显示，国外大型跨国金融机构的 TNI 基本在 50%以上。

表 14.5 四大国有银行的 TNI 水平

	中国银行	中国工商银行	中国农业银行	中国建设银行
TNI	19.5%	5.4%	1.9%	2.2%

资料来源：根据表 14.3 数据计算。

从上述分析不难看出，中国金融机构的国际化增速明显，但国际化程度与国际先进水平相距甚远。

金融机构参与国际项目融资的程度

金融机构参与国际项目融资，一方面可以帮助"走出去"的实体企业解决资金短缺问题，保障其在海外的建设与运营，另一方面在一定程度上促进了金融机构自身的国际化发展。因此，国际项目融资的参与程度是衡量金融机构国际化水平的另一重要指标。国际项目融资主要包括银团贷款和企业并购融资。

近年来，中国金融机构的银团贷款快速发展。中国银行业协会发布的《2015 年上半年中国银团贷款市场发展情况报告》（中国银行业协会，2015）显示，截至 2015 年二季度末，中国银团贷款余额达到 53703 亿元，与 2014 年同期相比增加 5191 亿元，同比增长 11%，较 2005 年（2336.7 亿元）增加了近 22 倍。其中，中国工商银行在银团贷款方面表现突出。据统计，2014年工行共牵头筹组银团贷款项目435项，担任银团贷款牵头行的签约总金额达435亿美元，位居亚太区银团贷款牵头行榜首。这与中国市场的国际地位上升密不可分。数据显示，2014年亚太区（除日本外）银团贷款量达到5229亿美元，较2013年的4619亿美元增长13%，其中中国市场共完成1413亿美元的贷款额，占亚太市场的27%，成为2014年亚太区银团贷款增长的最大驱动力。

虽然中国金融机构在参与国际项目融资中取得了显著的进步，但仍然存在两方面问题。一是国际项目融资的服务对象没有超越"中国元素"，仍局限在为中资企业服务这一初始范畴，因此造成国际项目融资的比重仍然较低，如银团贷款占对公贷款余额的比例连续三年保持在10%左右，远远低于国际平均水平。二是中国金融机构在银团贷款操作的规范化程度上与国际知名大机构仍存在较大差距，有待进一步提高。

中国金融机构国际化发展中的主要问题

尽管金融机构的国际化水平提升速度较快，但仍存在一些问题与困难，主要包括以下四个方面：

一是金融机构国际化起步较晚，经验和能力不足。无论是在国际金融专业知识方面，还是在适应东道国特有的文化习俗和法律规范方面，金融机构要想国际化必须有长期的经验积累。中国金融机构2008年才开始大规模推行国际化，经验积累不足10年。相比之下，发达经济体的跨国金融集团拥有数十年甚至上百年经营国际业务的历史。除经验不足外，中国金融机构的国际化能力也存在明显差距，其主要原因是国际化金融人才匮乏。在中国金融机构海外业务快速扩张的过程中，既懂东道国语言、文化习俗、法制环境，又懂金融专业的高水平人才的培养并不同步，而少数已经培养出来的人才流失严重。由于经验和能力问题，中国金融机构在国际化方面，难以像国际大型跨国金融机构那样自如地运用国际金融市场规则，整合外部金融资源。

二是中国金融机构总部对海外拓展的重视程度普遍低于国内业务，在经营资源配置方面对国内业务具有明显的倾向性。造成这种局面的原因主要在于三个方面：一是对于国内发展环境更加熟悉，风险更可控；二是国内业务的规模大，赢利性更高；三是在业绩考核时，国内市场份额对金融机构而言更加重要。

三是中国金融机构的业务模式不适应国际化经营的要求。就银行而言，国外银行具有轻资产、交易型特征，而中国的银行多是重资产、贷款型的。中国的银行在海外经营过程中仍以传统的存款、贷款、国际结算等业务为主，缺乏与海外市场相适应的产品与服务创新，不能很好地融入当地金融发展环境，难以结合东道国的市场特点和客户需求来制定创新策略。业务产品创新是金融机构面对东道国本土机构的竞争立于不败之地的重要工具。目前，业务模式固化是中国金融机构国际化发展亟待解决的问题之一。

四是有些经济体对中资金融机构的进入持怀疑态度，甚至对其施以准入壁垒。如有的经济体认为中国金融监管存在问题、金融风险较高，以防范金融风险传播为由，在对中资金融机构申请牌照进行审查时严于来自其他经济体的金融机构。

人民币国际化的现状及问题

人民币的国际化对于中国国际金融地位和影响力的提升有着巨大的支撑作用。人民币国际化源于20世纪末、21世纪初人民币在边境贸易中的跨境使用。2009年4月国务院决定在上海和广东开展跨境贸易人民币结算试点，加快了人民币国际化的步伐。2009年年底，香港的离岸人民币存款只有600亿元人民币，开展人民币业务的金融机构只有60家。在跨境人民币业务的推动下，2014年年底，香港的离岸人民币存款已接近1万亿元，而开展人民币业务的金融机构共有149家。跨境人民币使用率也日益快速增长，与中国进行过跨境人民币收付的国家达189个。根据中国人民银行发布的《人民币国际化报告》(中国人民银行，2015)，2014年中国货物贸易中人民币跨境结算比例超过20%。截至2015年5月，中国人民银行与32个国家和地区的中央银行或货币当局签署了双边本币互换协议，协议总规模约3.1万亿元人民币，在15个国家和地区建立了人民币清算安排。据环球银行金融电信协会统计，截至2014年年底，人民币成为世界第二大贸易融资货币、第五大支付货币以及第六大外汇交易货币。2015年11月30日，IMF宣布从2016年10月1日起人民币正式纳入特别提款权（SDR）货币篮子，其份额为10.92%，位居第三，仅次于美元和欧元，超过日元和英镑。人民币正成为国际货币中的重要一员。

尽管如此，人民币所能发挥的国际货币职能仍相当有限。据《人民币国际化报告》，截至2015年二季度人民币国际化指数预计为2.9，而美元国际化指数是55.24，欧元是25.32，英镑为4.94，日元为3.82。人民币国际化进程中还有很多障碍和不确定因素，主要包括：一是未来国内经济、国际贸易和投资能否保持持续发展。近年来人民币国际化的快速推进，主要得益于中国经济和外贸长达30年的高速增长。[①]当前，中国经济增长从高速向中高速转换，新的增长动力和出口竞争力尚未形成。受此影响，未来人民币国际化进程有放缓之虞。二是国内金融体系的对内和对外开放，以及其中的风险防范。从日元国际化的经验来看，一国货币的国际化需要有一个开放的金融体系。金融体系的开放不仅仅包括放开资本项目管制，放开外部资金进入国内金融行业和市场的准入限制，以及汇率形成机制的市场化改革等措施，还包括放开国内资本的市场准入，以期通过加强金融业的竞争，提升金融机构国际化的动力和能力。但与此同时，对于开放过程中蕴藏的风险要有足够的认识和防范。三是国际市场对人民币的接受意愿和程度。历史经验表明，某一货币国际化的结局最终是由市场力量，即由国际市场对该国货币的接受意愿和程度决定。中国经济贸易的快速发展、国内市场的巨大发展潜力是支持国际市场接受人民币作为国际货币的重要力量，但同时也存在一些抵消因素，如美元核心地位造成的网络外部性，一些国家对中国发展强大的防备心态和竞争心理，国际社会对人民币币值长期稳定性的担心，等等。

---

① 1980—2010年我国GDP年均增速为10%，出口额增长86倍，在世界贸易额中的比重超过12%。

提升中国金融业国际化水平的对策

一是进一步提高中国金融机构提升国际化水平的积极性。在银行和证券领域选取2—3家实力较强的机构作为国际化战略推进的试点单位,试行负面清单管理模式,鼓励其任何有利于国际化能力和水平的模式创新、产品创新和服务创新。如鼓励大型金融机构与国际有竞争力的同行在海外就特定项目或领域开展战略联盟,加强与国外同行的沟通与交流;鼓励金融机构开发服务"走出去"的资产证券化产品;鼓励金融机构为"走出去"企业提供海外投资环境、融资方式、资金运作等全方位的金融资讯服务;等等。与此同时,加强对规划落实情况的跟踪和监督,效果良好的创新试点在全国尽快推行,对于容易引起市场动荡的创新试点,应出台相应的监管办法。

二是全面推进金融市场化改革。重点是放开金融机构的市场准入,允许更多的民营资本、境外资本通过正规渠道进入金融行业,通过竞争提升金融机构国际化经营的动力和能力。

三是稳步放松金融管制,平衡好扩大汇率弹性和人民币汇率相对稳定之间的关系,降低因人民币汇率波动过大而造成国内和国际金融危机的可能性,迅速提高人民币跨境使用的规模。实现资本项目开放和更加有弹性的汇率制度是提升中国经济国际影响力的关键一步。根据澳大利亚的经验,在开放资本项目和构建市场化汇率制度最初阶段,货币当局有必要频繁、小幅地干预外汇市场,以便为对冲机制的建立、市场主体培养适应外部冲击和汇率大幅波动的能力创造有利条件。

四是加强适合中国金融机构国际化经营大发展的宏观审慎监管和行为监管制度，包括加强国际监管合作，对接国际监管标准。

五是结合国家"一带一路"倡议的推进、国际经贸和金融合作的深化，大幅增加人民币计价的金融交易份额，提升各方持有人民币的意愿。在市场发展变化中，积极探寻人民币计价结算的新领域，扩大人民币在国际贸易中的网络外部性。在分账管理制度的基础上，自由贸易试验区在放松金融管制方面可以比全国水平更加开放。逐步增加沪港通的额度，尝试推动国内资本市场与伦敦、纽约等更多境外资本市场的互联互通。

参考文献

中华人民共和国国务院（2014）:《关于加快发展现代保险服务业的若干意见》，http://www.gov.cn/zhengce/content/2014-08/13/content_8977.htm。

中国保监会（2012）:《保险资金境外投资管理暂行办法实施细则》，http://www.gov.cn/zwgk/2012-10/23/content_2249120.htm。

中国人民银行（2015）:《人民币国际化报告》，http://www.pbc.gov.cn/goutongjiaoliu/113456/113469/2879196/index.html。

中国银行业协会（2015）:《2015年上半年中国银团贷款市场发展情况报告》，https://www.china-cba.net/Index/show/catid/14/id/16042.html。

15

中央银行的全新政治学：中央银行陷阱[①]

沈联涛

导言

已故法国总统弗朗索瓦·密特朗说过一句著名的话：政治学的精髓在于"示意向左转，实际向右转"。如果当今一个关键的政治问题是资本主义毫不受限地导致了不可持续的社会不平等，那么也许我们应当重新阐释密特朗的这句话，并且提出中央银行当今政治经济的精髓应当是"示意向右转，实际向左转"。

[①] 本章内容原发表于《中央银行杂志》(*Central Banking Journal*)，第25卷，第4期，2015年5月，第23—31页：www.centralbanking.com/central-banking-journal/feature/2411019/the-new-politics-of-central-banking。作者感谢杂志允许文章收录于本书发表。作者感谢 Abbas Mirakhor 教授、Simon Ogus 教授等对本文提出的深刻意见和帮助。Ng Chow Soon 先生、Jillian Ng 女士和 Jodie Hu 女士在本文写作准备工作中给予了支持和研究协助。许多朋友给作者在巴黎就本文内容所做的演讲提出反馈意见，使作者获益良多。有任何错误或者遗漏均是作者个人的失误。

中央银行在管理货币和金融稳定性时本应独立于政治之外，因此讨论央行的政治学似乎有悖常规。虽然各国央行未能阻止上次金融危机的发生，而且在危机后确实被赋予了更多责任，但我所阐述的关键要点是：这些央行的规模之大，它们在全球繁荣和稳定中扮演的角色之关键，使得它们不能独立行动，或者无法完全脱离于社会选择的政治辩论。

的确，正如前日本央行行长白川方明（Shirakawa，2010）曾警告的那样，进入非传统的货币陷阱要比逃脱这个陷阱更容易。发生危机和经济停滞时，政治上的权宜之计是使用货币政策，认为这样做就表明有人在努力减轻疼痛，这就是央行陷阱。

在现实中，没有免费的午餐。

因为政治家不愿意（或者无法）采取不受欢迎的决策来增加赋税、削减无用开支和进行结构调整，央行所陷入的局势是：一方面无法撤出，因为既得利益集团认为就这样撤出会进一步增加不稳定性；另一方面被迫采取更加非传统的政策，因为经济停滞不前，并且政治家要求非传统的货币政策提供更多的温和选择方案。

我不想在本章里留下对央行过分严苛的印象，但财政政策的政治经济因素导致政府无法果断行动，也无法实施应对金融危机所需要的强硬改革，所以央行才采用非传统政策。这迫使央行进入了政策真空，使用货币政策而非财政和结构改革措施。

如今人类面临许多重大社会问题，包括：社会不平等、全球变暖、经济停滞、社会冲突、债务上升、颠覆性技术带来的失业风险和越来越大的不确定性和波动性。弥漫于代际、种族和宗教之间的社会分化有增无减。这些问题当中的许多似乎都和央行有限的工作范围相隔甚远，央行普遍关注的是货币稳定、金融稳定、增长和就业。

尽管这样，央行的资产负债表规模越变越大。实际负利率、巨大的流动性以及规模和集中程度都增加的金融资产与央行政策有关，央行对收入分配和财富集中带来了外部影响，没人能否认这些领域迄今都没有得到应有的研究和政策关注。意想不到的后果都是未经测量的外部影响带来的，但外部影响未被测量并不意味着它们不重要。

本章下面四节的第一节关注新经济思维如何有助于凸显这一问题，并重点讨论央行如何帮助找到解决我们这一时代紧迫社会问题的可行方案。第二节审视央行资产负债表的扩张，以及实体市场和金融市场集中程度增加的规律。第三节讨论这种集中的政治经济学并提出一个问题，即金融工程学是不是解决实体领域的差距和不平等的办法。第四节进行总结。

我的结论是：央行通过实施量化宽松和负利率，实际已放松了曾在全球经济中维持稳定和均衡的硬预算约束。以后将会有另一篇文章详细阐述这一论点的理论支柱，这一论点认为硬预算约束被放松后将会造成系统的不稳定。正如在以前，准备金比率要求的出现是为了制止银行无限制地创造信贷，在未来（而且可能仅仅在下一次危机之后），必须用某种形式的硬预算来约束央行行为。

21 世纪危机的新经济思维

我们如何使用新经济思维和全新的洞察力去应对不断演变、

不可持续的局势呢?

英格兰银行首席经济学家安德鲁·霍尔丹正在牵头安排央行研究如何使用新经济思维提供全新的政策指导方针。在题为"显微镜和望远镜"的文章中，他提出我们看待复杂性时，要用子系统组成一个大系统（Haldane，2015）。我在其他一些场合提到我们不仅仅需要用于微观经济的显微镜，还需要用于显示宏观经济、机构层面和根本想法的"宏观镜""中观镜"和"本原镜"。宏观镜检查宏观经济，中观镜凸显复杂体系中的机构层面，本原镜揭示局部和系统性思维背后的本质想法（Sheng and Xiao，2012）。

央行专家尽管要为系统的稳定性负责，但和所有的行家和部门专家一样免不了会有观点的局部性。实际上和许多职能机构相比，央行的系统性观点还是较多的。

2007—2009年的金融危机迫使我们承认：整体的表现和其个体的总和相差甚远。量化宽松和膨胀的央行资产负债表在推动利率下降的同时，也在加速不利的分配影响。后危机时代出现了一种深刻的认识，认为上次危机不仅是一场国家危机，还是一场全球性的和系统性的危机。局部的甚至是国家层面的分析，都不足以理解一国和全球内实体经济与金融系统不同部分之间复杂的反射性互动。经济学家、央行和金融监管方各自为营，只是局部地看待问题，没有理解金融危机是怎样发展变化的。

用新经济思维来解释此次危机需要一种复杂、非线性、跨领域和系统性的做法，因为旧有的模式僵化、提倡分解还原、太过简单，无法解释或者预测这样的行为。但是我们已经在这些风险管理模型和思考方式上投入了太多，转变我们的做法并非易事。

所以首先要理解为什么我们现在的思维和行动似乎未能解决当前的问题。仅仅在已有框架中添加心理和行为经济学虽然是必需的，却是不够的。原因是完美信息、完美竞争和甚至是理性期望值的假设都完全忽视了一个现实，即实际世界以极端不确定性为运转基础，这种不确定性我们既无法全部测量也无法完全控制。

如果极端不确定性是常态而非例外，如果我们都未能正确理解所处的大背景，那么借乔治·索罗斯反射理论中的话来说：我们的认知功能（拥有的理论和数据）有问题，我们通过操控功能所体现的反应，例如非传统货币政策这样的市场干预，大体是以过去的认知为基础形成的（Soros，2009）。即使越来越多的证据告诉我们老药医不好新病，由于想当然地认为利率降低和流动性变高会恢复实际增长，这种操控手段在规模上还是不断升级。简而言之，我们没有用于未知领域的全新指南针。

新经济思维要求我们想明白极端不确定究竟是什么。罗和穆勒（Lo and Mueller，2010）曾经正确地指出风险建模的局限以及模型的风险。首先，我们的风险统计模型（以概率来衡量）以前都是以正常的钟形曲线为基础，而此次危机揭示了带着肥尾的幂律更有可能是常态。① 此外，这些模型都假设在关键可变因素中存在着稳定的共同关系，但是我们发现在危机中这些关系是非线性和不稳定的。

通过把金融领域纳入实体经济模型的办法来改善风险模型的

---

① 参见 Haldane（2015）图 14，这张图显示了 GDP 增长、信贷增加、股价和大米价格的统计分布，图中均显示出相当大程度的肥尾情况，远远多于在正态分布的情况下预测的那样。

做法仍然是不完全的，因为正如罗和穆勒指出的那样，有些不确定性是局部不可减少，而有些不确定性是根本无法减少的。我们可以使用包含更多微小数据的规模更大的大数据模型来改善预测能力，但是尝试获得大量的实时数据也会带来昂贵的成本。不确定性源自于这样一个事实：当大背景和大环境不断改变时，我们无法确定组成整体的各个部分在彼此互动时行为究竟会产生多大变化。此外，一些外部事件，例如自然灾害和（在数据收集范围之外的）随机事件，都会对整个系统带来冲击。换言之，大数据模型有用，但是我们仍然无法忽视的事实是存在未知的未知事件，即过去和不完整的数据无法准确预测未来。

例如，尽管金融稳定理事会希望把监管和数据收集延伸到银行业和影子银行业这两块，但我们不能忽视的政治现实是，在对离岸行为没有司法管辖权的情况下，我们已经创造了助长巨大套利的条件——一方面对于（占到全球金融资产半数的）银行强加严格的监管数据要求，另一方面对于（约占金融资产的四分之一但是增长快于银行的）影子银行几乎没有任何控制或者任何实时数据。当风险仅仅是转移到了银行系统之外的地方时，保护银行系统能带来的最好结果可能也是收效减半的，最坏的结果是几乎毫无作用。另外一个选择是强加外汇控制，而这一做法又几乎等同于曾经引发大萧条的保护主义。

换言之，央行使用的风险建模和商业银行是一样的，低级别的管理人员作为完全够格的量化分析师管理着不完美的模型，而顶层的管理人员却知道，在过度仰赖于这些昂贵模型的同时还存在盲点和不可量化的风险。

想在动态反馈机制中找到因果关系是十分困难的,这也导致了极端不确定性。在静态的条件下,可以使用合适的统计测试来决定因果关系的方向。在动态的反射中,就无法使用这种方法判定。

例如,信贷是我们当下这种萎靡状态的症状还是起因?如果它仅是缺少硬预算约束下的过度消费的症状,那我们就应该解决过度消费和硬预算约束的问题,而不是担心债务飙升。如果信贷是起因,那么对其施以限制,比如在发放信贷时要求准备金,能够成为一种解决方案吗?如果是这样的话,为什么还未对央行的这种货币制造行为施加准备金的要求呢?

以上种种都在说明在复杂的问题面前既没有奇妙的方案,也没有简单的办法。但是历史和经验告诉我们在具有不确定性的条件下,我们能够使用规律识别(有时被称作"直觉")来察觉不断涌现的动荡和脆弱信号。

这种规律现在变得越发明显。由于网络效应沿着幂律分布发挥作用,今天几乎在所有的市场和领域里集中和不平等的程度都在增加。幂律的本质就是集中,央行自身已经变成了这种资源和实力集中化的一部分。也许规模更大的央行的出现是自然而然的结果,正如需要实力强劲的机构去压制"大到不能倒"的机构和既得利益集团不断增长的力量。

这就是社会选择理论的讽刺之处。我们是仅仅通过规章制度就能避免"大到不能倒"的机构出现,还是需要更大更强的机构,例如央行,来压制这种集中化程度高的机构?如果是这样,这种带来重大外部影响的大型机构的民主问责制又是什么?

简而言之，不平等（或者说资源和实力集中化）的政治就是21世纪央行的全新强权政治。

下面一节关注央行和其他金融机构的幂律分布及其对不平等性的影响。

2007—2013年央行资产负债表的扩张和系统集中化

许多观察家都把金融危机同国家和全球层面的金融化程度增长联系在一起，这种金融化程度既包括了金融交易的速度，也包括整体系统中杠杆的增加。霍尔丹（Haldane，2009）和沈联涛（Sheng，2010）在评论员中较早注意到金融市场有着无规模限制的网络效应，呈现出"赢家通吃"的特点。在拥有大型网络的产业中很容易就能观察到集中度高的例子，例如网络平台、信用卡公司、信用评级机构、飞机制造商、今天的GSIFI（全球系统重要性金融机构）和资产管理公司。直至不久之前，关于央行集中化程度的数据才变得可以获得。

根据金融稳定理事会和国际货币基金组织的数据，央行的资产负债表从2007年约占全球金融资产的3%增加至2013年占据全球金融资产的8%，达到286万亿美元（不算衍生品）。央行的资产增至22万亿美元，或者说占到世界GDP的30%（IMF，2014；Financial Stability Board，2014）。

发达国家的央行资产负债表通常较小，大约达到GDP的25%—40%。瑞士国家银行的资产负债表最大，达到GDP的80%。新兴市场央行的资产负债表规模相对于GDP而言较大，但是这是因为这些央行进行许多外汇干预,例如香港金融管理局资产达到GDP的140%,这主要是由于外汇储备的原因。中国人民银行的资产负债表于2013年年底达到GDP的54%,主要原因也是外汇储备的累积。从本质上来看,在危机后,具有系统重要性的央行的资产负债表规模大约是危机前的3—4倍。

有意思的是,全球前五大央行——美联储、欧洲央行、英格兰银行、日本银行和中国人民银行——在2013年年底时的总资产价值达15万亿美元。它们的资产负债表从占GDP的22%增加至占GDP的32%,占货币供应量M2的比例从17%增加至21%。这五家央行在全球央行资产中占68%,即22万亿美元。对比之下,2012年全球前五大GSIFI的总资产才只是12.8万亿美元,占全球银行总资产的10.5%。

表15.1借用杰米·卡鲁阿纳的分析(Caruana, 2012),总结了央行的大型资产负债表的好处和代价。央行在外汇市场的干预能够带来稳定汇率的好处,但是正如中国人民银行所知道的那样,本外币对冲的成本有可能会相当大。由于央行通过准备金要求来"冻结"本国货币制造出的流动性,国内银行体系和储户要支付一定的代价。

为了稳定挤兑带来的银行危机,央行逐渐发展出"最后贷款人"的功能。但这也有坏处:最后贷款人这一功能有道德风险。近年来,"市场一恐慌、利率立马降"这样的格林斯潘对策已经改变了市场行为。人们相信,一旦市场变得极为波动,央行将会向投机方伸出援手,这种想法经常应验。聪明的投资者或投机方认识到他们可以在资产泡沫中交易并获利,因为央行往往会降低利率,而且只要一看到市场恐慌就会用流动性淹没市场。大部分的人既不交易也不投机，甚至都没有获取信贷去投机的渠道，他们无法从央行的这种对策中获益，这导致收入和财富不平等的加剧。

表 15.1　平衡央行资产负债表扩大后的好处和代价

		影响	实体经济	财政政策
国内工具	开放市场运营	提供流动性——影响债券期限和利率	振兴总需求，但会出现零利率	更低的利率支持财政投入
外汇干预	外汇市场	影响汇率、外贸和在国内外市场套利	刺激出口，以更低的汇率振兴经济	财富效应对净国际投资头寸的影响——在大量主权外债的情况下将为负值
益处	稳定市场的波动和预期	支持有序的市场运营和改革	有序的市场支持长期性投资	深化市场，创造长期债券和证券市场
弊端	外汇干预受外汇储备制约并造成外汇错配	市场期望央行会缓解市场动荡，因而造成道德风险	金融抑制加剧收入和财富的不平等，可能影响长期生产力	政治家们不愿意采取困难的财政措施，留给央行承担调整的负担

非传统货币政策的第三个功能，是以零底线利率恢复需求总量，理论是如果货币的价格固定为零，就可以通过增加流动性（也就是资产负债表）来影响需求总量。在实践中，有些央行能在它们的收益曲线中让名义和实际利率都保持负数。这样的做法是否能够恢复需求总量存在争议，有待商榷。如果量化宽松和降低

利率哪怕只是促进了暂时的增长复苏（在美国确实奏效），却帮助累积了更大的财政赤字和债务（正如日本和部分欧洲地区那样），财政部和其他借款人也会因为既得利益而热情高涨，进一步推动量化宽松——这就是政治现实。央行一旦撤掉量化宽松就会背负导致经济进一步放缓和失业率增高的骂名，就好像医生给病人停药，病人一旦出现症状医生就会受到指责。

伯南克最近说到央行不对长期的实际利率负责（Bernanke，2015），这意味着决定实际利率的是实际经济因素，例如全要素生产率、教育程度和人口结构。但如果金融领域的活动规模比实体领域大得多，我们能否真的理顺金融利率、实体领域回报率和长期增长之间的关系呢？不同的比率之间有条件反射式的复杂互动关系，如果说央行无法影响长期实际利率，为什么它们的资产负债表几乎增加到了危机前四倍的水平呢？对此我本人持怀疑态度。换句话说，央行采取行动，是因为社会需要某些人采取某种行动来应对危机，并不一定是因为央行坚信它们的干预将能改变实体领域。改变实体领域需要的是实实在在的结构性调整，而不只是金融工程。

事实上，央行在某些市场的影响力相当大，要是认为这些市场还是由许多参与者决定价格的竞争市场，那真是荒唐的想法。如果自由市场确实有效，为什么投资者如此信奉五家央行的话呢？如果我们真正相信自由市场，那么央行只应当在例外的情况下干预市场，而不是大规模干预。如果央行永远在市场里，那么市场也就不再是自由市场，而是一个央行驱动的市场。现在的市场参与者坚信央行会救市，而经验一再证实了他们的想法是正确的。

这就是央行自身的道德风险。

央行通过制定更多利率对策来压低名义利率，实际创造出巨大的资产和信贷泡沫，泡沫程度创下纪录。对这一情况的争论完全陷入了死循环。房价怎么会这么高？因为债务增多和利率变低。利率怎么会这么低？一方面是因为量化宽松诱发充足流动性，加上储蓄过剩，于是信贷条件放松；另一方面是因为没能有力约束那些制造离岸信贷和表外信贷的金融机构。① 为什么投资者投机上涨的房价？因为他们认为发行的货币量大于有限的房地产供应量，这就成为了对冲通胀的好工具。当然，顺周期地降低利率，只会更加助长这样的信念。

我们的确可以说，拥有盈余储蓄的公司和家庭没有进行长期投资是因为不确定性，这种不确定性源自不断改变的人口结构、颠覆性技术和对于抑制需求总量的高通胀和深通缩的担心。

约瑟夫·斯蒂格利茨（Stiglitz，2015）和其他经济学家曾说过，居高不下的不平等可能是增长放缓的关键原因。新兴市场不缺乏投资和消费需求，发达国家中较贫穷的阶级也同样不缺乏。他们没有消费，是因为尽管全球金融市场的流动性很高，但他们无法获得信贷，也无法受到教育，而教育能带来更高的人力资本回报。信贷渠道的开放推动了资产泡沫投机，但没有给能增强全要素生产率的基础设施或者技术领域的长期投资提供资金。

现在让我们来看一看集中程度和不平等，它们几乎在所有可

---

① 美联储所创造的离岸信贷和在其控制之外的信贷现在达到9万亿美元（Borio，2014）。

想象的领域都变得越来越明显。布伦约尔夫森、麦卡菲和斯宾赛（Brynjolfsson，McAfee and Spence，2014）的观点是："未来真正的赢家不是廉价劳动力的提供方，也不是普通资本的所有方，这两类人会不断地被自动化压迫。财富会降临在第三类人头上，他们可以创新并且创造新产品、服务和商业模式"；"这一类创意阶级的收入通常是按照幂律来分配的"；"网络效应，即使用产品的人越多，产品价值越高，也能产生'赢家通吃'或者'赢家占据大部分市场'的情况"。

任何仔细观察市场的人都会意识到，过去30年，整个世界在每一个可以想到的领域都变得更加集中，一部分是由于规模经济，但也因为只有大玩家才能负担得起昂贵且复杂的技术或者监管障碍，小玩家无法承担。互联网在交易成本方面实现了公平竞争，但几家大型网络平台随之崛起，不论在规模还是覆盖范围上都极为有力。

每一领域的前四大或者前五大参与者都主导着大部分的交易或资产。会计领域仅剩四家全球公司；在信用评级领域，三家机构主导整个行业；信用卡领域也是由三家大型卡公司主导。在货币交易领域，四大主要储备货币占据了大部分的外汇交易和资产敞口，为其提供清算服务的只有5—6家中央清算平台。

这种集群效应也明显反映在房地产价值的集中程度上，最富有的人的房价涨得最高。不幸的是，在许多经济体中，房地产的价值大约是GDP的250%，30%的房价下跌就会引发75%的GDP财富下滑。2007—2008年的美国次贷危机就出现了这种情况。很多国家的银行信贷超过了GDP的60%—100%这个区间，虽然《巴塞尔协议Ⅲ》建议将风险资产的储备资本增加2%—3%，但如此之大的财富缩水也会导致银行破产。

自全球金融危机以来，GSIFI的规模不仅变大，而且集中化程度更高，杠杆程度却没有显著下降。在2012年年底，被确认为GSIFI的机构的资产总值达到71.7万亿美元，即世界GDP的63.3%，集中程度远高于2002年（2002年GSIFI的资产占世界GDP的47.7%）。现有数据也显示出非金融领域公司的杠杆率越来越高，在规模和所有权方面集中程度也增加了。相似的是，前五大央行的资产在2013年年底占全球央行总资产的68%，这五家央行所属国的GDP占全球的46.8%，五国的M2占全球的70.1%。

发达国家的央行购买无险主权债券的做法确实降低了供应，使高质量的债券出现名义和实际负收益，增加了市场波动性。[①] 由于债券持有方大多是集中化程度很高的大银行、养老基金、保险基金和资产管理公司，央行实际上是在和少数的市场参与者交易债券和资产，这些少数参与者也是央行所创造的市场流动性的受益方。

例如，越来越多的证据表明央行创造流动性的做法提高了大型银行的盈利水平，但至于这种做法是否有利于实体经济，却只有模棱两可的证据（Plihon，2015；Montecino and Epstein，2015）。

因此，尽管央行对于收入不平等性不承担直接责任，但它们

---

① 请注意美国国库券在2015年10月15日的五个标准差波动。美国是全球最具流动性的市场之一。

的做法却对促成这样的不平等提供了助力。然而问题是集中化和复杂性使系统更脆弱，要求央行采取更多行动来加固金融坍塌防范体系。

央行也应意识到：因为技术，金融市场逐渐不那么需要金融中介发挥媒体作用，同样因为技术，央行资金的力量也在受到侵蚀。央行作为财政代理人和最后贷款人行使的是公益职能，所以发行货币的权力和央行资金受到法律保护。所有央行都小心翼翼地捍卫自己铸币的权力。

但日益严格的监管强行要求支付方式的使用者付出成本或税金，因此这些使用者就有很好的动机去使用比特币或者其他形式的私有电子货币。央行被夹在提倡金融创新与保护自身发行和控制强力货币这两个需要之间，因此会继续监督或管理清算和结算系统，因为它们知道，在支付这个游戏中一旦失去对最终货币的控制，就会失去对金融系统的控制。但是，技术正在改变游戏规则。

央行政策的政治经济学

尽管在资产泡沫出现时，央行应对措施的效果参差不齐，也没能阻止危机，但央行赢得了普遍认可，因为人们认为它们能果断采取行动，尤其是"不惜一切代价"的政策表态似乎阻止了危机的恶化，这是我们需要记住的。央行的行动真诚并且符合公众利益。

量化宽松这一难题还有两个组成要素需要进一步分析。第一，为什么央行资产负债表扩大却没有带来通胀？第二，究竟是谁承担了量化宽松带来的成本？

在一个全封闭的经济里，央行创造的流动性本应导致通货膨胀，除非系统里有足够多的额外资本，而且生产力的增长与货币供应的增加相匹配。美国在执行量化宽松时几乎没有导致什么通胀，因为它仍然是消费全球额外资本的重要国家。所以，尽管量化宽松起初压低了美元汇率，但却没有什么输入性通胀，因为世界上的其他地方愿意在不提价的情况下提供物品和服务。

美联储、欧洲央行和日本银行的行动降低了全球利率，刚开始这确实有积极影响，它加快了新兴市场的增长，缩小了国与国之间的不平等。但是新兴市场资产泡沫的增加和本国银行系统缺少金融包容性这两点同样也加剧了国家内部的不平等。

因此，关于不平等的政治经济学应当包括两个关键的要素：国家内部的不平等和跨越国境的不平等。对此一致的解读是中国和其他新兴市场的崛起缓解了国与国之间的不平等，但是在每一个国家内部，社会不平等总的来说加剧了。

但美联储在2014年威胁加息时，承受最重调整负担的是新兴市场：新兴市场货币大幅贬值，资本外流，增长放缓。所以量化宽松的成本似乎是被新兴市场或者边缘经济体不成比例地承担了，而并不是由储备货币经济体负担。

这个时候来进行一些反事实的思考也许有用。如果央行没有干预，不去遏制或者缓解利率上涨，也不阻止2007—2008年"经营糟糕"的金融机构倒闭的话，那么又会发生什么呢？实际上这样的做法正是国际货币基金组织和发达经济体在1997—1998年给深陷金融危机的亚洲经济体的忠告,换句话说,"让市场的力量"发挥作用。正是要感谢它们,亚洲危机中的经济体忍住了主要结构调整所带来的疼痛,包括破产银行和金融公司的退出。亚洲经济体在经历上次危机之后,复苏的速度要快于在此次危机中欧洲经济体的速度,因为前者能够灵活使用汇率并且做了结构调整,而美联储也通过降低利率使得全球需求再次增加。

金融危机和金融机构倒闭确实既会伤到富人也会伤到穷人。较高的实际利率能减少杠杆,应当能清除无效率的借方,摆脱投机性的泡沫并且使经济回复到本原状态。较高的实际利率的确能够鼓励储蓄并且削减消费,使整个局面更可持续。由于政府会向富人征税以重新恢复财政收支平衡,长期的不平等也会得以缓和。此外,危机的影响会让政府愿意恢复财政约束。

换言之,危机就是最终的硬预算约束。

以生物系统的经验来看,危机是一种混乱的现象,它会发出一种全新的秩序即将诞生的信号。危机的爆发同样也预示着老的秩序不能继续下去。用达尔文的话来说,老秩序的倒台或者内爆可以清除所有的坏影响,整个周期重新开始,新玩家、可能更有承受力的玩家会参与进来。不幸的是,央行通过干预手段延续老秩序的做法,意味着我们将无法确切知道全新的秩序是否正在另一场危机中逐渐浮现,也无法知道当前体系能否在不继续扩大央行资产负债表的前提下继续走下去。

用积极的眼光看,也许对于全球生态而言,剧烈紧缩和增长放缓并不是坏事,因为全球消费和按照现阶段比率增长的碳排放是不可持续的。有可能在集体潜意识这个层面上,社会行为告诉我们需要放缓脚步。我们没办法无止境地维持这种由债务刺激的消费速度。

总而言之，我们不能逃避中央银行的全新政治学这一问题，因为它们的资产负债表已经大到占据全球金融市场相当大的一个比例，这使得它们处于一个关键位置，不是促进国家繁荣，就是引发国家危机。不论央行喜欢与否，它们对市场的干预引发了一些外部影响，带出了分配和不平等这个问题。央行认识到在这种指控面前它们是脆弱的，所以它们近年来一直在积极推动普惠金融政策。

高效的资源分配、硬预算约束和政治问责

宏观经济学的传统思想是：为了让金融可持续发展，用货币、金融和财政约束来维持硬预算约束是必要的。这解释了为什么政府一再号召紧缩财政，并控制央行来填补财政赤字。如果财政和货币或信贷约束得以维持，我们所要做的就只是由市场决定利率和价格，从而有效地分配资源。

美联储和欧洲央行不久之前的量化宽松成功恢复了增长，虽然关于增长是否可持续可能还是存在争议，但看来量化宽松已经完全改变了资源分配这一问题。

在 2006 年年底到 2013 年年底，前五大央行资产负债表规模增加了 9.9 万亿美元，总量达到 15 万亿美元。放到增长领域来看，这相当于同期全球 GDP 增长 40.1%，即 39.2 万亿美元，也相当于全球 M2 货币供应增长 25.3%。所有这一切的发生都没有伴随通胀的上升。

金融资源本应源自于国民收入增加和国民储蓄，但是央行似乎能够凭空创造大量的金融资源，而且不对通胀带来任何影响。传统的说法是，央行给实体领域的贷款大多用于资助政府的活动（因为央行拥有政府债券和政府债券外汇）。

但是如果政府的财政已经过度负荷，央行又有行动自由，（在考虑信贷风险的前提下）爱往哪里投资就往哪里投，那么问题出现了：央行是否应当通过资助私人企业、家庭或通过直接的基础设施项目来更多地帮助实体经济？

传统的答案是央行一般不直接贷款或者投资到私人领域。这一点当然已经不适用了，尤其是今天的央行在股市、房地产和私募股权基金等另类资产市场都有投资，不过这些投资与对政府债券的投资相比规模很小。

现在，市场失灵最大的表现在于无法给长期基础设施供资，并且对于解决气候变化问题无能为力，哪怕这种项目和筹资成本的贴现率几近为零。当然，长期基础设施和气候变化投资是有项目风险的，但是类似项目的长期社会回报能给社会带来巨大好处，特别是也许能够改善对资源的使用、改善碳足迹并且保存稀缺的自然资源。

换言之，如果央行愿意以几乎零利率的价格贷款给政府，那么在气候金融项目满足了必要的治理和技术安全要求之后，为什么央行不去投资气候金融项目呢？

有越来越多证据表明：发展中国家的央行一直都愿意给中小型企业、农业和金融普惠项目直接发放贷款。实际上，中国人民银行给了中国国家开发银行1万亿元人民币的流动性授信，专门给城市农民工居住的廉价房提供资金。央行以这一做法向公众表明它们关心社会问题，尤其是关心影响到弱势群体生计的问题。

说直白一点，央行把自己的资金（已经不是一笔小数目）放到哪里已经成了一个社会选择问题。因为央行决定短期利率，从而决定了筹资成本，这个价格不再由市场驱动，而是一个政策价格。这种价格影响公众，而公众又正是创造了央行这个代理方的委托人。

央行在债券市场上不论是作为债券持有方还是交易方的集中化程度都很高，通过在这个市场的干预，央行实际上是在救助和补贴越来越少的交易对手，那么大众就有权利去询问为什么大多数人无法获得资金。央行给出的传统答案是这些中介机构持有大众的储蓄和投资，它们是大众的代理。但是，危机揭示了这些代理方不一定代表着多数人的利益。所以，公众需要央行对于自己的行为承担更大的公众问责，在处理"大到不能倒"的银行、资产管理公司和其他央行时更要如此。这些机构要么信用评级较高，要么信贷风险明显较低，它们通常只和一个很小的圈子打交道，而且会恶化风险转移活动，增加系统脆弱性。

全球金融市场集中了超大型的参与者，这意味着央行很容易受到各种力量的控制，包括思想上的控制。不论央行做什么，与审慎的政策监管一样，都会受到既得利益集团猛烈游说的影响。结果是一旦央行进行大规模的干预，就无法轻易取消已经推出的政策，不论是监管还是货币政策。

所以央行陷阱是指代理方日益脱离大众（委托方）的利益。愈演愈烈的不平等哪怕不一定是央行行动的原因，至少也是这种行动带来的影响,它决定着央行的政治方向。

我们都知道,在财政方面,民主原则提出"无代表,不纳税"。央行的行为近似于财政行为。低于市场水平的利率就是一种金融抑制税。央行通过非传统货币政策承诺不出现通胀或者通缩,但是让央行采取这种行动是民主投票的结果吗?不是。央行的政治经济不受民主选择的影响。有趣的是,在2015年4月欧洲央行的一次新闻发布会中,一个抗议人士甚至指控欧洲央行实行独裁制(Gould,2015)。

正如白川方明行长在2010年警告的那样,"在一个传统货币政策不那么有效的环境中,央行尝试制定'有成效的'政策措施时,通常都会围绕财政政策这个领域。所以政策制定者需要直面的一个问题是,在一个民主社会中谁应当对这种政策行动负责"(Shirakawa,2010)。

的确,在市场或政策失误时,或是在修正市场或政策的错误时,各方分摊的负担是不均衡的,这一问题不受民主选择的影响。这一点在国家层面如此,在全球也是如此。在国家层面上采取量化宽松政策的央行,知道这种做法对世界其他地方有复杂的反馈和负面的外部影响。这些外部影响不会冲击到大人物和有钱人,他们可以将资本转到避风港来躲过金融抑制税。但新兴市场会受到冲击,它们没有流动性也没有资源,无法逃离,只能承受资本流波动、实际利率变高和增长放缓带来的伤害。央行只对本国的国家利益负责,目前还没有一家关注全球利益的全球中央银行。

结束语：没有硬预算约束，永远都是软选项

曾经有人说苏联经济在 20 世纪 80 年代失败是由于中央计划的失败，但也是因为其不受硬性预算约束的控制（Aslund，2001）。不幸的是，量化宽松的发明清楚地指出：即便民主的资本主义经济体也没有硬预算约束。它们想印多少钱就印多少，为不可持续的消费注资。

央行的干预是一个政治上的"软选项"，但是它无法解决实体领域的结构性问题。只有强劲的政治支持和执行意愿才能解决这些问题。民主政策不鼓励强硬的政治行动，于是整个系统更加依赖软货币和低利率。在没有稳健的理论和证据证明央行的做法可行时，央行就已经开始扩大资产负债表并且表现出干预的意愿，它们已经变成流动性陷阱这种结构性"萎靡"和低增长的组成部分。这实际上加重了缺乏硬性预算约束的问题，央行干预的时间越长，既得利益集团就越会不受真正限制地用无法持续的债务来维持消费。

领导力源于做需要做的事情，而不是做受欢迎的事情。不愿意在结构改革上采取不受欢迎的强硬行动的态度已经限制了财政行动，通过不断扩大资产负债表而带来的无须花钱的量化宽松会是行之有效的解决方案吗？

已故新加坡领导人李光耀曾经说过一句话，大意是央行"需要做正确的事情，而不是政治上正确的事"。能让权力合法化的是去做正确的事情，而不是做政治上受欢迎的事情。

总的来说，当一场聚会变得太过活跃时，央行就应当拿走装着酒精饮料的大酒杯。如果无法拿走大酒杯，也许央行应当将实情告诉掌握权力的一方，或者如果觉得自己无法去做必须要做的事情时应该自行离场。摆在我们面前的事实是：在一个日益不可持续的环境中，央行不一定是解决方案。的确，如果央行不小心，自身都会变成问题的一部分。

参考文献

Aslund, Anders. (2001) *Building Capitalism: The Transformation of the Former Soviet Bloc.* Cambridge: Cambridge University Press, accessible at www.amazon.com/ Building-Capitalism-Transformation-Fomier-Soviet/dp/0521805252.

Bemanke, Ben. (2015) *Why Are Interest Rates So Low?* Ben Bemanke's Blog, *www.brookings.edu.* accessible at www.brookings.edu/blogs/ben-bemanke/posts/2015/03/30-why-interest-rates-so-low.

Borio, Claudio. (2014) *The International Monetary and Financial System: Its Achilles Heel and What to Do About It.* BIS Working Paper No. 456.

Brynjolfsson, Erik, Andrew McAfee and Michael Spence. (2014) New World Order: Labour, Capital, and Ideas in the Power Law Economy. *Foreign Affairs,* July/August 2014 Issue, 44-53. accessible at www.foreignaffairs.com/articles/141531/erik-brynjolfsson-andrew-mcafee-and-michael-spence/new-world-order.

Caruana, Jaime. (2012) *Why Central Bank Balance Sheets Matter.* BIS. accessible at www.bis.org/publ/bppdf/bispap66b.pdf.

Financial Stability Board. (2014) *Global Shadow Banking Monitoring Report 2014,* Exhibit 2-1: Assets of Financial Intermediaries, accessible at www.financialstabilityboard.org/wp-content/uploads/r_141030.pdf?page_moved=1.

Gould, Jonathan. (2015) Protester Against ECB "Dictatorship" Showers Draghi With Confetti. *Reuters,* 15 April, accessible at www.reuters.com/article/2015/04/15/us-ecbpolicy-disruption-idUSKBN0N61GE20150415?utm_source=twitter.

Haldane, Andrew G. (2009) *Rethinking the Financial Network*. Bank of England. Speech given at the Financial Student Association, Amsterdam, 28 April, accessible at www.bankofengland.co.uk/archive/Documents/historicpubs/speeches/2009/speech386.pdf.

——. (2015) *On Microscopes and Telescopes*. Bank of England. Speech given at Lorentz Centre workshop on socio-economic complexity, Leiden, accessible at www.bankofengland.co.uk/publications/Documents/speeches/2015/speech812.pdf.

IMF Global Financial Stability Report. (2014) *Risk Taking, Liquidity, and Shadow Banking: Curbing Excess While Promoting Growth*: Statistical Appendix, Table 1: Capital Market Size, Selected Indicators, October, accessible at www.imf.org/external/pubs/ft/gfsr/2014/02/pdf/statapp.pdf.

Lo, Andrew W. and Mark T. Mueller. (2010) *WARNING: Physics Envy May Be Hazardous to Your Wealth!* 60. accessible at http://web.mit.edu/alo/www/Papers/physics8.pdf.

Montecino, Juan A. and Gerald Epstein. (2015) *Have Large Scale Asset Purchases Increased Bank Profits?* INET, Working Paper No. 5. Paper presented at the 6th INET Annual Conference: Liberté, Égalité, Fragilité, Paris, 8-11 April.

Plihon, Dominique. (2015) *Central Banks and Distribution*. Université Paris-Nord, INET. Paper presented at the 6th INET Annual Conference: Liberté, Égalité, Fragilité, Paris, 8-11 April, accessible at http://beta.ineteconomics.org/uploads/papers/PLIHON.pdf.

Sheng, Andrew. (2010) *Financial Crisis and Global Governance: A Network Analysis*. Commission on Growth and Development. Working Paper No.67. The World Bank, accessible at http://siteresources.worldbank.org/EXTPREMNET/Resources/489960-1338997241035/Growth_Commission_Working_Paper_67_Financial_Crisis_Global_Governance_Network_Analysis.pdf.

Sheng, Andrew and Xiao Geng. (2012) Micro, Macro, Meso and Meta Economics. *Project Syndicate*, 9 October, accessible at www.project-syndicate.org/commentary/new-thinking-in-economics-by-andrew-sheng-and-geng-xiao.

Shirakawa, Masaaki. (2010) *Unconventional Monetary Policy—How Central Banks Can Face the Challenges and Learn the Lessons*. BIS, High-Level Policy Panel on Financial Stability Issues, accessible at www.bis.org/publ/bppdf/bispap52w.pdf.

Soros, George. (2009) Soros: General Theory of Reflexivity. *The Financial Times,* 26 October. accessible at www.ft.com/intl/cms/s/2/0ca06172-bfe9-11de-aed2-00144feab49a.html#axzz3U9d1IhPH.

Stiglitz, Joseph E. (2015) *The Great Divide: Unequal Societies and What We Can Do About Them.* New York: W.W. Norton & Company, Inc. accessible at http://books.wwnorton.com/books/978-0-393-24857-9/.

PART FIVE

第五部分

创 新

16

中国区域创新发展现状与主要影响因素

吕薇

《国家中长期科学与技术发展规划纲要（2006—2020年）》（以下简称《规划纲要》）（国务院，2006）中提出要推进建设区域创新体系。2006年以来，中国区域创新体系建设取得明显进展，促进了区域创新发展。一是通过试点示范加快体制机制改革和政策推广，形成一批区域创新的排头兵。二是地方科技投入普遍增长，2011年起地方财政科技投入超过中央财政，占全部财政科技拨款总额的53.3%。三是各级地方政府制定配套政策，区域创新环境持续改善。31个省、自治区、直辖市及各级地方政府出台了近千条地方政策措施，区域创新环境明显改善。四是大部分地区编制地区科技发展规划，部分地区制定创新驱动发展战略，区域创新能力得到逐步提升。

中国区域创新发展基本现状

本章利用区域创新发展指标[①]，对31个省区市进行评价；选择北京、上海、深圳、宁波和温州五个城市，比较研究其创新发展模式。结果表明，中国已形成环渤海、长三角、珠三角三个创新高地，西部地区有关中、成渝和汉江等若干科技资源密集区。科技资源由政府配置与市场配置结合，科技基础设施主要依靠政府投入，创新要素集聚靠市场环境。创新能力与收入水平相关，也与科技积累和政府重视有关，有些低收入地区因政府营造环境，创新能力增长较快。

中国形成三大创新高地和三个科技资源密集区

从科技资源和创新活动的分布情况来看，中国已形成了以环渤海（京津辽鲁）、长三角（沪苏浙）、珠三角三大都市圈为核心的创新高地，在西部地区形成了以关中（陕西）、成渝（重庆市和四川省）和江汉（武汉）为核心的科技密集区。

根据《2014年中国区域创新能力报告》（柳卸林和高太山，2015），江苏、广东、北京、上海、浙江、山东、天津、重庆、安徽和湖北的综合创新指数居全国前十位，四川、陕西和辽宁均居前十五位，有些年份还居前十。

[①] 创新发展指标体系包括创新要素布局、创新投入产出、开放合作、科技基础设施和技术积累、政策与资本市场五个方面，23个指标。

区域研发支出强度呈东中西部梯度分布，发达地区的劳动力素质和科研人员密集度较高

东部地区的研发支出强度普遍高于中西部，中部地区普遍高于西部

如图 16.1 所示，研发支出强度高于全国平均水平的地区为北京、上海、天津、浙江、江苏、广东、山东和陕西，除了陕西外，其余都是东部经济比较发达、中高收入以上的地区。

人均教育经费支出的地区间差距较大

总体看，东部经济发达地区和一些人口规模较小的西部地区人均教育经费高于全国平均水平，地区间人均教育经费差距较大，如北京超过 3000 元/人，而最低的地区还不到 1000 元/人。如图 16.1 所示，北京、上海、天津、浙江、江苏、广东、陕西、辽宁、重庆、宁夏、青海、内蒙古、海南、新疆和西藏等地区的人均教育经费高于全国平均水平；而中部地区的人口大省和西部低收入地区的人均教育经费和研发支出强度均低于全国平均水平。

科研人才相对集中在东部地区，地区间劳动力素质差距较大

2010 年，中国每 10 万人中大专以上学历人口为 9764 人。分地区看，中国大部分地区的人口受教育程度和科研人员密度低于全国平均水平，只有少数沿海发达地区的人口受教育程度和科研人员集中度较高。如图 16.2 所示，人口受教育程度高于全国平均水平的地区是北京、上海、天津、江苏等高收入地区；陕西、辽

宁、吉林、内蒙古和新疆等少数老工业基地的人口受教育程度略高于全国平均水平，这与计划经济时代大批干部和工人支援边疆有关。

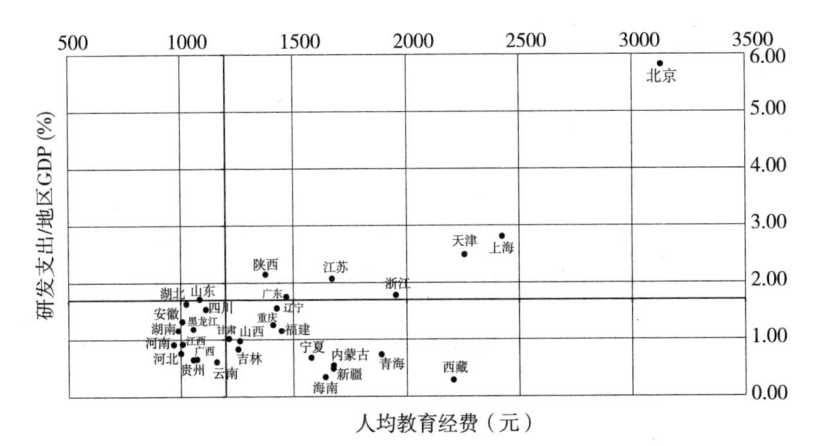

图 16.1　各地人均教育经费支出和研发支出强度（2010 年）

资料来源：中国国家统计局（2012a）。

科研人员密度与地区收入水平和科技基础设施有关，东部地区的科技人员密集度较高。如图 16.2 所示，研发人员密度（全时研发人员当量数/就业人数）高于 10‰ 的地区是北京、上海、天津、江苏、陕西、浙江、广东、山东和湖北等高收入和中高收入地区，大都地处东部沿海。

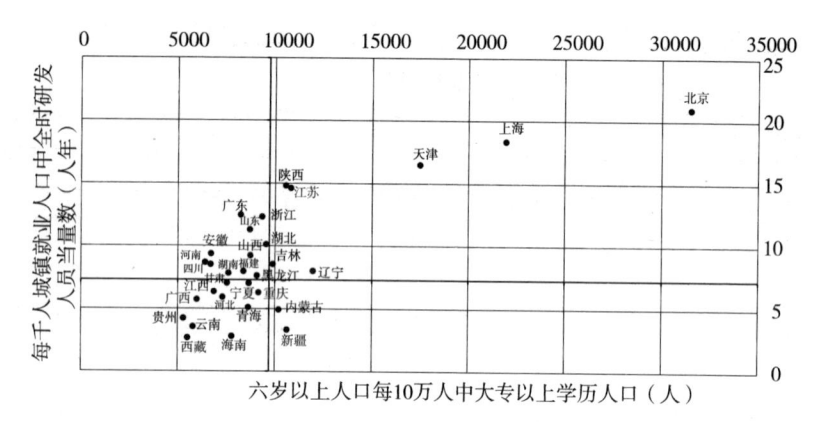

图 16.2 各地人口受教育程度和研发人员密度（2010 年）

注：大专以上学历人口数据为 2010 年数据，研发人员数据为 2009 年数据。
资料来源：中国国家统计局（2012a，2012b）。

企业成为创新投入主体，东部地区企业创新比较活跃，提高区域创新能力的重点是提高企业创新动力和能力

2010 年，中国全国研发经费支出中企业占比为 71.7%，大中型企业研发支出强度为 0.93%，规模以上工业企业的研发支出强度约为 0.7%；企业研发人员全时当量数占全社会的 73.4%，企业成为创新投入的主体。分地区看，企业创新有两个特点。

东部沿海地区以企业创新投入为主，西部地区研发支出中政府比例较高，中部地区居中

总体看，大部分东部地区企业研发支出强度和企业研发支出占全社会的比重高于中西部。例如，2010 年，广东、江苏、浙江、山东、天津、重庆、湖北、辽宁和安徽等地的企业研发支出强度和企业研发支出占全社会的比重均高于全国平均水平,见图16.3。综合创新能力居全国前10位的地区中,除北京和上海的中央政府研究经费较多外,其余地区企业研发支出占比均高于全国平均水平。由此可见,提高地区创新能力必须提高企业创新动力和能力。

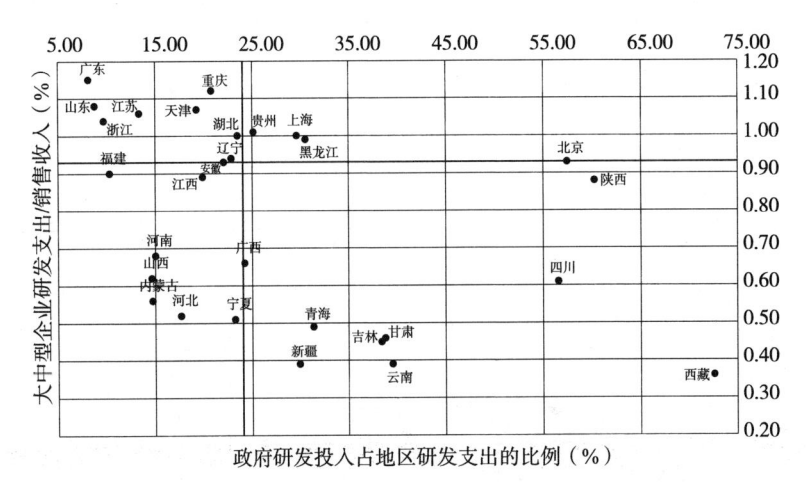

图16.3 各地政府研发支出比重与企业研发强度(2010年)

资料来源:中国国家统计局(2012a,2012b)。

东部沿海地区的企业新产品开发能力较强,中西部地区的企业技术改造投入比重较高

2010年,中国大中型工业企业新产品销售产值约占总销售产值的17.3%,占主营业务收入的16.6%;各地大中型工业企业技术改造投资强度(大中型企业技术改造投资与地区固定资产投资之比)为1.2%。

分地区看，如图 16.4 所示，企业新产品销售比重和技术改造投入比重均高于全国平均水平的地区是湖南、上海、天津、浙江、北京、广西、江苏、山东，其中 3/4 是经济较发达的东部沿海地区。一些中西部地区和东北地区的企业新产品销售占比低于全国平均水平，但企业技术改造投入强度较大，如四川、贵州、宁夏、内蒙古、辽宁、甘肃和湖北等。由此可见，东部地区以产品创新推动转型升级，中西部地区的产业结构偏向重化工业，国有企业比例较高，转型升级主要依靠企业技术改造。

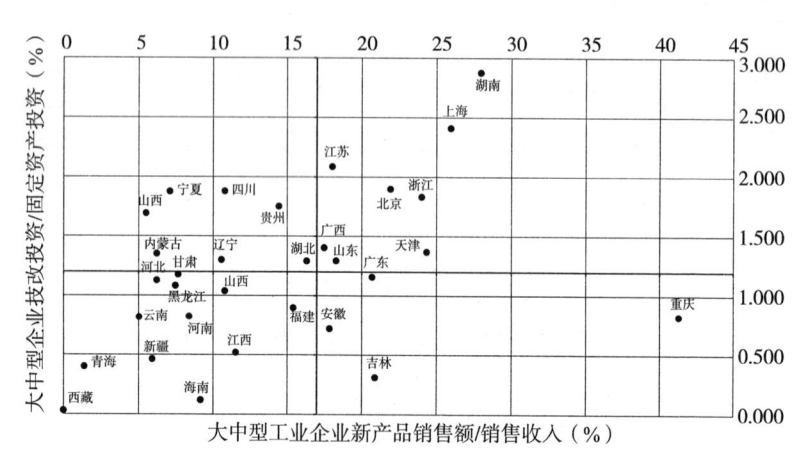

图 16.4　各地大中型企业新产品与技术改造比较（2010 年）

资料来源：中国国家统计局（2012a，2012b）。

地区科技基础设施由市场和政府配置相结合，东部地区和少数老工业基地的科技基础较强、研发效率较高

中国已形成京津辽鲁、长三角、珠三角、关中、成渝、江汉六大科技资源密集区

总体上看，老工业基地的政府科研机构实力强，市场经济比较活跃的东部沿海地区企业研发实力较强。如图 16.5 所示，北京、上海、陕西、四川、江苏、辽宁、湖北、河南、山东等地政府科研机构研发人员占全国之比高于全国中位数 3.2%。大中型工业企业研发人员占本地研发人员比重较高（50% 左右）的地区分为两类：一类是市场经济比较发达的东部沿海地区，例如长三角和珠三角地区基本形成市场配置创新要素的机制，企业研发能力较强；另一类是国有大中型企业比较集中的地区，例如重庆、辽宁、黑龙江、湖北等。

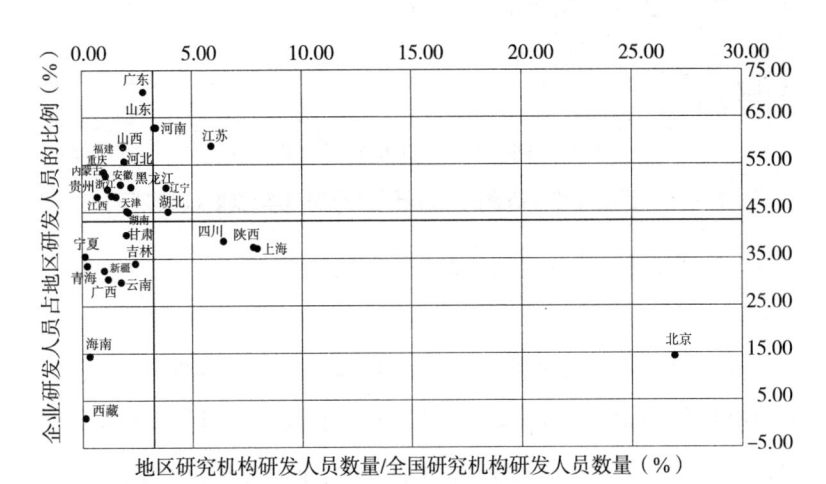

图 16.5 企业科研机构与政府科研机构（2010 年）

资料来源：中国国家统计局（2012a，2012b）。

沿海地区和科技基础设施密集区的专利密度大，人均专利拥有量较高

如图 16.6 所示，北京、上海、江苏、广东、重庆、陕西、安徽等省市单位 GDP 和每百名研发人员拥有发明专利申请密度均高于全国平均水平；天津、辽宁、四川、浙江的每百名研发人员的发明专利申请量高于全国平均水平，单位 GDP 的发明专利申请量接近全国平均水平。

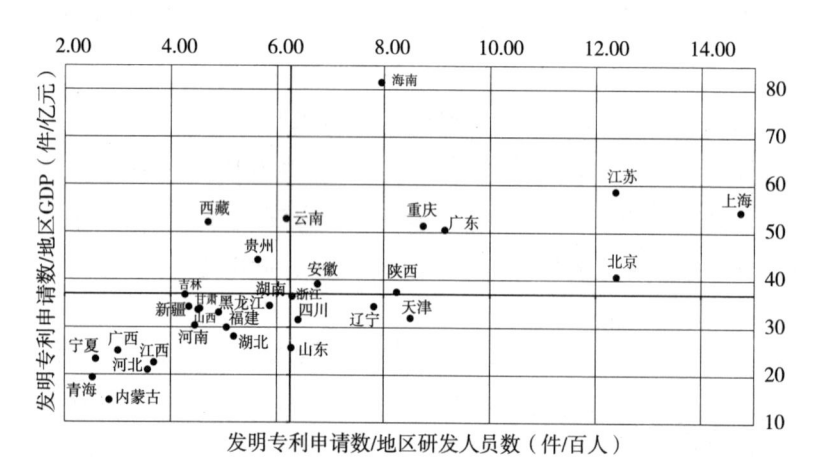

图 16.6　各地专利申请密度与科研人员研发效率比较（2010 年）

资料来源：中国国家统计局（2012a，2012b）。

2010 年，我国平均单位 GDP 的有效专利为 2.8 件 / 亿元，有效商标数约为 10 件 / 亿元。分地区看，有效商标和专利密度大于全国平均水平的地区仅有浙江、北京、广东、上海和福建。浙江、北京、广东、上海、江苏、四川、重庆、福建、天津的有效专利

密度超过全国平均水平；北京、浙江、福建、广东和上海的有效商标密度高于全国平均水平（见图 16.7）。

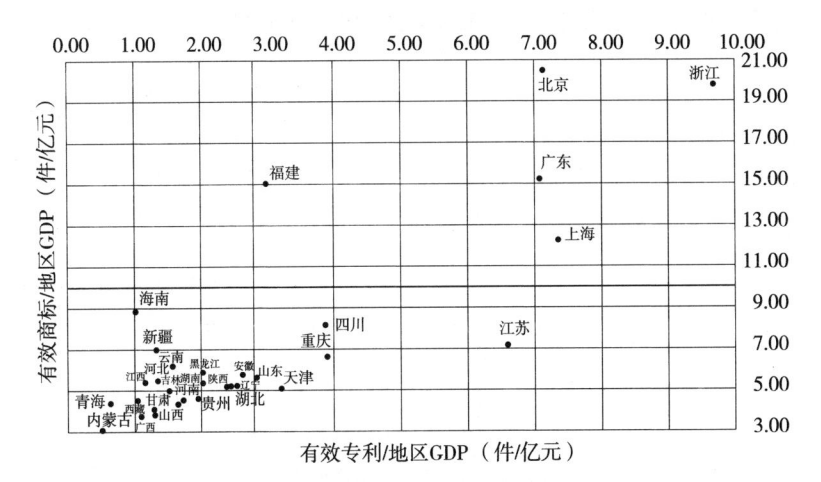

图 16.7　各地有效专利和商标的数量（2010 年）

资料来源：中国国家统计局（2012a，2012b）。

综合发明专利申请密度和有效专利密度两项指标，浙江、北京、广东、上海、江苏、天津等东部地区和重庆、四川少数中西部地区的技术积累和现有技术创造能力较强。

地区要素生产率与产业结构有密切关系

中国各地区高技术产业和要素生产率主要呈现以下特征。

高技术产业总产值比重高的地区，能源利用效率较高

2010 年，全国高技术产业产值占工业产值比重为 19%，单位

GDP 综合能耗为 1.30 吨标煤/万元。如图 16.8 所示，2010 年，高技术产业比重位居全国前列的省市，例如北京、广东、上海、江苏、福建、天津和江西，其单位 GDP 能耗较低。

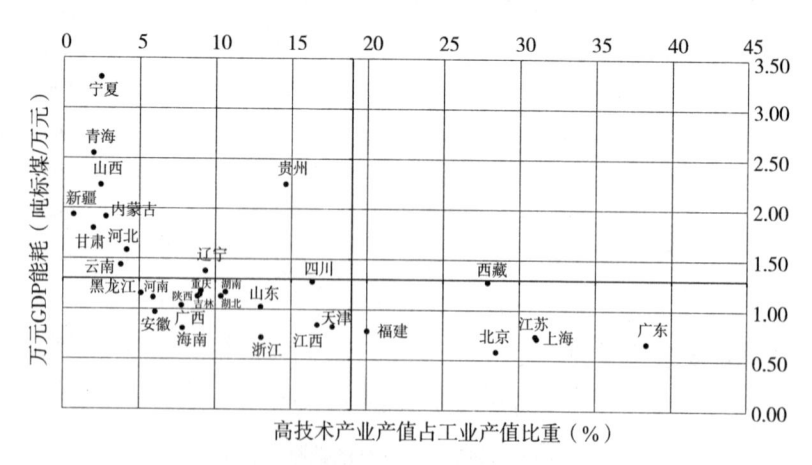

图 16.8 各地高新技术产业比重与单位 GDP 能耗（2010 年）

资料来源：中国国家统计局（2012a，2012c）。

劳动密集型加工制造业和出口密集型地区的劳动生产率低于重工业和资源密集地区，中西部地区的综合成本利润率较高

2010 年，全国工业规模以上工业企业的人均产值率为 73.2 万元/人，工业企业综合成本费用平均利税率为 13.58%。分地区看，如图 16.9 所示，工业企业人均产值率高于全国平均水平的有 14 个省区市，即天津、海南、北京、内蒙古、上海、吉林、河北、辽宁、山东、新疆、江苏、陕西、青海和湖北。其中，天津、北京、上海、山东、江苏等省市的创新能力较强，劳动生产率较高；而

内蒙古、辽宁、吉林、陕西、湖北、青海和新疆等属于老工业基地和资源产业密集地区,由于重化工业的规模效益明显,加上资源价格较高,因此,行业劳动生产率较高。同时,资源和重化工行业集中的地区成本利税率较高,高技术和出口加工集中的地区工业成本利税率较低。例如,工业企业平均综合成本利税率高于全国平均水平的省区市有新疆、西藏、黑龙江、陕西、云南、海南、青海、内蒙古、贵州、湖南、山西、天津、河南、广西、湖北、安徽、四川、宁夏,这些地区大都是资源密集型产业和装备工业密集区。

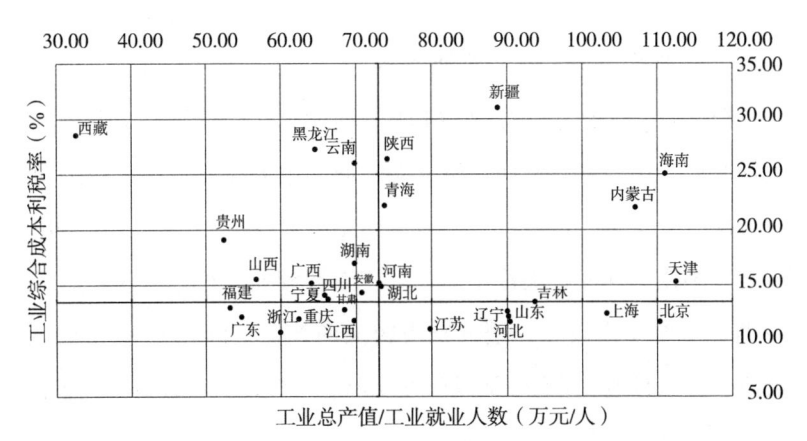

图 16.9 各地工业劳动生产率和成本利税率(2010 年)

资料来源:中国国家统计局(2012a,2012d)。

综合两项指标,我们可以看出,在现行价格体系下,各地的工业劳动生产率和工业综合成本产出率主要与地区的产业结构有关,创新驱动的效果不明显。因此,需要通过改革促进创新驱动发展。

东部地区的创新环境优于大部分中西部地区,创新要素的集聚能力较强

总体看,东部地区具有创新环境优势,集聚创新要素的能力较强;大部分中西部地区的科技基础设施和创新环境薄弱,集聚创新要素的能力较弱,少数老工业基地和三线工业区在计划经济时期形成的科技资源优势开始减弱。下面重点分析鼓励企业创新的普遍性政策落实情况和资本市场发展情况。

地区间政策落实情况差距较大

分地区看,政策落实情况地区差距较大,经济发达地区的政策落实好于中西部。例如,研发支出加计扣所得税与GDP之比超过全国平均水平的地区约占35%,包括上海、山西、浙江、四川、宁夏、湖南、河北、天津、海南、广东和湖北。这包含两类地区:一类是研发支出较多、地方财力较强的地区,例如上海、浙江、天津、广东等地;还有一类是研发支出总量较低,但政府比较重视的地区,例如山西、宁夏、海南等地。

风险投资成为科技与经济结合的重要桥梁,长江三角洲和珠江三角洲地区是我国风险投资最活跃的地区

目前,中国已成为世界上主要风险投资国家。2012年,全国各类风险投资机构1183家,创业风险投资企业(基金)942家,创业风险投资管理企业241家,创业风险投资管理资本达到

3312.9亿元，基金平均管理规模为3.52亿元。截至2012年年底，累计创业风险投资项目11112个，累计投资额2355.1亿元，项目平均投资强度为2120.1万元（王元和张晓原，2013）。

分地区看，风险投资机构主要集中在经济发达地区。例如，江苏和浙江两省的风险投资机构数占全国的47%，是风险投资机构密集地区，广东和上海位居第三和第四位；按管理的资金数量排序，江苏、广东、浙江、安徽、上海和北京的管理基金数量居全国前六位。

创新投资活动比较活跃的地区是珠江三角洲、长江三角洲、京津冀地区和东北老工业基地。珠三角地区每个项目的平均投资强度最高，其余依次为长三角、京津冀、东北老工业基地，每个项目的平均投资额分别是2368.8万元、1469.5万元、1087万元和899.3万元。

影响区域创新驱动发展的主要因素

在上述分析的基础上，我们选择北京、上海、深圳、宁波和温州等典型地区研究其创新发展模式，从而发现：区域创新能力是综合因素作用的结果，影响创新要素集聚的主要因素包括发展阶段、制度和市场环境、科技和产业基础、区位优势和创新文化等等。

随着中国计划经济向市场经济的转变和要素市场的建立,科技资源和创新要素的配置机制发生了变化

一是从计划配置向市场配置转化。例如,计划经济时代,国家统筹配置科技资源,形成了西安、成都、德阳、武汉等军工科研院所、军工企业和大学集聚区,这些科技资源在改革开放后仍发挥了积极的作用。而东部沿海地区则依靠改革开放迅速吸引创新要素。二是伴随着改革开放,创新要素从国内地区之间流动和配置,转向全球流动和配置。开放越早、开放度越大的地区,创新要素的配置越市场化,越来越多地吸引世界创新资源。例如,深圳市从一个小渔村变成了中国的企业创新中心。三是随着经济转型发展,创新要素向转型较快的经济发达地区集聚。

建设创新型城市的关键是营造有利于创新的市场环境,集聚创新要素

在经济全球化的形势下,创新要素是全球流动的,可以创造条件吸引各种创新要素。一些原本科技资源匮乏的地区,通过改善创新生态环境,吸引了大量国内外创新要素,成为创新排头兵。例如,改革开放初期,深圳没有大学和科技基础设施,但凭借其良好的市场环境、生活环境和交通通信环境等,吸引了大量创新创业人才。而有些地方科技资源丰富,却因为营商环境等,科技型企业难以实现规模化发展。例如,北京的科技资源在全国居首位,但因各种要素成本较高,许多科技成果流向外地产业化。

目前,各地从四个方面入手营造创新生态环境。一是构建公

平竞争的市场环境,增强企业创新的内在动力;二是建立多层次的资本市场,打通创新各环节的融资渠道;三是完善人才激励政策,调动人创新的积极性和主动性;四是加强知识产权保护,保护创新者的权益,提升知识产权价值。

政府在建设创新型城市中具有不可替代的作用

中国各级政府掌握较多资源,政府不仅在资源配置上发挥重要作用,而且在体制改革和创新环境建设方面具有不可替代的作用。例如,深圳和温州都是以民营企业为主的市场经济较发达的城市,但深圳是中国首个经济特区,政府重视创新,在创新政策方面先行先试,在资源配置上向创新倾斜,因此,深圳位居创新城市前列。而温州市政府采取无为而治的态度,没有真正重视创新,结果在创新驱动转型发展方面落在了后面。又如,宁波与温州同处浙江省,市场环境比较接近,因宁波市政府比较重视创新,从2007年开始大力推进创新型城市试点工作,创新驱动发展初见成效。目前中国大部分地区已将创新驱动纳入地方发展战略,制定了创新指标体系,以考核各级政府和引导企业。

创新文化是实现创新驱动发展的重要因素

通常,创新文化是不可复制的创新环境优势。例如,深圳是移民城市,具有敢于冒险、鼓励创新、容忍失败的文化和灵活的市场机制,吸引和激励国内外的人才来这里创新创业,形成了一批创新型企业和科研机构。上海是跨国公司集聚的地区,国有企业比重高,具有较浓厚的白领文化,人们倾向于追求稳定的收入和安逸的生活状态，通常不会选择需要承担风险的创新和创业。因此，上海国家自主创新综合示范区张江，吸引了一大批国家级的研究机构和跨国公司的研发机构，民营创业企业发展相对滞后于北京和深圳。北京是全国政治中心，尽管中关村一直是全国高技术产业和自主创新的先行先试区，许多政策都是从中关村开始试点，但有些政策在本地执行时受到各方面的掣肘，而在外地落实较好。宁波人拥有小富即安的心理，本地企业往往不愿冒险创新或做大规模，因此，宁波本地民营企业大都是中小企业。温州人对商机有较高敏感性，敢于冒风险，不怕吃苦，但因过于追求短期利益，在金融危机到来和实体经济盈利下降时，温州的一些企业将资金投入短期盈利的领域，导致了资本外流等现象，出现了温州人经济活跃，温州经济下滑的局面。

区域创新发展模式和路径与科技基础和产业基础有关

例如，北京市集聚了大批知名高校和科研院所，成为国家的科教中心，虽然科技成果多，但各种生产要素和生活成本较高，只有较高附加值的行业和企业才能在北京发展生存。因此，北京市的创新发展战略目标定位为建设全国的创新中心，通过发展孵化产业，促进科技成果产业化，由市场选择一部分高附加值的企业留在北京继续发展。而深圳的科技基础设施也是从无到有，必然要靠营造环境吸引外部创新要素，引进技术、人才、资金进行产业化发展，建立以企业为主体的创新体系，最终成为全国高技术产业集聚区。

同时，区域创新能力与产业结构有密切关系。通常，高新技术产业技术变化快，附加值高，创新活动比较活跃。因此，各地都将发展高新技术产业作为实现创新驱动的重要抓手，例如，上海、深圳和宁波的"十二五"发展规划目标中都增加了战略性产业比重或高新技术产业比重的指标。

高新技术产业园区在建设区域创新体系中发挥了重要作用，成为创新型企业的集聚区和驱动转型发展的龙头

高新技术产业园区作为政策高地和公共服务平台，吸引了一批创新企业和高技术企业，成为创新型企业集聚区和转型发展的龙头。2005—2012年，全国国家级高新区数量由53家增加到105家，区内企业数由4.2万个增加到6.6万个，年营业总收入由3.4万亿元增加到16.7万亿元，净利润由1603亿元增加到9898亿元，实际缴纳税金由1616亿元增加到9012亿元，出口创汇由1117亿美元增加到3341亿美元。

区域创新能力不仅与经济发展水平有关，更重要的是与创新环境有密切关系

按照2011年的地区人均GDP，将31个省区市分为四档。一是人均GDP高于1万美元的高收入地区，即天津、上海和北京三个直辖市。二是人均GDP位于7000—10000美元的中等偏高收入地区，包括江苏、浙江、内蒙古、广东、辽宁、福建、山东。三是人均GDP为4000—7000美元的中等收入地区，包括重庆、湖北、陕西、四川等地；四是人均GDP低于4000美元的中等偏下收入地区，包括安徽、广西、宁夏、新疆、西藏、青海、云南、甘

肃、贵州等地。

根据 2013 年《中国区域创新能力报告》(柳卸林、高太山和周江华，2014）的评价结果，比较综合创新指数前 20 位的地区，我们得出以下结论：一是地区的创新能力与人均 GDP 正相关，综合创新指数排位居前列的地区大都是收入中等偏上的地区。例如，2011—2013 年《中国区域创新能力报告》(柳卸林和陈傲，2012；柳卸林和高太山，2013；柳卸林、高太山和周江华，2014）表明，综合创新指数位居前七位的地区相对稳定，都属于高收入和中高收入地区（见表 16.1）。二是高收入地区的创新能力不一定强，例如，内蒙古以资源开采业和能源产业为主，近些年收入增长加快，人均 GDP 排名全国第 6 位，但综合创新指数仅位居第 18 位。三是通过政府配置资源和政策引导，也可以提高一些中低收入地区的综合创新能力。例如，陕西、重庆、安徽等省市，属于中等和中等偏下收入地区，其综合创新指数也曾位居前 8—10 位。在改革开放以前的计划经济时期，一些国家科研院所、大学和大中型企业迁往陕西、重庆和安徽，形成了较好的科技基础。近些年来，这些地区的政府高度重视创新，例如，2011 年安徽省的人均 GDP 仅 3900 多美元，但省政府主动建设合芜蚌自主创新示范区，营造良好的创新环境，其综合创新指数仍排名第 9 位。

表 16.1 地区人均 GDP 排名与综合创新指数排名比较

	地区	人均GDP排名	综合创新指数	创新环境	企业创新		地区	人均GDP排名	综合创新指数	创新环境	企业创新
高收入地区	天津	1	7	9	7	中等偏高收入地区	江苏	4	1	2	1
	上海	2	4	5	6		浙江	5	5	4	3
	北京	3	3	3	5		内蒙古	6	18	18	29
	重庆	12	8	16	8		广东	7	2	2	5
	湖北	13	12	8	12		辽宁	8	11	15	14
	陕西	15	14	12	12		福建	9	10	10	11
	湖南	20	13	13	10		山东	10	6	6	4
	黑龙江	16	19	29	13		安徽	26	9	7	9
中等收入人地区	海南	22	17	19	23	中等偏低收入地区					
	河南	23	16	14	16						
	江西	24	20	20	27						
	四川	25	15	11	20						

资料来源：柳卸林、高太山和周江华（2014）；中国国家统计局（2012b）。

参考文献

柳卸林和陈傲（2012）：《2011 中国区域创新能力报告》，知识产权出版社。

柳卸林和高太山（2013）：《2012 中国区域创新能力报告》，知识产权出版社。

柳卸林、高太山和周江华（2014）：《2013 中国区域创新能力报告》，知识产权出版社。

柳卸林和高太山（2015）：《2014 中国区域创新能力报告》，知识产权出版社。

王元和张晓原（2013）：《中国创业风险投资发展报告 2013》，经济管理出版社。

中华人民共和国国务院（2006）：《国家中长期科学与技术发展规划纲要（2006—2020 年）》，见 www.most.gov.cn/kjgh/kjghzcq/。

中国国家统计局（2012a）：《中国统计年鉴 2011》，中国统计出版社。

中国国家统计局（2012b）：《中国科技统计年鉴》，中国统计出版社。

中国国家统计局（2012c）：《中国能源统计年鉴 2011》，中国统计出版社。

中国国家统计局（2012d）：《中国工业统计年鉴》，中国统计出版社。

17

从增长阶段看中国创新水平的
进展和差距

马名杰　石　光

通过与五类共 16 个国家进行历史[①]和当前阶段比较（见表 17.1），本章研究了中国创新水平的进展和国际地位变化，分析了中国创新的特点和问题。五类国家中，第一类是先行工业化国家，包括美国和英国。第二类是在二战后快速崛起的欧洲工业国，包括德国、法国和意大利。第三类是创新能力突出的北欧国家，包括瑞典、挪威和芬兰。第四类是成功追赶型国家，包括日本、韩国、新加坡和以色列。第五类是新兴的金砖国家，包括巴西、俄罗斯、印度、南非。

---

① 可比发展阶段根据人均 GDP 水平定义。

表 17.1 部分发达国家处于中国 2011 年人均 GDP 水平的大致年份

国家	可比年份
美国	1949
英国	1961
德国	1964
法国	1964
意大利	1968
瑞典	1960
挪威	1966
芬兰	1969
日本	1969
韩国	1990

注：根据麦迪逊数据库推算。

创新水平国际比较体系构成

本章从创新基础、创新效率和产业发展三个方面，建立了一套包含 15 个指标的国家创新水平评价体系（如图 17.1 所示）。

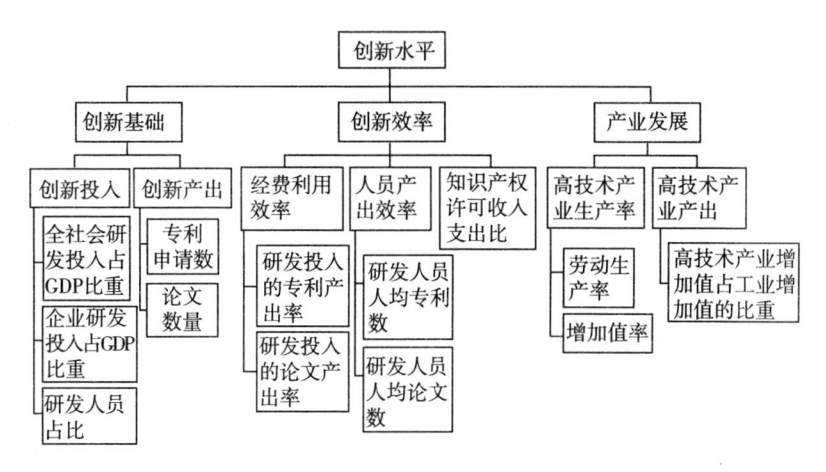

图 17.1　国家创新水平评价体系

创新基础

创新基础指一国创新投入和产出的水平。创新投入指标包括全社会研发投入占 GDP 比重、企业研发投入占 GDP 比重、研发人员占总人口比重。创新产出指标包括专利申请数[①]和论文发表数量。

创新效率

创新效率指单位创新投入带来的产出水平，衡量了对创新资源的利用情况。创新效率包括三类指标：研发经费利用效率、研发人员产出效率和知识产权许可收入支出比。

其中，知识产权许可收入支出比衡量了一国知识产权和无形

---

① 本章的专利申请数是指发明专利申请数。

资产的广义技术国际竞争力。如果知识产权许可收入支出比大于1,则说明一国是技术净输出国,反之则为技术净输入国。

产业发展

产业发展指标用于衡量创新促进产业发展的效果,包括两类指标:一是高技术产业增加值占工业增加值的比重,以此衡量高技术产业的产出水平;二是高技术产业的劳动生产率和增加值率,以此衡量高技术产业的生产率。

数据来源

数据主要来源于欧盟统计局、世界银行和经济合作与发展组织(OECD)的国别数据库。国际上对高技术行业的统计开始较晚,大多数创新指标的统计开始于20世纪80年代(见表17.2)。考虑到数据可得性,本章国际比较的时间范围一般为1980—2008年。

表17.2 主要指标定义

指标名称	定义
研发人员数量	从事新知识、新产品、新流程、新方法和新系统创造的专业人员,包括相关项目的管理人员。从事研发的博士后也包括在内
专利申请数*	通过"专利合作协定"程序或一国专利管理部门,在世界范围为发明申请并获得排他性权利的数量

续表

指标名称	定义
论文数	在以下领域发表的科学和工程论文：物理、生物、化学、数学、临床医学、生物医药、工程技术、地区和空间科学
知识产权收入	居民与非居民之间授权使用无形资产和知识产权（如专利、版权、商标、工业流程和特许权等），或通过许可协议授权使用原型（如电影和手稿）而获得的收入（现价美元）
知识产权支出	居民与非居民之间为获得无形资产和知识产权（如专利、版权、商标、工业流程和特许权等）的使用授权，或通过许可协议被允许使用原型（如电影和手稿）而付出的费用（现价美元）
高技术产业	高研发强度产业，例如航天、计算机、制药、科研仪器和电子设备

* 世界银行世界发展指标（WDI）数据库中，专利是指发明专利。专利申请数是本国居民在本国的专利申请数，没有包括本国居民在国外的专利申请。

资料来源：世界银行 WDI 数据库。

中国创新水平的国际地位

创新基础

研发投入强度基本达到发达国家可比阶段投入水平

2008 年，中国全社会研发投入强度为 1.47%，[1] 高于意大利和

---

[1] 2012 年中国全社会研发投入强度达到 1.87%。

金砖国家，但远低于其他发达国家。以色列全社会研发投入强度最高，超过4%；芬兰、瑞典、日本和韩国都高于3%；美国、德国和法国处于2%和3%之间。从可比发展阶段看，中国2008年的全社会研发投入强度低于多数国家20世纪80年代的投入水平，仅略高于当时的芬兰、挪威和意大利（见图17.2）。

中国企业研发投入水平比全社会研发投入表现略好（见图17.3）。2008年，中国企业研发投入强度低于多数发达国家当前水平，高于挪威、意大利和俄罗斯，接近英国。从可比发展阶段看，当前中国企业研发投入水平高于挪威、意大利和芬兰20世纪80年代初期水平，但低于其他发达国家。

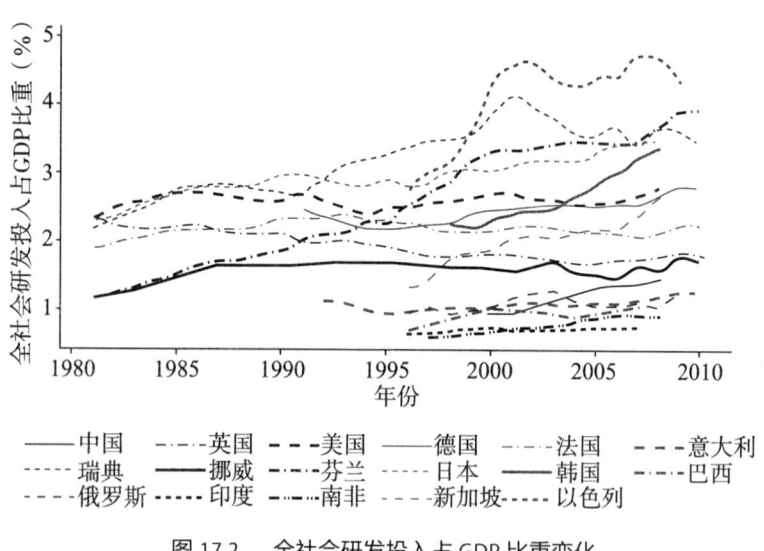

图17.2　全社会研发投入占GDP比重变化

资料来源：世界银行WDI数据库，见 http://data.worldbank.org/data-catalog/world-development-indicators。

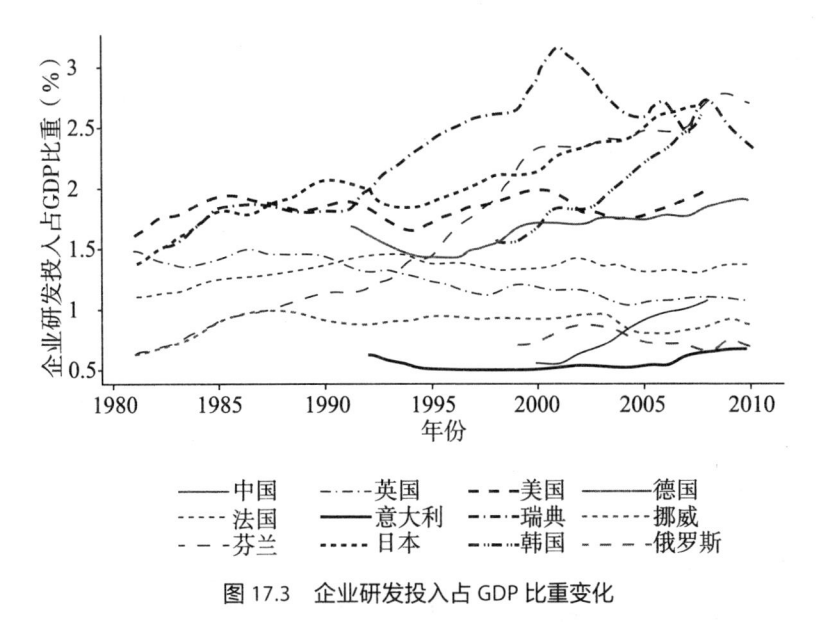

图 17.3　企业研发投入占 GDP 比重变化

注：巴西、印度、南非、以色列、新加坡数据缺失。

资料来源：世界银行 WDI 数据库，见 http://data.worldbank.org/data-catalog/world-development-indicators。

研发人员比重低于发达国家 90 年代水平

研发人员是重要的创新要素，智力资源投入反映了一国的增长方式和创新水平。2008 年，芬兰、挪威、瑞典、新加坡和日本的研发人员比重都在 5000 人/百万人以上，韩国、英国和美国在 4000—5000 人/百万人，德国和法国的研发人员比重为 3700 人/百万人。俄罗斯在金砖国家中的研发人员比重最高，超过 3000 人/百万人，接近德国和法国水平。近十多年中，各国研发人员比重变化差异较大。增幅较大的是芬兰、瑞典和韩国等人口规模小于 1

亿的国家。美国、日本和金砖国家等人口大国增长缓慢或基本稳定。韩国 1995 年研发人员比重只有日本的一半左右，2008 年已经接近日本水平，目前与北欧国家差距已很小。

中国研发人员比重在过去近十多年中增长不快。2008 年，中国研发人员比重为 1200 人/百万人，远低于发达国家，只高于巴西、印度和南非（见图 17.4）。中国 2008 年的研发人员比重也远低于多数发达国家在 20 世纪 90 年代中期的水平，甚至不足韩国 1996 年研发人员比重的一半。

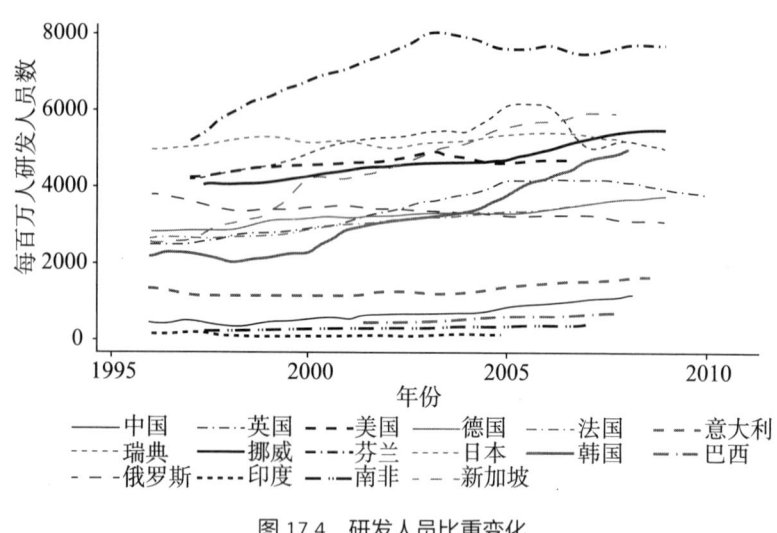

图 17.4　研发人员比重变化

资料来源：世界银行 WDI 数据库，见 http://data.worldbank.org/data-catalog/world-development-indicators。

科技产出总量国际领先

1960年以来，大多数国家的专利申请数量保持在稳定水平（见图17.5）。只有日本、美国、韩国和中国分别从60年代、80年代、90年代初和90年代中后期开始，保持了专利申请数的高速增长。根据世界知识产权组织（WIPO）数据，2011年，中国的专利申请数（中国居民在国内与国外申请之和）达43.6万件，超过了美国的43.2万件，略低于日本的47.2万件，进入专利总量领先国家行列。

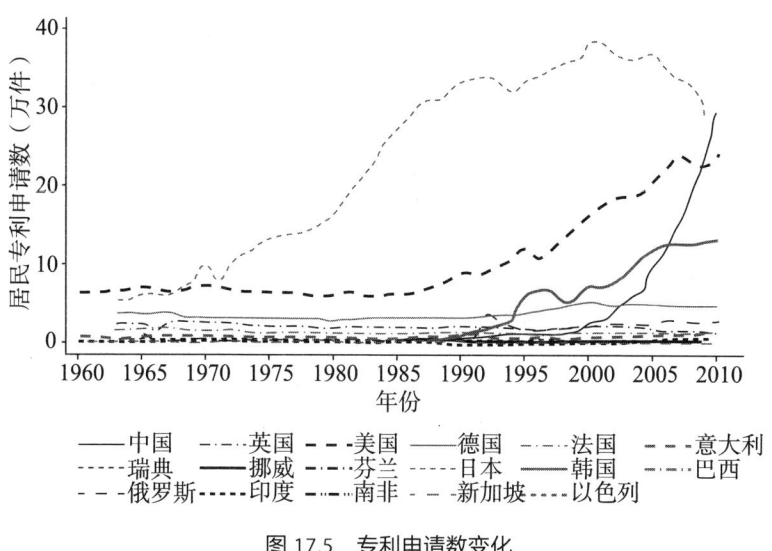

图17.5 专利申请数变化

资料来源：世界银行 WDI 数据库，见 http://data.worldbank.org/data-catalog/world-development-indicators。

作为科学研究的成果，多数国家论文发表数量的变化更为平缓,只有美国和中国例外(见图17.6)。美国论文数量远远高于其他国家,领先优势明显。中国论文发表数量自2000年以来迅速增长,2008年达到7.4万篇,跃居第二位,远高于其他国家。仅从专利申请和论文发表的数量来看,中国科学技术成果的高增长打破了多数发达国家的常规。

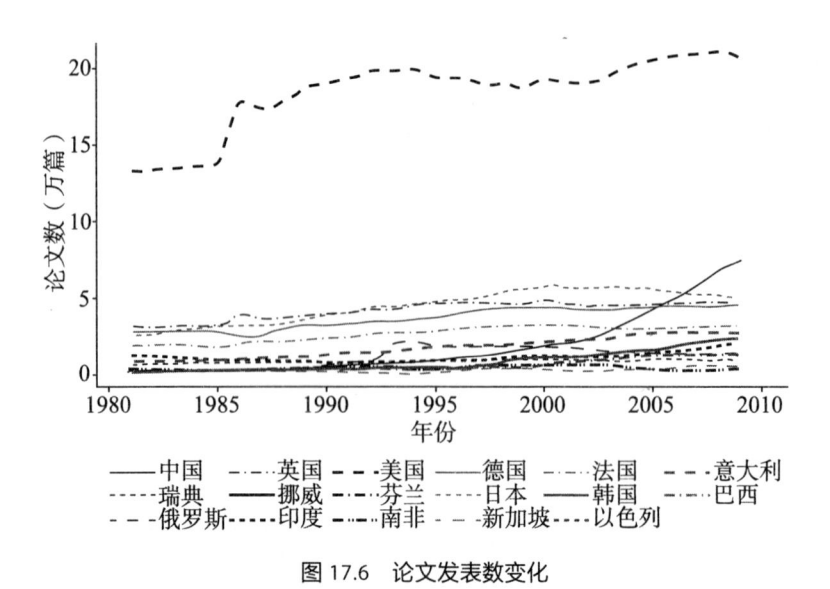

图 17.6 论文发表数变化

资料来源:世界银行 WDI 数据库,见 http://data.worldbank.org/data-catalog/world-development-indicators。

创新效率

研发人员专利产出率较高,论文产出率居末位

研发人员专利产出率清晰地分为三个阵营(见图17.7)。第一阵营是略有波动但稳定在很高水平的韩国和日本,2008年人均专利分别为 0.52 件和 0.5 件;第二阵营是一直较为平稳的美国和德国,分别为 0.17 件和 0.16 件;第三阵营的国家增长缓慢甚至有所下降。

中国研发人员专利产出率从 2000 年开始明显增长。2008 年,中国研发人员平均申请专利 0.12 件,从 1995 年的最后一位上升到第五位。从可比阶段看,中国研发人员专利产出率高于美国、法国、瑞典和芬兰等多数发达国家在 20 世纪 90 年代中期的水平,但低于当时的日本、韩国、德国、英国。因此无论从当前还是可比阶段看,中国研发人员的专利产出率已经在较高的水平上。

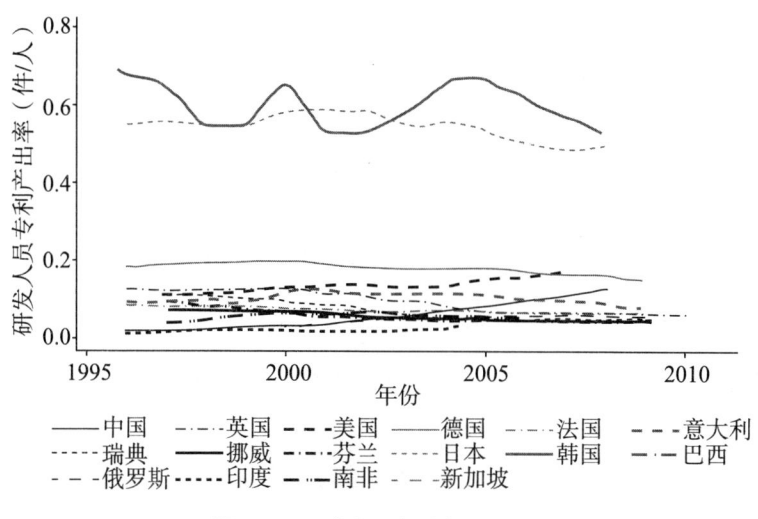

图 17.7 研发人员专利产出率变化

资料来源:世界银行 WDI 数据库,见 http://data.worldbank.org/data-catalog/world-development-indicators。

研发人员论文产出率的国际排名与专利产出率有很大不同（见图17.8）。在近十多年中，欧美发达国家人均论文产出率呈下降趋势，但在数量上仍保持较大优势。人均专利数遥遥领先的日本和韩国在人均论文数上一直处于较低水平。

中国人均论文数低的状况在过去近十多年间基本未变。2008年，中国研发人员平均发表0.04篇文章。意大利、瑞典、英国和挪威分别为0.26、0.2、0.19和0.17篇，都远高于中国，金砖国家中只有俄罗斯略低于中国。

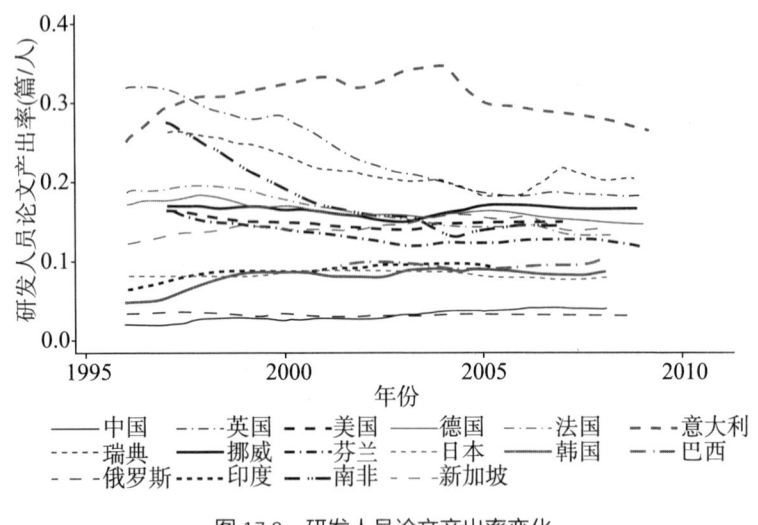

图17.8 研发人员论文产出率变化

资料来源：世界银行WDI数据库，见http://data.worldbank.org/data-catalog/world-development-indicators。

人均专利数和人均论文数的不同特征，一方面说明了中国、日本、韩国等技术追赶国家重应用研究、轻基础研究的政策倾向至今没有明显改观，另一方面也说明基础研究能力的提升非常缓慢，比应用研究能力的提高需要更长时间。发达国家在基础科学领域有更长期和更坚实的知识积累。

研发经费的成果产出率较高但开始下降

研发投入专利产出率为专利申请数与全社会研发投入额之比（见图17.9），它有以下特点。

第一，技术领先国家的研发投入专利产出率低，即专利研发成本高，如美国和欧盟国家。原因可能是，技术领先国家主要从事高风险和不确定性强的前沿技术研发。技术追赶国家主要从事消化吸收、模仿和改进式研发，能从对发达国家的技术模仿中获益，以较少资金获得较多的适用技术。

第二，多数发达国家的研发投入专利产出率呈下降趋势。其中，日本、韩国和俄罗斯的下降幅度最大。韩国和中国的研发投入专利产出率开始下降的时间最晚，分别是2005年和2008年。导致这一现象的原因可能是：一方面，随着前沿技术探索的不确定性和风险越来越高，技术领先国家的研发成本进一步上升；另一方面，随着追赶国家技术水平的提高，分享发达国家技术溢出的后发优势逐步消失，研发成本开始上升。这在日本和韩国已经非常明显，中国从发达国家享受高额技术溢出红利的阶段可能接近尾声。

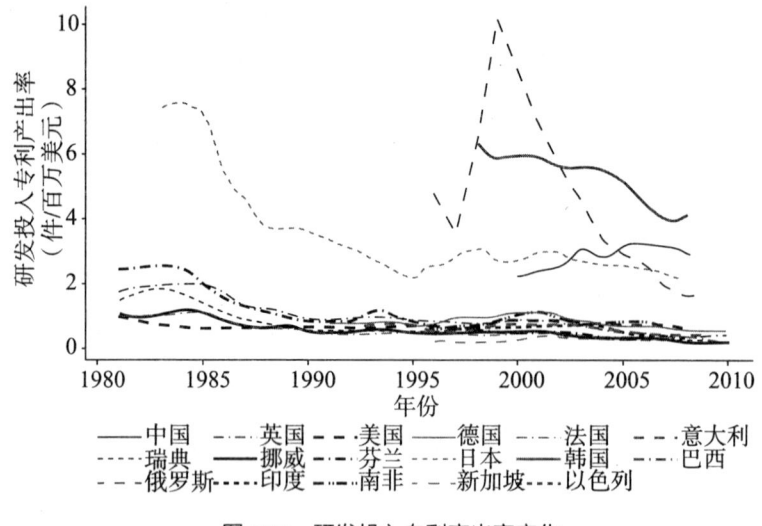

图 17.9　研发投入专利产出率变化

资料来源：世界银行 WDI 数据库，见 http://data.worldbank.org/data-catalog/world-development-indicators。

研发投入论文产出率为论文发表数与全社会研发投入额之比（见图 17.10）。多数国家的研发投入论文产出率也表现出下降的趋势。多数发达国家的研发投入论文产出率小于追赶国家。南非处于最高水平，约为 1.2。其次是中国、意大利、英国和新加坡，都约为 1。俄罗斯、以色列、巴西和韩国都在 0.7 左右。芬兰、法国、德国、挪威、瑞典和美国都处于较低水平，最低的日本只有 0.3。

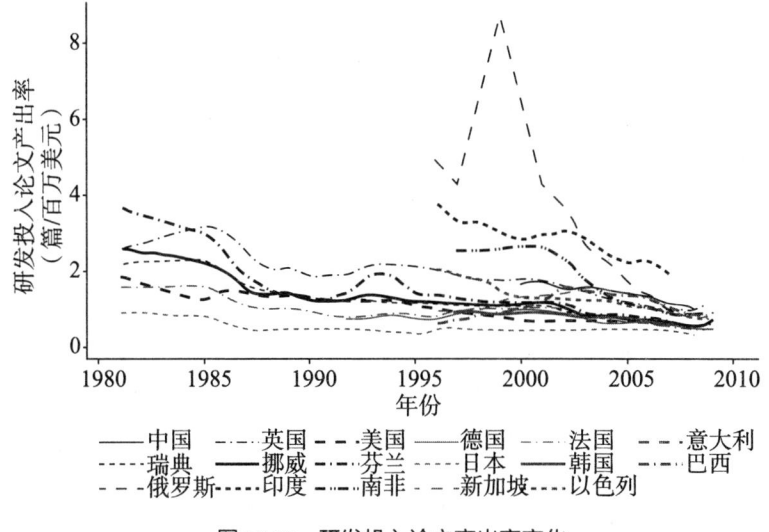

图 17.10　研发投入论文产出率变化

注：俄罗斯波动比较大，因为其上世纪 90 年代后期 GDP 持续萎缩，1999 年的 GDP 不足 1995 年的一半，导致全社会研发投入快速下降，但论文数并未随之下降，所以研发投入论文产出率波动很大。
资料来源：世界银行 WDI 数据库，见 http://data.worldbank.org/data-catalog/world-development-indicators。

知识产权许可收入支出比低于发达国家 20 世纪 70 年代水平

发达国家知识产权许可收入支出比的变化趋势可分为两类（见图 17.11）。第一，除美国外的发达国家知识产权许可收入支出比呈上升趋势，显示出这些国家知识产权的获利能力明显提升。其中，瑞典知识产权许可收入支出比已经与美国持平，其他国家与美国的差距也大幅缩小。第二，美国的知识产权许可收入支出比总体呈下降趋势，可能是其他发达国家技术水平的提高促进了美国从外部获取技术，导致美国从国外购买知识产权的数量迅速上升。美国曾经遥遥领先的技术输出国地位大大削弱。20世纪70年代,美国知识产权收入约为支出的十倍,2000年后已降至三倍左右。

2011年,知识产权许可收入支出比高于1的有美国、芬兰、瑞典、法国、日本、英国和德国,而低于1的有韩国、意大利和中国等。金砖国家的知识产权许可收入支出比处于最低水平。

中国的知识产权收入近年来有大幅增长,但由于与知识产权支出的增幅基本相当,导致许可收入支出比基本没有变化,明显落后于发达国家。2008年,中国知识产权许可收入支出比只有美国的1.5%,日本的4%,德国和以色列的6%,新加坡的55%,印度的57%。中国2008年的知识产权许可收入支出比低于发达国家20世纪70年代的水平,略高于韩国20世纪90年代初的水平。

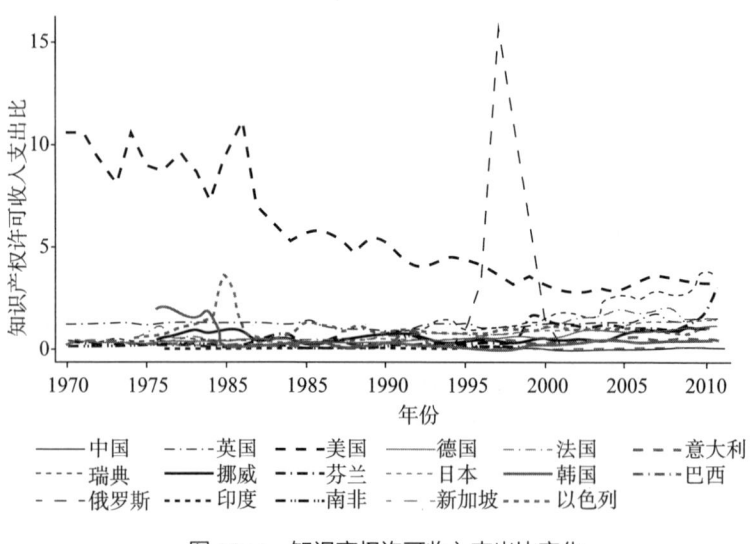

图17.11 知识产权许可收入支出比变化

资料来源:世界银行WDI数据库,见 http://data.worldbank.org/data-catalog/world-development-indicators。

产业发展

过去十多年间,各国高技术产业增加值占比都有所上升。2008年,韩国的高技术产业占比最高(见图17.12)。与1995年相比,高技术产业增加值占比增幅较小的国家包括美国、日本、英国、意大利、法国和挪威,增幅较大的国家包括中国、德国、韩国、芬兰和瑞典。其中,中国和德国的高技术产业增加值占比的增长趋势非常相近。与各国90年代中期水平相比,目前中国高技术产业增加值占比要高于当时的德国、挪威和意大利,略低于法国,明显低于韩国和日本。

中国高技术产业的增值能力和生产率较低。从表17.3可见,中国高技术产业的增加值率和劳动生产率都远低于绝大多数发达国家。2000—2004年,发达国家的劳动生产率都大幅提高,而中国却明显下降。

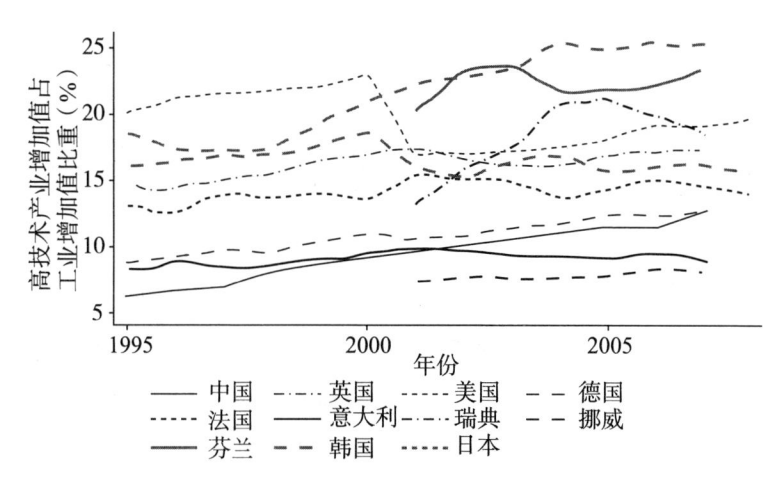

图17.12 高技术产业增加值占工业增加值比重变化

资料来源:世界银行WDI数据库,见 http://data.worldbank.org/data-catalog/world-development-indicators。

表 17.3　各国高技术产业增加值率和劳动生产率变化

	增加值率（%）		劳动生产率（千美元，当年不变价）	
	2000	2004	2000	2004
中国	25.2	22.8	18.6	13.0
美国	42.6	43.1	34.0	141.2
日本	39.3	38.7	28.3	100.0
德国	39.6	37.6	17.7	50.7
法国	25.8	26.9	24.3	78.8
英国	36.4	38.6	32.0	78.7
加拿大	38.7	29.5	18.6	59.0
意大利	37.6	39.3	9.2	56.4
韩国	25.2	26.8	34.8	—

资料来源：OECD 数据库。

小结

中国创新水平提升的进展符合欧美经验，但落后于日韩

在经济高速增长时期，中国较好地利用了后发国家的追赶优势，以较少的研发投入获得了技术水平的较快提升。中国自 20 世纪 90 年代以来的创新表现比同处于追赶阶段的金砖国家进步更快。尤其是专利和论文等科技成果的超高速增长，明显强于先行工业化国家和其他发展中国家，与日本和韩国的技术追赶表现十分相似。但

日本在相同发展阶段的知识产权国际竞争力上升更快，日本和韩国创新水平提升的人才、资金和技术基础更扎实、质量更高。

专利和论文总量指标超前，反映基础和质量的创新指标落后30年

在技术追赶过程中，中国创新水平与发达国家的差距正在缩小，以专利申请数和论文发表数量为代表的科技产出总量甚至超越了多数发达国家，步入领先行列。但一些基础性的创新指标与主要发达国家当前情况相比落后约30年。

中国当前高于多数发达国家的领先指标主要有四项，包括专利申请数、论文发表数量、研发投入专利产出率和研发人员专利产出率（见图17.13）。这表明中国的专利活动非常活跃，总量、人均以及按经费平均的专利申请数量都已处在较高水平。

低于可比阶段指标：
- 研发人员比重
- 研发人员论文产出率
- 研发投入论文产出率
- 知识产权许可收入支出比

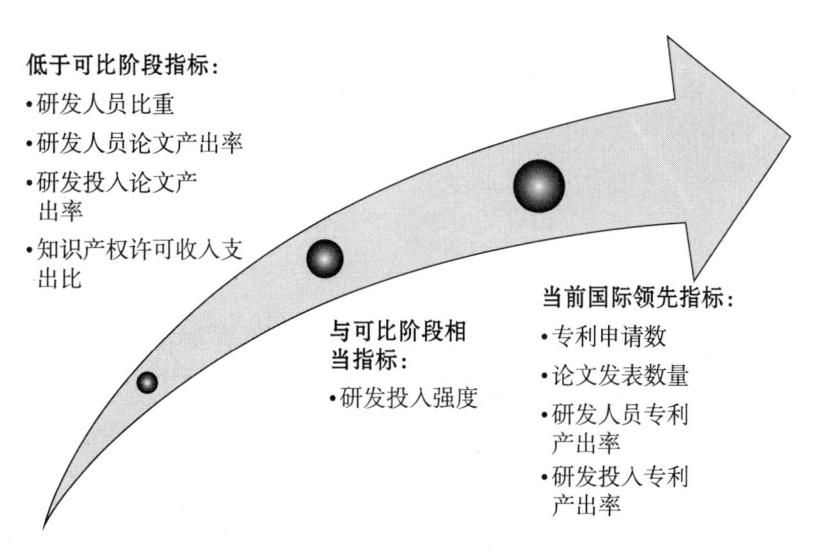

与可比阶段相当指标：
- 研发投入强度

当前国际领先指标：
- 专利申请数
- 论文发表数量
- 研发人员专利产出率
- 研发投入专利产出率

图17.13 相对于发展阶段的中国创新指标水平

低于多数发达国家当期水平，但与其可比发展阶段基本相当的指标只有研发投入强度。中国当前的研发投入强度虽然和发达国家差距很大，但从发展阶段看并不很低。

低于多数发达国家当前和可比发展阶段的指标有四项，包括研发人员比重、研发人员论文产出率、研发投入论文产出率、知识产权许可收入支出比。研发人员比重低，反映了科技投入中的人力资本仍待加强。研发人员和研发投入论文产出率低，表明我国在基础研究方面仍很薄弱，人才和资金投入严重不足。中国知识产权赢利能力和国际竞争力低的问题非常突出，与知识产权数量上的领先形成强烈反差。

18

改革、创新与重组

彼得·诺兰

导言

按某些指标衡量,中国现在是世界最大的经济体。中国的领先公司拥有庞大的市值和收入,但这些数字主要来自于在中国境内的销售,这些公司在高科技产品领域占有的全球市场份额不大。在"十三五"规划中,中国的国有企业改革和创新升级是核心的、紧密相关的目标。中国的创新曾在一千五百多年间全球领先;从中国传入西方的技术,为19世纪深刻改变世界的英国工业革命做出了重大贡献。经过30年的全球化之后,来自高收入国家的企业仍处于全球创新的前沿。当今世界,要在高科技行业的竞争中胜出,研发支出是必备条件,而研发支出高度集中在总部位于高收入国家的少数企业里。在研发支出排名世界前列的公司中,中国企业的数量已迅速增加,但要在全球竞争中胜出,仅靠研发支出还不够。要将高研发支出转化成占据全球市场大块份额的产品，企业体制结构至关重要。近年来，高技术行业的大型全球企业经历了一场体制革命，信息技术革命深刻改变了它们的内部组织结构及其与供应链上"外部企业"的关系（Nolan，2001a，2001b，2007，2014）。所有制结构也经历了一场革命：资产重组大面积开展，并购呈爆炸式增长，同时不断剥离"非核心"业务单元。这场商业革命的目标，是在那些企业希冀达到和保持全球竞争领先地位的行业实现规模经济效应。企业的采购、财务、品牌塑造和人力资源都从规模经济效应中获益，也有助于企业将研发支出集中在范围越来越小的领域中，以达到和保持在创新上的全球领先。

中国在工业革命前的创新

19世纪以前的两千年间，中国大体上保持和平统一，这对市场经济的发展产生了深刻影响。科举制官僚体系是政治体系的核心。儒家的理想是，"君子义以为上"。政府官员所受教育是将百姓福利当成最重要的任务："禹，吾无间然矣。菲饮食……卑宫室，而尽力乎沟洫。"对孔子来说，只有具备德行的君主才有资格统治："不能正其身，如正人何？"君子不应寻求物质回报："君子喻于义，小人喻于利。"士大夫应为全社会的利益无私工作："邦无道，谷，耻也。""君子谋道不谋食……君子忧道不忧贫。"君子最重要的特征是仁："好仁者，无以尚之。"君子应将仁与学结合起来："好仁不好学，其蔽也愚。"

儒家官僚体系的政治和意识形态占据统治地位，意味着无论是商人还是军队都不能控制政府，政府可以本着为全国人民谋利的宗旨来监管经济体系。这一官僚体系对维持长期经济进步起到了至关重要的作用。罗马帝国解体后，欧洲分裂成不同国家，各国激烈争霸直到20世纪。中国自公元前221年以来大体和平统一，全国性市场得以有效运转，刺激了地区的专门化区分和交流，为保障财产权提供了环境。由政府任命的地方法官所管理的法律体系确保了书面商业合同的履行，推动了经济发展。水资源控制在中国的长期发展中扮演着关键角色，包括例如京杭大运河和黄河防洪等集中管理的大型项目，以及大量由本地管理的节水工程（下水道、灌溉、堤坝和运河）。很多世纪以来，政府管理着一个预防和减轻饥荒的综合系统。政府为介绍创新做法的印刷材料提供支持（包括众多百科全书），并通过地方政府官员个人的努力传播新技术知识。

由于农业产出的长期增长，中国人口从8世纪时的五六千万，增加到1850年时的约4.3亿。农业产出增长部分是因为耕地扩大，但主要还是通过亩产增加实现的。灌溉面积的扩大、双季稻的改良、从"新世界"引入的旱地作物，以及地区专门化区分和交流的影响，都促进了增产。中国的国内贸易长期不断增长。18世纪时耶稣会神父杜赫德曾说："中国境内的贸易规模之大，整个欧洲都无法与之相提并论。"近代中国的远程沿海贸易继续繁荣兴旺，横跨南海至东南亚、延伸到印度洋及其以外地区的贸易也蓬勃发展。伴随着大量的境内和沿海贸易，商业资本同时也高度发展。中国很多城市曾是欣欣向荣的商业文化中心。明末清初，不少中国城市比最大的欧洲城市规模还大。18世纪，在中国经济最发达的江南地区，城市人口约占五分之二（Li，1986）。而在18世纪初的英国，只有不到五分之一的人住在人口超过五千的城市中（Deane，1965）。

在商业高度发展的影响下，中国的科技发展至少在欧洲文艺复兴前远超世界其他地区，在文艺复兴后很长一段时期内可能依然如此。李约瑟的研究（Needham，1954）极大改变了学术界对世界科技史的认识。中国远早于欧洲发明了纸张、印刷术、航海罗盘、火药和铁制武器。在那样一个没有专利的时代，这些发明从中国传入西方，对工业革命前欧洲科技的发展做出了根本贡献。中国早于欧洲发展的其他技术还有一长串，包括独轮推车、马具、链泵、水力冶金鼓风机、旋转风扇、活塞式风箱、水力缫丝机、深层钻探（盐井）、铸铁、弓形拱桥、铁索吊桥、运河闸门、艉柱舵、水密舱和瓷器。

中国为上述一些技术的发展做出了直接贡献，最值得注意的是与战争相关的技术。由于中国有着系统开展炼金术方面化学实验的深厚传统，中晚唐时期发明了火药。北宋（公元960—1127年）和南宋（1127—1279年）初期，国家军工厂大量生产火药，军队用类似喷火器的火铳攻击敌人，这是世界上关于管状火器使用的最早记录。在瓷器业，皇室对制瓷工匠的要求极其严格，这对中国早期领先于世界起到了推动作用。但随着时间推移，国内外个人客户的需求对推动业界技术进步的作用越来越重要。在包括纺织品、冶金、采矿和运输在内的大部分行业，近代中国的技术进步主要是通过工匠和企业主为盈利所做的努力而实现的。

19世纪英国的工业革命给世界带来了翻天覆地的技术变革；

而回顾19世纪前的中国，技术似乎停滞不前。但事实远非如此。中国经济在明（1368—1644年）末清（1644—1911年）初出现了繁荣盛景和快速增长。随着富足的城市居民数量的增长，他们的消费也大幅增加，呈现出由富商领头的"奢侈品热"，包括购买大房子、园林、纺织品、瓷器、家具和书画。18世纪初中国奢侈消费品市场的绝对规模比"启蒙运动"时期的欧洲大得多。随着商业经济的繁荣，技术也不断进步。明末清初出现了重大技术进步，尤其发生在纺织品、瓷器、采矿、冶金、盐和糖的生产中（Yuan et al., 2012）。技术创新的一个目的是为顾客提供更好的产品，顾客不仅包括消费者（例如瓷器和织物），还包括生产者（例如冶金技术和纺织机）；另一个目的是降低生产成本以提高利润率，包括节省燃料消耗（例如瓷窑技术的进步）和减少劳动成本（例如棉纺机的改良）；还有一个目的是找到获得原材料的新方式（例如采矿用的炸药和深竖井、盐井用的深钻）。

英国工业革命是工匠和企业家创新的产物，而不是科学家创新的产物。直到18世纪末，"科学从实业中拿走的比它能回馈的多得多"，即使在18世纪最后25年间的爆炸性变革中，"也不能说科学是引发从手工向机器转型的主要因素"（Bernal, 1965）。

科学在创新中的应用是英国工业革命的结果而不是成因。科学在工业革命的第二阶段才出现（Mantoux, 1928）。18世纪初，"大部分'制成品'还是'手工品'，大部分机器是木制的，粗陋、易损易磨，效率更多依靠操作者的习得技能而不是基本设计"（Deane, 1965）。17世纪和18世纪上半叶，中国与欧洲最发达地区之间的商业发展、城镇化和技术水平相差无几。在中国的百科全书

《天工开物》中，宋应星描绘了17世纪的中国技术，可以与17世纪和18世纪初的英国直接比较（Mantoux，1928）。确实，英国工业革命最重要的创新——蒸汽机的关键组件在公元1800年前就已存在于中国，它们很可能是从中国传入欧洲的（Needham，1963）。

两千年来中国奉行一种有创造性的、国家与市场共生的内在关系，这为中国令人惊叹的长期经济和社会发展以及持续创新的记录奠定了基础。它不只是一套抽象的市场干预规则，而是将对刺激和控制市场具体方式的全面思考与一种经过深思熟虑的适用于统治者、官员和百姓的道德体系结合起来的完整理念。体系有效运作时，这一理念基础得到务实的、非意识形态的国家行为的补充——国家试图解决市场无法解决的实际问题。儒家思想发展出丰富的"义务"概念，这正是社会繁荣和集体行动的基础。体系也会定期经历周期，在此期间原则得不到很好的遵守，统治者和官员腐败，经济和社会沦落。但我们不能被此蒙蔽，看不到这一整合体系底层的连贯性和长久益处。它创意地结合了市场竞争这只强有力的"看不见的手"和必要时政府对市场非意识形态的务实干预这只"看得见的手"。

全球研发支出的集中

中国在18世纪前的约1500年间是世界最重要的技术进步中心。文艺复兴后欧洲经济追赶远东，其中主要通过国际贸易传入的起源于中国的创新扮演了中心角色。公元1800年后，英国工业革命深刻改变了世界,此后 200 年,来自高收入国家的企业全面主导着全球创新。在超过 30 年的全球化期间,来自高收入国家的企业在全球创新和全球高科技产品市场中加强了主导地位。

1981—2008 年,在经合组织国家的研发资金总额中,企业投入占比从 52% 提高到 65%,政府投入占比从 48% 下降到 35%(Royal Society,2011)。2015 年欧盟委员会发布了研发支出世界 2500 强公司(G2500)的数据(EC 2015)。2014/2015 年,G2500 公司的研发支出总额为 6070 亿欧元(合 7340 亿美元)。G2500 公司的研发支出约占全球公司研发支出总额的十分之九。按公司、产业领域和公司来源国划分,G2500 公司的研发支出高度集中。前 50 强占 G2500 公司研发支出总额的 40%;前 100 强占 53%;前 500 强占 82%。换句话说,由约 500 家公司组成的一个群体是 21 世纪初全球创新的核心。IT 硬件领域占总额的 15.3%,软件占 10.6%,两者加起来占 25.9%。制药占 18.1%,汽车总装及元件占 15.3%。换句话说,这三个领域占 G2500 研发支出总额的近五分之三。来自美国的公司占 G2500 研发支出总额的 38.2%,来自欧盟和瑞士的公司占 32.2%,来自日本、韩国和中国台湾的公司占 20.2%。也就是说,总部位于一小群高收入经济体的公司占 G2500 研发支出总额的 90.6%。

来自中低收入国家的公司在 G2500 公司中起的作用很小。前 50 强中只有两家来自中低收入经济体;前 100 强中只有四家来自中低收入经济体;前 500 强中只有 39 家来自中低收入经济体,其中 33 家来自中国,意味着发展中世界的其他地区在 G2500 的前 500 强中只有 6 家公司。这惊人地反映出全球公司领域创新分布在超过 30 年的全球化后的不平等程度。

中国在 G2500 中有 301 家公司，日本有 360 家，欧盟有 608 家，美国有 829 家（见表 18.1）。不过中国公司的平均支出（1.2 亿欧元）比美国（2.8 亿欧元）、日本（2.42 亿欧元）和欧盟（2.81 亿欧元）少得多。中国有 13.5 亿人，按某些标准衡量是世界最大的经济体。不过中国企业只占 G2500 研发支出总额的 5.9%。三个欧洲小型经济体瑞士、瑞典和荷兰，人口加起来只有 3500 万，却占 G2500 研发支出总额的 8.4%。

不同国家之间的公司研发支出分布差异显著（见表 18.1）。低科技领域只占美国 G2500 公司研发支出的 1%，而在中国公司中则占 26%。高科技领域占美国 G2500 公司研发支出的 74%，在中国公司中则仅占 27%。IT 软硬件占美国 G2500 公司研发支出总额的 46%，在中国公司中仅占 23%。信息技术革命处在几乎每一领域转型的中心，包括银行、保险、零售、物流、航空航天、汽车、铁路、公路、铁道与航空交通控制系统、制药、含机床和工业机器人在内的所有类型的工业机械、发电配电、电信、农业、建筑、保健、教育、法律、媒体和军用武器。信息技术革命不仅深刻改变了现代企业的生产流程和内部管理体系，还转型了系统集成商企业与其上游供应链和下游客户的关系。

表 18.1 世界主要地区不同领域的研发占比：G2500 公司

	合计	欧盟	美国	日本	中国
研发总额（十亿欧元）	607	171	232	87	36
公司数	2500	608	829	360	301

续表

	合计	欧盟	美国	日本	中国
每家公司平均研发支出（百万欧元）	243	281	280	242	120
在 G2500 研发总支出中的占比（%）	100	28.2	38.2	14.3	5.9
		100	100	100	100
高科技（%）	—	39	74	31	27
制药/生物技术	—	18	21	11	2
技术硬件和设备	—	9	25	7	13
软件和计算机服务	—	4	21	3	10
航空航天/武器	—	6	3	—	—
其他	—	2	4	10	2
中高科技（%）*	—	45	21	62	45
中低科技（%）**	—	6	4	4	2
低科技（%）***	—	10	1	3	26

注：

* 包括汽车/零配件、一般工业、电气设备、化学品、个人用品、家庭用品、辅助服务。

** 食品生产商、饮料、旅游休闲、媒体、石油设备、电力、固话通信。

*** 油/气生产、工业金属、建筑和材料、食品和药物零售商、交通运输、采矿、烟草、多种公用事业。

资料来源：European Commission，2015。

美国公司在信息技术领域占据主导地位,没有任何其他国家或地区能与之比肩。在 IT 软硬件业,总部位于美国的公司研发支出占 G2500 总额的 67%(EC,2015)。在 IT 硬件和设备领域,G2500 的前 10 强美国企业①占研发支出总额的 39%。在软件和计算机服务领域,G2500 的前 10 强美国企业②占研发支出总额的 52%。换句话说,一小群美国信息技术公司处于全球化的中心。它们在从飞机到银行、从汽车到建筑的全球商业体系中几乎"无处不在"。探讨美国企业为什么在全球商业体系"大脑"中如此广泛地占据主导地位,是政治经济学的一项重要研究任务。③

领先的全球高科技公司中的重组

要在高科技行业的全球竞争中胜出,必须投资研发。不过光有研发支出还不够,支出发生的体制背景对将研发转化成顾客想买的商品和服务来说至关重要。在自 20 世纪 80 年代以来的全球化时代,领先的全球高科技企业经历了激进的企业结构转型。这

---

① 英特尔、思科、苹果、高通、易安信、惠普、博通、西部数据、应用材料、美光。2014/2015 年这十家公司的研发支出总额是 355 亿欧元。
② 微软、谷歌、甲骨文、IBM、脸书、雅虎、赛门铁克、艺电、Adobe 和 Salesforce。2014/2015 年这十家公司的研发支出总额是 334 亿欧元。
③ 一个关键的研究问题是:美国政府起到的作用在多大程度上能帮助解释美国在高科技行业中的主导地位?美国政府对研发的资助从 19 世纪 70 年代中期占 GDP 的约 1.25% 降到今天的 0.79%。2014/2015 年在美国,美国政府和 G2500 公司提供的研发资金共计 4170 亿美元,政府占 32.6%,G2500 公司占 67.4%。换句话说,由企业提供的研发资金占比在美国比在整个经合组织的比例还稍高。

个时代见证了领先高科技企业通过并购和剥离非核心业务开展的全面转型。企业结构革命的本质通常隐藏在老牌企业的名号和身份背后，与之并行的是从重组流程中浮现的面貌一"新"的公司。商业革命在表面之下发生。人们普遍认为"大部分并购都是失败的"。很多并购确实会"失败"，不过与资产剥离同时进行的并购对高科技行业的长期成功至关重要，因为这些并购使企业努力提高在核心业务中的竞争地位。本节探讨两个案例：诺华和西门子。2014年，诺华在研发上花费了82亿欧元，比其他任何制药公司都高；西门子在研发上花费了44亿欧元，比其他任何电子和电器设备公司都高。

诺华

制药业是G2500中研发支出总额最高的单个领域。该行业在全球化时代的整合程度大大提高，主要是因为资产剥离和并购。制药业的前10大企业占全球处方药市场的44%，全球仿制药市场的63%。在大部分药品的子分类项下，集中程度更高（见表18.2）。前10大企业在源自生物科技的处方药销售中所占份额为74%，肿瘤药中占78%，抗风湿药中占83%，降血糖药中占88%，疫苗中占92%，抗病毒药中占93%。

制药业的体制结构在全球化时代发生了全面改变，经历了企业重组的三大阶段。诺华处于这一过程的前沿。在制药业重组的第一阶段出现了几家拥有新名称的制药公司，例如阿斯利康、葛兰素史克和安万特，不过它们都不是新公司，而是通常由多元经营的老牌大型化工企业集团下的制药板块联合而成，然后将联合企业实体中的其他部分剥离出去。诺华就是其中一例。诺华成立于1996年,由两家多元经营的老牌瑞士化学品公司山德士和汽巴-嘉基合并而成。山德士就在合并前剥离出化学品业务,该业务与赫斯特的化学品部门合并成一家新公司科莱恩。1996年,诺华将汽巴-嘉基的化学品部门剥离出去组成另一家新公司汽巴精化,该公司于2008年被巴斯夫收购。

表18.2 2013年全球制药业的产业集中度

药物种类	全球市场份额(%)		
	前5强	前10强	前20强
处方药	28.1	44.0	64.3
无品牌仿制药	47.0	63.2	82.9
源自生物技术的处方药销售	51.3	74.1	—
肿瘤药	62.3	77.9	—
抗病毒药	71.4	93.4	—
抗风湿药	83.2	82.5	—
降血糖药	78.6	87.8	—
疫苗	80.7	91.5	—

资料来源:Evaluate Pharma,2014年6月1日。

在企业重组的第二阶段,制药公司进一步剥离非核心业务,以加强对制药的关注。2000年,诺华剥离自己的种子企业,将其与阿斯利康的种子企业合并，组成另一家新公司先正达，[①] 与孟山都、杜邦、拜耳、巴斯夫和陶氏争夺对全球种子业务的控制。[②] 2007年，诺华将旗下的婴儿食品子公司格伯剥离出去，被雀巢以55亿美元收购。在第三阶段，由于公司寻求在选定市场板块建立全球领导地位，每家公司在制药领域的焦点范围进一步收窄。2006年，诺华完成对凯龙54亿美元的收购，凯龙的业务重点是疫苗、血液测试和生物制药。2010年，诺华以393亿美元从雀巢收购爱尔康，从而在眼睛保健领域取得领先地位。[③] 2014年，诺华与葛兰素史克进行了一项大规模资产互换，诺华以71亿美元将疫苗部门卖给葛兰素史克，又以160亿美元收购了葛兰素史克的肿瘤部门。2015年，诺华以54亿美元将动物保健部门卖给礼来。诺华2014/2015年的研发支出高达99亿美元，主要花在制药行业一个狭窄系列的市场板块中，诺华在其中每一板块都拥有全球领先地位，包括肿瘤、心血管、皮肤医学、糖尿病、眼睛保健和仿制药。

西门子

西门子在20世纪90年代是一家复杂无比的大型工业集团，产品包括灯泡、汽车元件、个人电脑、手机、电信设备、传统电

[①] 2016年2月，有消息宣布先正达接受多元经营的中国企业集团中国化工价值约430亿美元的收购要约，这将是迄今为止中国公司在中国境外的最大笔收购。中国化工的子公司遍及轮胎（2015年以77亿美元收购倍耐力的轮胎业务）、种子、农药、肥料、化学品和炼油等行业。
[②] 六大种子公司估计控制全球种子市场超过三分之二的份额。
[③] 眼睛保健包括设备、隐形眼镜和药品。

站、核电站、电力传输系统、家用电器、自动柜员机、半导体、医学设备、高速列车、交通控制系统和大众运输系统。接下来的20年，西门子经历了全面重组，通过剥离和收购重组自身，与此同时，每一主线业务的全球产业集中度也迅速增加。

西门子自20世纪90年代末以来出售的子公司和合资企业可以列成一张长长的清单，西门子认为这些企业不符合能让自己保持全球领导力的"核心业务"标准。其中包括：西门子的汽车半导体业务，被剥离后组成了一家独立的公司英飞凌（1999年）；利多富自动柜员机部门，后成为德利多富（1999年）；计量子公司（2002年）；手机子公司，卖给了明基（2005年）；汽车元件子公司威迪欧，卖给了大陆集团（2007年）；与富士通成立的个人电脑合资企业富士通-西门子中的股份（2008年）；IT解决方案子公司，卖给了高图斯（2008年）；与阿海珐成立的核能合资企业中的股份（2011年）；灯泡子公司欧司朗（2011年）；与诺基亚成立的电信设备合资企业诺基亚-西门子中的股份（2013年）；与博世成立的家电合资企业博世-西门子控股中的股份（2014年）。在全球化的时代，所有这些领域都出现了快速的产业结构变革，核心业务日渐收窄但具有全球规模的专业公司浮现出来，产业集中通过并购进行。此外，复杂产品的组装日益商品化，而诸如汽车、个人电脑、自动柜员机、家用电器和iPhone等产品中内嵌的信息技术日益受到像英特尔、微软、苹果和谷歌这样的一小群全球IT公司控制。

西门子在出售非核心业务的同时进行了一系列收购，打算增强自身在一个狭窄系列的行业领域中的全球竞争地位。它在发电和配电领域收购了西屋的发电部门（1998年）、阿尔斯通的工业涡轮机部门（2003年）、罗尔斯罗伊斯的气轮机和压缩机部门（2014年）、德莱赛兰生产压缩机和涡轮机的油田设备部门（2014年）、伯纳斯风电公司（2004年）。西门子在海上风力涡轮机方面领先世界；与通用电气一起在联合循环汽轮机方面领先世界，它和通用电气各占有约30%的全球市场。西门子在分布式发电中在世界名列前茅，这既包括城市，又包括海上油田。西门子与ABB一起在高压直流传输系统方面领先世界，两者的全球市场份额加起来估计约占80%。

西门子的运输部门包括传统的柴油电动列车、高速电动列车、城市大众运输系统和铁路交通控制与信号系统。所有这些行业近年来都通过并购进行了整合。例如，在中国以外，高速列车领域的四大公司（庞巴迪、日立、西门子和阿尔斯通）拥有约五分之三的全球市场。西门子特别通过先进的运输自动化和基于软件的控制系统与对手竞争，通过几次小型收购和对世界领先的铁路信号公司英维思铁路部门的收购（2012年），扩大了在该领域中的竞争实力。

西门子通过一系列大型收购加强了在保健设备领域的全球领导地位，包括收购共享医药系统公司（2000年）、CTI分子成像公司（2005年）和拜耳诊断解决方案部门（2006年），使西门子成为世界领先的成像诊断设备供应商。它的主要竞争对手是通用电气保健、飞利浦保健和日立保健。现在这个行业高度集中。例如，在计算机断层成像（CTI）扫描仪领域，西门子和通用电气加起来约占全球市场四分之三的份额。

结论

在从汉朝起到至少 16 世纪的约 1500 年间，中国始终处于全球创新的前沿。即使在 18 世纪初英国工业革命前夕，欧洲科技也未必比中国先进。很多引发英国工业革命的关键技术是通过海陆丝绸之路沿线的国际贸易从中国传入欧洲的。中国的创新主要通过单个企业之间的竞争发生。政府在其中发挥了允许和刺激创新的关键职能，其中包括：在全国建设和平、稳定的一体化市场；提供基础设施，特别是各种规模的水利设施；成立支持个人财产权的商业法框架；提供有效的饥荒防范与赈济系统；稳定商品价格；关心社会所有阶层的教育；通过编撰技术手册和百科全书等政府支持的出版物传播知识。

公元 1800 年后，中国在全球创新中的中心位置不复从前。欧洲和美国的企业跻身于全球创新舞台的中心，有 200 年的时间中国处在全球创新的落后之地。在 20 世纪 70 年代开始的全球化时代，西方企业通过外国直接投资在全球扩大了生产体系，巩固了在全球创新中的主导地位，系统集成商企业之间及其主要子系统供应商之间激烈的寡头竞争推动了前所未有的技术进步。信息技术革命处在几乎所有创新领域的核心，美国企业处于这场革命的前沿。2014/2015 年，世界 2500 强公司在研发上的总支出为 7340

亿美元，占全球企业研发支出的十分之九以上。世界500强公司占G2500公司研发总支出的82%，而在这500家公司中，来自中低收入经济体的还不到40家。

要在高科技行业的竞争中胜出，就必须大量投资于研发，但仅有研发支出还不够。开展企业研发支出的企业体制结构对确保研发效果极为重要。在全球化时代，随着全球企业之间开展大规模资产交换，高科技企业之间进行了惊人的企业重组。领先企业一边剥离一边收购资产，放弃那些自己不处于全球创新前沿的资产，收购能帮助自己在选定的核心业务领域实现规模的各种公司，这是一个爆炸式的过程。随着全球市场的扩张，核心业务范围也越来越窄。高科技企业巨头在范围越来越小的一系列行业和领域集中了巨额研发支出，希望以此将自身打造成国际领先企业。

参考文献

Bernal, John Desmond. (1965) *Science in History, Vol 2: The Scientific and Industrial Revolutions*. 3rd ed. Harmondsworth: Penguin Books.

Confucius. (1979) *Analects*. Harmondsworth: Penguin edition.

Deane, Phyllis. (1965) *The First Industrial Revolution*. Cambridge: Cambridge University Press.

European Commission. (2015) *EU R&D Scoreboard*. Luxembourg: EU Publications Office.

Li, Bozhong. (1986) *The Development of Agriculture and Industry in Jiangnan, 1644-1850: Trends and Prospects*. Hangzhou: Academy of Social Sciences.

Mantoux, Paul Joseph. (1928) *The Industrial Revolution in the Eighteenth Century*. London: Harcourt, Brace & Co.

Needham, Joseph. (1954) *Science and Civilisation in China.* Cambridge: Cambridge University Press.

——. (1963) The Pre-Natal History of the Steam Engine. In Joseph Needham (1970), 132-202.

——. (1970) *Clerks and Craftsmen in China and the West.* Cambridge: Cambridge University Press.

Nolan, Peter. (2001a) *China and the Global Business Revolution.* Basingstoke: Palgrave Macmillan.

——. (2001b) *China and the Global Economy.* Basingstoke: Palgrave Macmillan.

——. (2014) *Chinese Firms, Global Firms: Industrial Policy in the era of Globalisation.* London: Routledge.

Nolan, Peter, Jin Zhang and Chunhang Liu. (2007) *The Global Business Revolution and the Cascade Effect.* Basingstoke: Palgrave Macmillan.

Royal Society. (2011) *Knowledge, Networks and Nations.* London: The Royal Society.

Song, Yingxing. (1637) *Tian Gong Kai Wu: Chinese Technology in the Seventeenth Century,* translated by E-tu Zen Sun and Shiou-chuan Sun. University Park: Pennsylvania Press, 1966.

Yuan, Xingpei, Yan Wenming, Zhang Chuanxi and Lou Yulie. (2012) *The History of Chinese Civilisation, Vol IV: Late Ming and Qing Dynasties.* Cambridge: Cambridge University Press.

PART SIX 第六部分

能源与环境

19

2030年中国能源体制革命的内涵与战略目标

郭焦锋　高世楫

能源体制革命是能源革命的重要组成部分,是实现能源消费革命、能源供给革命、能源技术革命和全方位国际合作的制度保障,也是推动能源革命的助推器和加速器。在2014年6月13日中央财经领导小组第六次会议上,习近平总书记就推动能源革命提出五点要求,其中一条是"推动能源体制革命,打通能源发展快车道",强调要"坚定不移推进改革,还原能源商品属性,构建有效竞争的市场结构和市场体系,形成主要由市场决定能源价格的机制,转变政府对能源的监管方式,建立健全能源法治体系"。这为中国能源体制革命指明了方向,是推动中国能源体制革命的基本遵循。必须按照党中央和习近平总书记的战略部署,进一步明确2030年我国能源体制革命的具体内涵、指导思想、基本原则、战略目标和主要任务,加快推进能源体制革命的步伐。

中国能源产业的发展，得益于能源领域的体制改革

改革开放以来，特别是本世纪初以来，我国在能源开发利用的投资主体、市场准入条件、价格管理方式、投融资体制、外贸政策、能源管理体制等方面进行了一系列改革。在煤炭行业，我国在放开煤炭开采的投资限制、放开煤炭价格、解决政企不分、确立企业的市场主体地位等方面的改革，极大地激发了市场活力，带动煤炭行业经历了黄金十年（2002—2012年）的发展期，原煤产量从2000年的13.84亿吨，上升到2013年的38.74亿吨，在2015年仍然达到37.50亿吨，占全球原煤产量的47%左右。在石油天然气行业，1998年重组三大油气公司、逐步放开市场准入和价格等方面的改革，健全了石油天然气产业体系，使中国石油产量从2000年的1.63亿吨上升到2015年的2.15亿吨，石油产量多年来稳居世界前十位，而同期天然气产量从272亿立方米迅速上升到1346亿立方米，成为世界上第六大天然气生产国。在电力行业，中国在20世纪80年代在全球较早开放发电侧的市场，引入外资投资和多家办电的模式，扩大了电力供给。特别是2002年的电力体制改革，推动组建了两家电网公司、五家隶属于央企的发电集团，并设立了专业化的监管机构即国家电力监管委员会。这些改革从根本上破除了独家办电的体制束缚，初步解决了电力领域的指令性计划体制和政企不分、厂网不分等问题，形成了发电市场主体多元化竞争、垄断环境受到监管的格局。到2015年，中国电力装机总量为1506吉瓦，位于全球第一。而水电、核电、可

再生能源发展领域，中国政府也按照以改革促发展的原则，改革了投融资体制，促进了市场开放，吸引了各类投资，激励了技术创新和商业模式创新。这些改革有效解放了生产力，促进了能源行业发展。到 2015 年，中国能源生产和消费总量，都居世界第一（见表 19.1 和表 19.2）。

上述统计数据表明，中国能源的消费结构呈现多元化的格局，其中煤炭、石油、水电为前三大主力能源。近 10 年来，中国风力发电、光伏发电等低碳新能源快速发展，其装机容量分别由 2005 年的 1250 兆瓦、5 兆瓦上涨到 2015 年的 145362 兆瓦、43000 兆瓦，均为世界第一。随着中国所面临的环境压力、应对气候变化压力的增加，中国必将进一步提高能源效率，减少高污染、高碳排放的能源，而加速扩大绿色低碳能源的发展。这不但需要明确而有力的政策引导，更需要更有激励的制度的设计和实施。

面向能源革命，必须加快推进能源体制革命

虽然中国目前已经是世界第一大能源消费国，但中国的现代化仍然没有完成，中国人均能源消费水平仍然低于发达国家。如 2013 年，中国人均能源消费为 3.17 吨标煤，低于日本的 5.10 吨标煤 / 人、OECD 国家的 5.99 吨标煤 / 人，更远低于美国的 9.99 吨标煤 / 人（林卫斌，2016）。随着中国经济进一步增长，人民生活水平不断提高，能源消费也将持续增加。但是，中国国内环境容量已近饱和，应对全球气候变化的压力越来越大，中国的能源发展难以沿此前的道路继续走下去，而必须向低污染排放、低碳排

表 19.1 中国能源结构变迁（1981—2015）（单位：万吨标准煤）

年份	1981	1985	1990	1995	2000	2005	2010	2015
能源消费总量	59447	76682	98703	131176	146964	261369	360648	430000
煤炭	43241.75	58132.62	75211.69	97857.3	100670.34	189231.16	249568.42	275200
石油	11865.62	13112.62	16384.7	22955.8	32332.08	46523.68	62752.75	76925.38
天然气	1658.57	1717.68	2072.76	2361.17	3233.21	6272.86	14425.92	25083.31
水电	2681.06	3719.08	5033.85	7477.03	8376.95	14113.93	23081.47	35690
核电	0	0	0	524.7	587.86	1829.58	2524.54	4730
其他	0	0	0	0.01	1763.56	3397.8	8294.9	11466.69
水电、核电及其他消费总量	2681.06	3719.08	5033.85	8001.74	10728.37	19341.31	33900.91	51886.69
风电装机容量（兆瓦）	0	0	0	48	342	1250	44734	145362
光伏装机容量（兆瓦）	0	0	0	0	0	5	890	43000

资料来源：国家统计局；文献资料。

表 19.2 中国能源结构变迁（1981—2015）（各种能源消费占比）

年份	1981	1985	1990	1995	2000	2005	2010	2015
能源消费总量	100%	100%	100%	100%	100%	100%	100%	100%
煤炭	72.70%	75.80%	76.20%	74.60%	68.50%	72.40%	69.20%	64.00%
石油	20.00%	17.10%	16.60%	17.50%	22.00%	17.80%	17.40%	17.89%
天然气	2.80%	2.20%	2.10%	1.80%	2.20%	2.40%	4.00%	5.83%
水电	4.50%	4.90%	5.10%	5.70%	5.70%	5.40%	6.40%	8.30%
核电	0%	0%	0.00%	0.40%	0.40%	0.70%	0.70%	1.10%
其他	0%	0%	0%	0.00%	1.20%	1.30%	2.30%	2.67%
水电、核电及其他消费总量	4.50%	4.90%	5.10%	6.10%	7.30%	7.40%	9.40%	12.07%

资料来源：国家统计局。

放的新的能源生产和消费方式转型。为此，需要建立一套能够支撑这种能源大转型的制度体系。

但是，从当今世界能源发展大势和我国全面深化改革的要求来看，现行的能源体制既不适应推进能源革命的需要，也不适应社会主义市场经济发展的需要，仍存在一些亟待解决的深层次矛盾和问题，主要有以下五个方面。

一是能源市场体系建设进展缓慢。市场结构不合理，市场体系不健全，部分领域存在垄断经营、网运不分、主辅不分、调度和运行不分、限制竞争等问题。我国能源企业大多为大型国有企业，民营资本进入的较少，能源市场主体不健全；在煤炭、石油和天然气资源矿业权的取得上仍主要由政府行政主导，缺乏统一的市场准入标准和公平的市场竞争法则，不同所有制企业不能平等竞争；电网企业依然输配售一体化经营，尚未建立公平规范的市场竞争机制；油气产业基本实施勘探、开发、炼油、输送、进口、销售一体化运营，多元化主体在产业链不同环节参与竞争的格局尚未形成；包括石油、天然气产品的现货和期货市场体系还未建立起来，缺乏具有国际影响力的区域性国际能源市场。

二是能源价格机制不健全。市场化方向改革进展缓慢，缺乏科学的价格形成机制，成品油、天然气、电力等价格仍主要由政府行政决策制定；价格构成不合理，管网等基础设施成本核定不尽科学，生态环境等外部性成本尚未实现内部化；价格扭曲问题突出，居民用电、用气等价格长期低于成本，交叉补贴现象普遍。能源税制不够完善，资源税的构成和水平仍不合理，煤炭、石油和天然气、可再生能源的综合性财税政策不协调，支持新能源产业发展的财政补贴、贴息和税收优惠等手段单一，价财税体系不能真实反映能源产品市场供求关系、稀缺程度及对环境的影响程度。

三是政府管理越位和缺位并存。政府和市场的关系尚未理顺，政府职能转变迟缓。一方面，政府对市场干预太多，市场管理过于微观具体，偏重于项目审批；项目审批程序比较繁杂，部分项目审批权限下放没有让行政审批方式得到改变，用规划代替审批、网上审批、部门联审等工作有待加强。另一方面，能源战略前瞻性研究不够，与"两个一百年"奋斗目标相辅相成的能源战略不够清晰；能源规划缺乏科学性、权威性，指导性、可操作性欠缺，规划之间不能有效衔接，项目审批与规划落实脱节。

四是能源政府监管不到位。能源监管体系独立性仍显不足，多部门分散监管，职责不清，市场准入、价格、投资、成本、市场交易秩序等监管职能分散于发展改革委、能源局等部门；监管职能相对较弱，对石油、天然气、煤炭、新能源、能源互联网等的专业性监管力量明显不足；基于规则的有效市场监管缺失，对油气管网的安全监管、矿业权退出转让和第三方公平接入的市场监管以及对资源科学开发、清洁生产和合理利用的行业监管不到位，专业性监管力量、技术手段、标准规范等监管能力和水平难以满足传统能源与新能源并存和能源转型发展需要。

五是能源法制体系不完善。法律体系结构不完整，能源基本法长期缺位，部分立法滞后且修订缓慢；法律内容不健全，可操作性差；一些具体规定分散在效力等级不同的法律、行政法规、地方性法规和部门规章之中，由于缺乏统一的立法指导思想和基本原则，各层级具体规定之间缺乏必要的衔接，部分部门规章一定程度上体现部门的利益。同时，过于依赖行政执法，惩戒力度不足、执法不严等问题比较突出。

面向2030年，国际能源和我国能源发展的新形势和新变化对能源体制革命提出了更加紧迫的要求（国务院发展研究中心、壳牌国际有限公司，2013；中国能源中长期发展战略研究项目组，2011）。从国际看，能源新技术及其产业已成为全球竞争的制高点，发展绿色能源已成为不可逆转的趋势，国际石油资源、能源价格和生产消费格局均发生趋势性的重大变化。从国内看，原有以煤炭为主的能源系统惯性依然存在，而我国环境承载能力已达到或接近上限，应对气候变化的自主行动计划要求2030年左右实现碳排放达到峰值，以新能源技术和互联网技术结合为特征的能源技术革命新突破开始显现，催生能源体制革命的新动能已经形成。结合国际能源发展趋势和对国外成功经验的借鉴，经过多方测算分析以及深入研究，考虑到经济结构调整、转变能源发展方式以及我国人均能源年消耗量控制在4吨标煤和5000千瓦时之内等多方面因素，能源需求将从高速回归到中低速增长，预计到2030年，能源消费可能达到57亿吨标煤；在一次能源消费结构中，非化石能源占比约为20%，天然气占比约为15%，石油占比约为17%，煤炭占比约为48%；石油、天然气对外依存度将分别达60%和40%左右，并成为中东的第一大石油进口国，保障能源安全的形势较为严峻。在能源技术领域，全球能源互联网、泛能网等技术的发展将颠覆原有能源行业的分工，出现高开放性的新兴业态，也会颠覆性地改变原有的一些能源行业市场规则，倒逼政府改变管理方式，催生产业组织创新、商业模式创新和政府管理方式创新，对能源体制革命提出新的要求。

总之，无论是从解决上述矛盾和问题的角度，还是从应对新形势、新挑战的角度，推动我国能源体制革命不仅必要，而且紧迫。当前正值国际能源价格低位运行，各方面对改革已形成共识，必须抓住这一重要时间窗口，尽快启动能源体制革命。

中国能源体制革命的内涵

从世界能源发展大势和我国全面深化改革的要求来看，我国能源体制必须面向能源革命的需要，面向社会主义市场经济发展的需要，不断深化改革。要从能源市场竞争结构、能源市场运行机制、能源市场管理与监管体制、能源市场基本制度四个基本要素着手，多措并举启动能源体制革命，创建现代能源市场体系。这种让市场在资源配置中起决定性作用、更好发挥政府作用的改革，虽然过程上表现为渐进的、持续的改革，但最终建立的将是一种面向全球竞争、适应新技术革命的全新体制，所以称之为能源体制革命是非常恰当的。

能源体制革命，核心是处理好政府和市场的关系，明晰政府和市场在能源领域作用的边界，最大限度地减少政府对市场的随意干预，加强政府的依法监管。在发挥市场在资源配置中的决定性作用的同时，更好发挥政府作用，为推动能源转型，建设清洁低碳、安全高效的现代能源体系提供有力的制度保障。

能源体制革命，应立足于促进企业自主经营、公平竞争，消费者自由选择、自主消费,商品和要素自由流动、平等交换,创建有效竞争的能源市场结构,通过颠覆性创新,再造现代能源市场体系。一要由"被动选择"到"主动选择",还原消费者权利,全面放开用户选择权,赋予用户对能源的自主选择权,消费者可按需求自主、高效、清洁、低成本用能,创造美好生产生活环境。二要由"点式改革"到"链式革命",重塑能源产业组织,从油气产业链、电力产业链、一次能源到加工转换到终端消费全产业链上中下游全方位推进改革,独立调度中心、交易中心、输送环节和配送环节,实现生产、输送、配送、销售业务的合理有效分离,重构主体多元的市场竞争格局。三要由"专享资源"到"分享资源",创新资源配置方式,在资源配置上由行政手段为主改为经济手段为主,以招投标、拍卖、竞争性谈判等方式,通过市场竞争有偿取得资源,建立起主体多元、准入公平、竞争有效的市场交易体系。四要由"政府制定"到"市场竞价",通过市场竞争形成价格,重构反映市场供求关系、包括外部成本在内的全成本能源价格形成机制。五要由"政监合一"到"政监分离",重塑能源管理体系,创建市场与政府边界清晰、权责明确、高效透明、公平公正、监管有力的能源管理体制和监管体系,推进能源领域治理能力现代化。六要由"无法可依"到"有法必依",制定和完善能源基本法、单行法和配套实施细则,建立科学有效的立法、司法、执法和依法行政的法治体制,发挥法治在能源领域治理和管理中的重要作用。

能源体制革命的总体要求

指导思想

深入贯彻党的十八大和十八届三中、四中、五中全会精神和习近平总书记系列重要讲话精神,以加快转变能源发展方式为主线,遵循"创新、协调、绿色、开放、共享"发展理念,按照发挥市场在资源配置中的决定性作用、更好发挥政府作用的要求,着力破解制约能源可持续发展的体制机制障碍,创建面向全球化、面向市场竞争、体系完整的现代能源体制和可再生能源优先与气体能源支持、分布式与集中式相互协同、需供互动、节约高效的现代能源体系,提供清洁低碳、安全高效的能源,满足国家经济发展、人民生活改善、生态环境优美的现代化进程需要。

基本原则

坚持市场主导。遵循行业特点和发展规律,区分自然垄断和竞争性环节,允许各类市场主体进入能源领域。着力构建"有效市场+有为政府",加强市场建设,强化市场监管,维护市场秩序,鼓励公平竞争,激发市场主体动力和活力,建立现代能源市场体系。

坚持准入标准。在放宽市场主体准入限制的同时,科学确定安全、环保、节能等方面的准入标准,发挥改革对能源结构转型升级的促进作用,有效降低能源生产和消费对生态环境的损害,最大限度释放改革红利。

坚持能源安全。从我国是世界能源消费大国和进口大国基本现实出发，树立在开放条件下保障国家能源安全的观念，统筹国际国内两个市场、两种资源，创造接轨国际市场、分享国际资源、参与全球竞争的有利条件，积极参与全球能源治理，保障国家能源安全。

坚持惠民利民。坚持多目标统筹、多利益兼顾，把经济效益和社会效益有机结合起来，更加重视维护社会公共利益，使人民群众用上优质清洁、价格合理的各种能源，保障能源稳定可靠供应。

战略目标

市场体系完善。创建法制完备、统一开放、竞争有序的现代能源市场体系，形成以特大型能源企业为骨干、众多不同所有制和不同规模能源产输销企业并存的市场竞争格局，以切实解决市场主体地位不平等、市场分割、无序竞争等问题。

价格机制健全。竞争性环节市场价格由市场决定，具有自然垄断性质的管输等环节价格主要由政府监管，创建真实反映市场供求关系、资源稀缺程度及对环境影响程度的价格机制和财税体系，以切实解决当前价格政策和价格形成机制不合理等问题。

政府管理规范。厘清政府和市场的边界，创建行业发展战略、总体规划、法律法规标准、行业政策、能源储备与应急等职能相对集中的、高级别的能源管理体制，做到"法无授权不可为，法无禁止即可为，法定职责必须为"，以切实解决当前缺乏统一、独立的高层级能源管理机构等问题。

市场监管有效。建成统一、独立、专业化的监管机构,形成权责明确、公平公正、透明高效、监管有力的现代能源监管体系,以切实解决当前"政监合一"、监管职能分散、监管职能缺失以及监管人员和力量严重不足等问题。

法制体系完备。形成以"能源法"为核心,以电力、煤炭、石油天然气等部门法为支撑,门类齐全、结构严谨、配套衔接、有机统一,能够保障国家能源安全和可持续发展的能源法律法规标准体系,以切实解决当前缺乏统一立法指导思想和基本原则以及法律体系中不协调、不一致、体系性不强等问题。

2030 年我国能源体制革命的主要任务

创建现代能源市场体系。分离自然垄断业务和竞争性业务,完善市场准入,鼓励各类投资主体有序进入能源产业的各个领域。建立健全能源市场基本交易制度,分步建立全国统一市场与多个区域市场相互衔接,规则统一、功能互补、多层级协同的现代能源市场体系。建立调度、交易独立的电力系统运营机构,实施输电网与配电网业务和资产的有效分离。对油气、煤炭等资源矿业权完全采用招投标,通过市场竞争有偿取得。推进油气管网产权独立以及管道运输服务和销售业务的完全分离,全面强制推行管网等基础设施第三方公平准入。加快培育全球能源互联网、泛能网和综合能源服务市场,构建集中式能源、分布式能源以及储能设备、负载设备无差别对等互联的能源系统。

重塑能源市场价格机制。放开竞争性环节市场价格，形成由市场决定的价格机制。实施"管住中间，放开两端"的电力价格机制，建立完善独立、基于绩效的激励性输电和配电价格体系。放开成品油以及天然气价格，由市场竞争形成，除配气管网外，其他油气管道等基础设施收费逐步实现市场化。建立完善对生活困难人群和一些公益性行业的定向补贴和救助机制。消除价格的交叉补贴现象，健全能源价格监管制度，形成各种能源品种之间合理的比价关系。

创建高效能源管理体制。设立高级别的能源管理机构，综合运用规划、政策、标准等手段，对行业发展实施宏观管理。厘清政府和市场的边界，制定完善的"权力清单、负面清单、责任清单"，有效落实规划，明确审核条件和标准，规范简化审批程序，继续取消和下放行政审批事项，切实减少政府对微观事务的干预。

创建有效能源监管体系。推动"政监分离"改革，设立独立、统一、专业化的监管机构，健全中央和省两级、垂直的监管组织体系。明确监管责任，主要负责经济性监管，加强社会性监管，确保以管网为核心的网络型基础设施等自然垄断环节的公平竞争。加强监管能力建设，创新监管方式，提高监管效能，维护公平公正的市场秩序。

创建现代能源法制体系。制定"能源法"，明确能源领域其他法律法规的制定和修订的基本依据。修订《电力法》，研究制定"石油天然气法"，尽快完善《煤炭法》，明确电力、煤炭、石油和天然气战略规划的制定、实施、评估、监督和调整依据。实施好《节约能源法》《可再生能源法》，建立和完善统一监管机制、协调机制、综合决策机制和社会参与机制。研究制定"能源监管条例"，制定和完善能源监管规则、规定、方法、程序。

结论：中国的能源体制革命将改变世界能源发展的进程

中国的能源发展，支撑了中国从一个低收入国家发展成为一个上中等收入水平的国家，支撑了中国成为世界第二大经济体和第一制造业大国。展望未来，中国要实现现代化、进入高收入社会，必须使经济在未来一段时间保持一个较高的增长速度，并不断提高经济增长质量、持续改善经济结构。与此同时，中国能源产业必须持续增长，满足经济增长和人民生活水平提高的需要。面对日益突出的环境压力和应对全球气候变化的国际舆论，中国必须在提高能源总消耗的同时，提高能源效率，改变能源结构，更多地使用清洁、低碳的能源。这需要我们同时推进能源技术革命，在高效、绿色、低碳的新能源技术开发方面获得突破；需要提高能源效率、降低不必要的能源消费和浪费，实施有效的需求侧管理，推进能源的消费革命；需要充分利用互联网、物联网和应用新的能源技术，提高能源的生产效率，降低能源生产过程中的污染物排放和温室气体排放，实现能源的生产革命；同时需要扩大开放，扩大同世界各国在能源领域的合作，改善国内能源供给，共同发展绿色低碳能源。

支撑能源生产、消费和技术革命，支持有效国际合作的，是能源的体制革命。只有完成了深刻的能源体制革命，才能推动能源的生产、消费和技术革命，推动全球化与国际合作。如果中国的能源体制革命推动了能源的生产、消费和技术革命，中国就能够走出一条绿色、低碳的能源发展道路，不但直接降低中国实现现代化过程中的能源需求总量，减少温室气体排放，而且能够促进绿色低碳能源技术和生产方式的进口成熟、全球扩散。这是中国能源发展的唯一道路，也是中国为人类可持续发展做贡献的历史使命。中国别无选择，能源体制革命势在必行！

参考文献

国务院发展研究中心、壳牌国际有限公司（2013）：《中国中长期能源发展战略研究》，中国发展出版社。

林卫斌（2016）：《能源数据简明手册》，经济管理出版社。

中国能源中长期发展战略研究项目组（2011）：《中国能源中长期（2030、2050）发展战略研究：综合卷》，科学出版社。

20

为中国城市应对拥堵、污染和全球变暖发明和设计出行创新生态系统
——设计和实现[1]

马丁·弗朗斯曼

导言

本章的出发点是一份名为《创新出行驱动增长和城市健康》[2]的报告。该报告是法国轮胎企业米其林于 2013 年为中国发展高层论坛而编制的,旨在探讨中国大部分城市(以及全球很多其他地方)面临的严重环境问题,包括严重的温室气体排放、污染和

---

[1] 本章用到了作者 2010 年由剑桥大学出版社出版的获 2008—2010 年约瑟夫·熊彼特奖的著作《新 ICT 生态系统——对政策和监管的影响》,以及作者 2013 年由中国发展研究基金会委托的论文"创新、工业化新浪潮和对中国的影响"的内容。

[2] 该报告于 2014 年在中国成都举行的米其林必比登挑战赛全球峰会上发布,可在此处下载:https://community.michelinchallengebibendum.com/docs/DOC-3022。

拥堵问题。报告列出了世界在出行和可持续发展方面遭遇的全球性挑战,讨论了可能的"可行动抓手",以及在对安全、清洁、互连、易用和廉价的现代出行的追索中,或许真能见效的"规则颠覆"的五项。

怀着这个出发点,本章进而追问:这要如何实现?这个问题的简单答案是:发明和设计一套"多式出行创新生态系统"(以下简称 MIE,"式/模式"指出行和运输的不同方式)。当然,仅是这样一个答案是不够的,除非能同时说明应该如何打造这样一套 MIE。而这正好就是本章的目的所在。本章所提出的观点,必定有人不会同意。但在针对出行问题的社会挑战的可行解决方案实施过程中以及对未来的规划中,本章尝试确定必须应对的关键问题,这样在寻找答案上应该有所帮助。

交付载体——分解、模块化的出行创新生态系统

为了实施可行方案,解决已发现的社会挑战,必须要有一个载体来传递所需,并提供实现目标所必需的能动性。本章的主要观点是,这样的实现载体应该采用 MIE 的形式。

定义创新生态系统

创新生态系统包含由互动参与者组成的多个组群,参与者通过互动,在产品和服务、过程和技术、组织形式、市场和商业计划中共同创造新事物。换句话说,参与者共同创新。通过他们创造的新生事物,互动参与者随着他们持续、共同创造的不断变化

的环境，共同进化。注意在创新生态系统的定义中，重点在于系统中的参与者。这强调的是能动性和意向性（但也包括计划之外的结果和错误）。此外，上述定义中没有提及但也值得注意的是，参与者之间的关系（在本章后文中成为共生关系）应该是进行中的过程，而非处于（均衡概念中的）静止状态。

尽管定义中未有提及，但同样成立的，还有工具（包括技术）和概念（包括观念信仰）虽未被视为参与者（即有意图的存在），但也是创新生态系统中共生关系的重要组成部分。这的确是有异于其他看待系统的方式。

MIE

一套 MIE 本身就是一种新的组织形式，被设计用来应对一系列社会挑战，包括严重的温室气体排放、污染和拥堵问题。因此从定义上看，这本身就是一种创新。

之前提及的米其林报告中指出了以下四个关键问题：

1. 面临的社会挑战；

2. 可提供解决方案的技术；

3. 能供使用的政策工具；

4. 存在的"规则颠覆者"，即能够对解决社会挑战做出重大贡献的"行动和工具"的结合。

然而，仍然缺失的关键成分，是实施解决方案以实现目标的参与者。但问题是，参与者和解决方案是相互依赖的。

解决方案和参与者的相互依赖

要让一个解决方案有效,必须要有参与者完成实施解决方案所要求的行动;换句话说,是要有让解决方案成为现实的能动性。没有参与者,解决方案解决不了问题。这只能意味着,除非我们同时也探讨将实施解决方案的参与者,否则我们也就没有必要提解决方案了。

然而,困难这才刚刚开始,因为我们也同样需要足够确信,我们找到的参与者的确会完成所需要的行动。但他们为什么要行动?答案是他们必须要有动力去做所需要做的。如果他们动力不足,那他们就不会行动。这又意味着,他们要有激励,才会以需要的方式作为。然而激励不一定必须是物质的,例如道德激励,即因为相信自己的行动会带来"好的"效果,所以因善而行善。在许多给社会挑战提供解决方案的失败尝试背后,都有对参与者的动力和激励问题认识不足的原因。

这告诉我们,必须进行动力和激励测试,才能找到能够实施选定的解决方案的参与者。这又意味着有的解决方案必须舍弃,因为找不到有动力的参与者来实施。但也必须立刻意识到,进行这样的测试绝非易事,因为动力和激励可能是很难可靠地确认的。

参与者之间还需要协调,这也会产生新的问题。

参与者协调和协调成本

"事情"有时不会自发、有序地发生,可能需要人力使其发生。而发生需要结构和过程。这些结构和过程是参与者行动的背景。参与者的行动通常需要协调,因为它们是互相依赖的;一个参与者的行动，可能是另一个参与者行动发生的前提。但关键的一点，是协调成本可能十分高昂。如果协调成本太高，必要的协调可能就不会发生。在审视创新生态系统中协调的作用时，我们有必要区分市场协调和政治协调。

市场协调

亚当·斯密早在 18 世纪 70 年代就告诉了我们参与者市场协调的美妙之处，它可以自动发生，像是一只"看不见的手"的翻转，只要有激励（主要是正确的价格）让互动参与者有动力完成所需要做的。然而，惨痛的教训也一再告诉我们，市场本身并不会做需要做的，市场也存在着严重的失调（环境问题就是最好的说明）。当市场失调，或只履行部分职责时，那就需要其他形式的参与者之间的协调来取代或是补充市场，才能保证需要的事情发生。后一种形式的协调，在本章中称作政治协调。

政治协调和出行创新生态系统的管理

当单凭市场无法提供解决方案的时候，就需要某种形式的市场外行为来达到预期的效果，本章称之为政治协调。必须要这样的政治协调才能管理参与者的活动，正是凭借参与者的行动和互动才能解决面临的社会挑战。目前，必须设计一种合适的管理形式才能管理将用作交付载体的 MIE，使其产生应对已发现的环境挑战的解决方案。但管理存在的问题，和协调一样，就是可能成本高昂。如果我们不够小心谨慎，那么成本可能是无法负担的。

复杂性、信息不对称和过载

管理和协调成本的驱动因素包括复杂性、信息不对称和过载。

那些管理 MIE 及协调其参与者的负责人，需要掌握大量的复杂情况，才足以做出合理的决定。他们可能缺乏 MIE 中其他参与者拥有的关键信息。和他们的任务相关的海量信息，也可能将他们淹没。这类问题的后果，可能是"市场失灵"换成"政府失灵"。这样的条件下，可以做什么？

分解和模块化

本章提出的问题，绝不是只存在于出行领域。在经济的其他许多方面，也已经出现了同样的问题。此外，对眼下的讨论最重要的是，针对这些问题，已经开发了重大的组织机构创新。以计算机行业为例，IBM 从 1964 年起开发 System 360 系列模块化计算机，就开创了新的组织形式。[1]

从这样的经验中产生的一个关键问题是，是否可以"接近分解"[2]一套复杂的系统。如果可以，那么系统就可以模块化，即切分为一系列组成模块。每个模块都可视作独立的单元，但必须要和其他所有或部分模块连接，以在模块间建立互操作性，这样才能使整个系统有效运转。

这样一个模块化系统有两大至关重要的特性，可使复杂性和成本得到有效控制。第一个好处是每个模块中的参与者只需要拥有自身所在的模块的知识。他们不需要了解别的模块的情况。这可在整个系统中相当程度上缩减知识获取的成本。当然，一个模

---

[1] 有大量学术文献探讨产生的相关问题。此类文献中尤其值得关注的包括：Baldwin, Clark, K. B. (1997); Baldwin, Clark (2000); Langlois, Robertson (1995); Langlois, Robertson (1992)。

[2] 关于"接近分解"的概念，可参见 Simon (1962)。

块中，至少有一些参与者需要了解实现不同模块间互操作性所必需的接口规则。第二个好处是模块化的系统赋予模块中的参与者更大的自由，用于试验、创新，因为他们在设计自己的价值创造猜想时，不需要考虑系统中的其他模块。因此，在模块化的系统中更容易产生创新。

但为了保证这两大好处，有必要制定并实施适当的接口规则。目前首要的问题是，这样的组织思考方式是否可以用于设计我们的 MIE。

分解 MIE 成四大模块

四大模块

随着我们的讨论展开，我们会更清楚地看到，要使生态系统正常运行，MIE 中的参与者需要执行的任务可以分至四大领域。我们将每个领域定义为一个模块，则可得到如下四大模块：

模块 1：宏观框架和工具；
模块 2：硬件基础设施和投资；
模块 3：市民门到门的出行；
模块 4：最后一英里的货物投递和收取。

每个模块需要完成的较为重要的任务具体细节将在下文列出。

模块 1：宏观框架和工具

模块 1 中的任务领域包括：

- 定义模块 1 的目标；
- 实施中国在全球和国家层面同意的市级温室气体减排措施；
- 设计并实施税收和类似措施（例如城市拥堵费），目的是通过劝阻特定类型的行为来实现 MIE 的目标；
- 设计并实施补贴和其他激励政策，目的是鼓励特定类型的行为；
- 设计并实施定价政策（例如碳税收和交易计划），目的是影响行为；
- 设计并实施各种类型的限制和"游戏规则"（例如低排放区域），目的同样是影响行为；
- 其他类型的宏观框架和工具。

模块 1 中可以包括以下类型的参与者（我们稍后会探讨管理每个模块的方式）：

- 负责这些领域及相关领域的有关城市政府部门和其他机构的官员；
- 在出行领域利益相关的大型国有企业代表；
- 在出行领域利益相关的产业和行业协会代表；

- 可能受本模块采用的决定和措施影响的消费者-用户群体等其他团体代表;
- 在本模块必需的任务上拥有专长的专家顾问;
- 可能受到本模块选择的宏观框架和工具影响的重要企业代表;
- 可能给予独立于特殊利益团体的意见的学者和其他独立专家;
- 在世界其他地方有处理类似问题经验的国际专家;
- 其他人。

模块 2:硬件基础设施和投资

本模块将探讨与出行相关的硬件基础设施和投资问题。模块 2 中包含的任务,在国家层面一般是由财政部和交通运输部共同完成。这些任务聚焦于出行领域及其协调方面的投资决定。相关任务一般包括项目规划和项目许可等便利化措施。

涵盖的领域一般包括下列领域的硬件基础设施和投资:

- 铁路/地铁/有轨电车;
- 航空运输;
- 港口和航运;
- 公路;
- 公共汽车;
- 其他。

模块 2 中应纳入的参与者包括：

- 负责这些领域和相关领域的有关城市政府部门和其他机构（例如财政和交通部门）的代表；
- 这些领域和相关领域利益相关的大型国有企业代表；
- 这些领域的产业和行业协会代表；
- 这些领域的其他重要企业；
- 这些领域的消费者-用户群体代表；
- 这些领域的专家顾问；
- 这些领域的独立权威，如学者和科学院；
- 可能受这些领域做出的决定影响的既得利益团体和其他利益相关方；
- 在世界其他地方有相关经验的国际专家；
- 其他人。

模块 3：市民门到门的出行

模块 1 和 2 是创造条件，模块 3 和 4 才是真正"干活儿的"，用米其林报告的话来说，这是因为模块 3 和 4 是能使 MIE 实现其目标的"规则颠覆者"。在接下来的两小部分中将会讨论关于这两个模块的一些大体情况。但在之后的段落里，我们将更详细地探讨该如何设计模块 3 和 4，以及在决定设计时应该考虑的问题。

模块 3 的总体目标是给人们的行程规划创造新的可能，不再是目前普遍的从站到站（例如，从一个火车站或地铁站到另一个火车站或地铁站），而是从门到门。通过打造一系列替代出行模式，包括在环保方面有好处（例如，减少温室气体排放、污染和拥堵）的模式，通过赋予人们在这些模式之间做出（他们自己眼中的）明智选择的工具，可以对这一社会挑战带来重大影响。

模块3中的参与者需要进行的活动类型包括：

- 定义模块目标；
- 确定应在城市中提供以及在所有需要的位置提供的不同的替代交通模式；
- 确定在提供各种交通模式中应该吸纳的参与者，要记住上文关于建立适当的激励和动力的讨论；
- 设立条件，参与者达到条件才能进入这一领域，来完成所需要做的，包括需要模块1（宏观框架和工具）和模块2（硬件基础设施和投资）提供的；
- 一旦替代出行模式已选定，将提供的服务细节已明确，就要开发适当的信息工具[本章中称作数字多式出行助手（DMMA）]，用于给人们提供明智地规划门到门行程所需的信息；
- 确保独立应用开发者也能有效将DMMA用作创新的平台。

模块3中应纳入的参与者包括：

- 出行模式提供商，即在城市里提供各种替代出行模式的各方（例如共享单车提供商、共享电动汽车提供商、自动化短途公交公司等）；
- 支持各种出行模式的备用服务提供商（例如提供实现短时租赁共享单车和汽车的信用卡服务商）；
- 将参与 DMMA 平台设计、执行和运营的各方；
- 将开发在 DMMA 平台运行的应用程序的各方；
- 负责这些领域的部门和机构的政府官员；
- 拥有相关领域专长和经验的国内外专家；
- 将成为这些多式出行服务主要消费者的关键消费者–用户群体代表；
- 可以给予独立意见的独立顾问；
- 媒体人士，他们也可以发挥重要作用，向城市人口解释实施的最后一英里解决方案及其选取原因；
- 其他人。

模块 4：最后一英里的货物投递和收取

模块 4 也被视作另一个"规则颠覆者"。其核心是给最后一英里的货物投递和收取提供更环保的方式。这将通过大刀阔斧地重新组织仓储、投递、收取和物流过程来实现。这一过程会包括新的限制、规定和游戏规则（由模块 1 中的参与者设计实施），例如低排放区、拥堵费等。还可以利用新的 ICT 技术，如智慧物流系统，通过更高效地安排投递和收取，增加货车的存储能力，从而减少出车次数，等等。

本模块中参与者将进行的活动包括：

- 定义模块目标；
- 在城市边缘规划并提供新仓储能力，用于存储货物，然后再以更环保的方式、在更适当的时间运送至最终目的地；
- 与在货物投递和收取方面具有专长、使用现有最新技术的物流公司合作；
- 与模块 1 中参与者合作，后者负责制定使最后一英里投递和收取更加高效所需的限制、规定和游戏规则；
- 与模块 2 中参与者合作，为打造新仓储能力提供投资；（有研究指出提供这样的能力可能无法使私有方赢利，因为城市中其他地方还有更廉价的仓储选项。因此可能需要公共补贴，这又回到了模块 1 的职责。）
- 与提供可协助实现最后一英里解决方案的智慧系统的 ICT 公司合作。

模块 4 中应纳入的参与者包括：

- 负责这些领域的政府官员；
- 仓储提供商；
- 物流提供商；
- 将受模块 4 行动影响的产业和行业协会代表；
- 将受影响的消费者–用户；
- 具有相关领域经验的国内外专家；
- 能够给予独立意见的独立顾问；
- 媒体人士，他们也可以发挥重要作用，向城市人口解释实施的最后一英里解决方案及其选取原因；

· 其他人。

四个模块的管理和协调——模块协调委员会的作用

我们已经讨论了四个模块中的每一个需要开展的活动，以及开展这些活动的参与者。但这还不够。我们还需要探讨一些重要问题，例如：由谁来决定谁才是适合的参与者？和其他模块的互动该如何进行，以确保一个模块能从另一个模块获其所需？谁来认定一个模块是否在有效运行？如果无法有效运行该怎么办？由谁来决定该做什么？由谁来监控和评估一个模块的效果？

模块中参与者的作用是完成其所需要做的。但问题还不止刚才提出的那些，还包括更广的范围。为了解决这些问题，建议每个模块都设立一个模块协调委员会。稍后我们将提议四个模块协调委员会派代表至 MIE 管理委员会。这个管理委员会将负责 MIE 的整体管理。

四个模块协调委员会的通用职权范围

在这一小节里，我们将给所有四个模块协调委员会提出一些通用权责范围。每个模块还需要有针对自身的特定权责范围，这需要由各模块协调委员会决定，在此处不进行讨论。

通用权责范围可包括以下几方面：

1. 模块的主要原则和目标，并将这些目标操作化（即以可按优先级排序、可衡量和可监控的方式表述）；

2. 决定模块中谁应该成为主要参与者，同时尽可能保证开放进场和竞争；

3. 决定如何与其他模块联络和协调，以使模块从其他模块处获其所需；

4. 决定如何与整个 MIE 的管理委员会联络和协调，这包括制定模块间接口规则（建议这一任务也归为整个 MIE 管理委员会的职责）；

5. 决定如何实施已由管理委员会选定（下文会进行讨论）的通用生态系统设计原则，例如尽可能确保在各个模块中和整个 MIE 中鼓励开放进场和竞争；

6. 决定如何衡量和监控模块的成效；

7. 评估模块的成效并决定应该采取什么行动来强化模块优势、缩减其劣势；

8. 定期制作关于模块成效及其优势与劣势的报告，分发传播报告，确保报告的确已进入公共领域；

9. 模块协调委员会附加成员的决定；

10. 模块的具体职权范围；

11. 其他职权范围。

各协调委员会初始成员

提议整个 MIE 管理委员会应当决定每个模块协调委员会的初始成员。在决定管理委员会的初始成员时，显然各模块的参与者应得到代表。然而如果理由充分，一个模块协调委员会的成员，可以来自该模块的参与者之外。

显然，管理和协调的结构和过程，被想要实施 MIE 的中国城市官方接受，是关键的一点。因此本章及其中的提议，应视作是对这些城市官方的建议，以供他们考虑并酌情处理。

模块 3 和模块 4 生态系统设计的进一步考虑

设计"规则颠覆"模块，模块 3 和模块 4，即市民门到门出行和最后一英里的货物投递和收取，还需要进行一系列额外的设计考虑。这一部分便将进行讨论。

模块 3：市民门到门的出行

在模块 3 中提出的关键设计问题，涉及将在城市中提供的实现市民门到门出行的更环保的不同出行模式，以及人们在这些模式之间的选择。和这些问题密切相关的，是模式内竞争和模式间竞争应当发挥的作用。

模式内和模式间竞争的作用

竞争有潜力成为催生改进、创新、增加选择和提高效率的强大力量。竞争在系统中建立变革和改进的必要性。变革和改进在竞争环境下，是必需的，是系统本身的要求！

这适用于一个出行模式内，也适用于多个模式之间。真正的问题是：应当如何设计模块 3，把两种竞争都调动起来？

开放进场和低进场与退出壁垒

为了创造竞争环境，必须使新的参与者有可能进入市场参与竞争。而要实现这一点，进场的壁垒必须要足够低，而且退出的壁垒也要低。要使进场具有吸引力，就必须保证后期决定退出的企业也可以做退出的选择。因为如果退出困难或者成本高昂，那么进场的吸引力也会降低。如果只存在竞争的可能，没有真正的竞争，那么市场中现有参与者的行为，更可能只是如果会面临竞争时的行为，这一点也很重要。仅仅是知道竞争对手可能进场，就可能阻止现有参与者采取不具竞争性的行为，如垄断定价。因此，出行创新生态系统的管理者一定要提供具备低进场和退出壁垒的开放进场环境。

将出行模式看作特征的组合

为了理解用竞争实现模块3的理想成果的重要性，我们需要让市民在已有不同出行模式中做选择。这些模式可能包括：

1. 步行；
2. 购买自行车，骑行往返本地火车站；
3. 租用共享单车；
4. 驾驶自己的汽车；
5. 打车；
6. 租用共享汽车；
7. 乘坐传统公交车；
8. 乘坐创新性交通工具，如无人驾驶车辆；
9. 使用低排放车辆；
10. 其他。

人们在这些出行模式间将如何选择？要回答这个问题，第一点是人们可能不会在乎工具本身或其使用的技术。他们更加关注的，应该是从出行模式的服务特性中获得的使用价值。我们现在将会展示，每种出行模式都可以被看作是在提供一种服务特征的组合。消费者-用户评估的，将是各种出行模式提供的不同服务特征组合的相对吸引力。这样的评估将会驱动消费者-用户选择，进而推动不同出行模式之间的竞争（如果同一模式的各个变体有着不同的服务特征，同一出行模式内部也会出现竞争）。

以下列出与各出行模式相关的一些服务特征：

- 费用成本（即价格）；
- 到达目的地的时间成本（包括等待时间）；
- 舒适度（包括座椅，面对降雨、污染和危险等情况的保护措施）；
- 对社会的成本节约（例如减排、缓解拥堵等方面）；
- 其他好处（例如步行或骑行至车站时得到的锻炼，欣赏风景——如果沿途值得欣赏）；
- 其他。

将出行模式看作服务特征组合的好处是，消费者-用户在判断他们在某个特定时间点从一种模式中能够获得的整体使用价值时，会评估这些特征的每一点。[①] 在选择已有不同的出行模式时，也会使用这样的评估过程。这将进而推动出行模式之间的竞争过程。

---

① 注意随时间推移，评估结果或将变化。例如，一位消费者-用户明天可能选择另一种出行模式，因为他觉得"想要锻炼身体"。

模式内竞争

服务特征组合的概念，同样能帮助我们理解模式内竞争。我们以共享单车这一出行模式为例。一个新的参与者，在考虑进入市场与现有参与者竞争时，可能会聚焦于某些服务特征，以建立竞争优势。这样的例子包括：单车使用新的技术；将单车停放架设在更方便的地方，或者设更多停放架；更好的信用条件；更好的联网服务；等等。这样的参与者的进场，或者这样进场的可能，就会给现有参与者带来改进服务特征的压力。这样，创新和改进就能成为生态系统的内生元素。

DMMA 的关键作用及其设计的重要性

DMMA 是基于互联网的电子平台，通过提供关于不同出行模式的信息，实现市民从门到门的出行。作为开放平台的 DMMA 同样允许独立应用程序开发者开发能为平台增加价值的应用。在模块 3 的变革动态创造中，DMMA 也发挥着关键的战略新作用，这一点十分关键，以下将进行详细讨论。

DMMA 的三大功能

DMMA 有三大功能：

第一，提供信息。DMMA 的第一个功能是提供信息。信息包括：具体到顾客的门到门行程的不同可选出行模式；出发、中转和到达时间；不同服务对消费者-用户的成本；每种出行模式的服务特征组合（细节见上文）；等等。

第二，实现互操作性。DMMA 的第二个功能，是在一段特定行程可选的不同出行模式间实现互操作性，这样才能在使用的各种出行模式间进行协调。因此，DMMA 在协调不同出行模式提供商的活动和服务中将扮演重要角色。

第三，鼓励模式内和模式间竞争。第三个功能在关于 DMMA 的讨论中很少得到足够的重视。我们在上文强调了竞争在促进创新、改进出行服务质量和数量、提高环境效率中的重要性。因此，DMMA 不但要提供信息、实现互操作性，同样也要鼓励模式内和模式间的竞争，这一点也尤其重要。然而，为了有效发挥这种鼓励竞争的作用，同时扮演好前两个角色，那么有几点因素在设计 DMMA 的时候就一定要考虑到。

设计 DMMA 时需要考虑的因素

设计 DMMA 时必须考虑以下几点因素：

第一，确保 DMMA 的目标和功能清晰第一个要求是，DMMA 的所有权、设计、测试、执行和升级中的参与者，对其目标和功能必须明确。原因是这些目标和功能不只是驱动 DMMA 将起到的作用，而且也会限制 DMMA 的使用方式。

第二，由模块 3 协调委员会来决定 DMMA 的目标和功能。鉴于这一问题对模块 3 的运行方式如此重要，建议本模块的管理机构——模块 3 协调委员会——应负责制定 DMMA 的目标和功能参数。这可以为选择 DMMA 所有权、设计等事宜的参与者提供根据。

第三，预防某些参与者"占领"DMMA 平台。由于 DMMA 在模块 3 中扮演如此重要的角色，因此一定要确保其整体目标与模块本身的目标保持一致。正是因为这个原因，我提议由模块 3 协调委员会来决定 DMMA 的目标和功能。必须要谨防 DMMA 平台被那些利益和模块 3 整体利益不一致的参与者"占领"。预防这样的"占领"可能导致利益冲突，如果出现冲突，可由模块 3 协调委员会解决。这些问题可能较为敏感，所以能够在早期发现反而是好事，这样可以提前预期，从而为解决问题做好更充分的准备。

DMMA 平台应用程序开发者

DMMA 远不止是提供信息、协调出行模式确保其具备互操作性、促进模式内和模式间竞争的工具，尽管这些都是它的职责，但同等重要的是 DMMA 也是一个创新平台，促进市民门到门的出行方面创新的实现。

DMMA 能像智能手机一样，可以成为打造门到门出行相关应用程序的平台。DMMA 作为开放系统，具备开放接口，让任何应用开发者都可以连接他们的应用，触及消费者-用户，从而帮助产生创新。

DMMA 的这一属性意义重大，值得进一步阐述。就一般意义上的互联网而言，[1] 用我的话说，DMMA 能够促进自然创新。和大部分创新过程不同，DMMA 平台所有者，不需要设计价值创造假设。通过开放接口和开放的消费者-用户准入，这些假设可以交给独立应用程序开发者去设计。他们的假设会在消费者-用户身上测试，后者本质上发挥着进化选择机制的功能，他们选择一些应用，淘汰一些应用。如果 DMMA 平台拥有者与这些应用的开发者分享来自购买这些应用的消费者-用户的收入，那么双方都会受激励，

---

[1] 请参考 Fransman（2014）。

为这个共同创新过程做贡献。

像这样的新兴创新系统的潜在巨大好处，是它能够动员起任何有创意的应用开发者，只要他们觉得开发、测试一款应用的回报足够。用这样的方式，可以产生全新的想法。例如，众多打车应用程序已在彻底改变世界各国的传统出租车行业。如果激励方式恰当，DMMA 应用系统平台，也可能以同样的方式，在市民门到门出行的领域催生各式各样的创新思考。

模块 4：最后一英里的货物投递和收取

模块 4 的总体目标，是要重新组织城市中货物的投递和收取，以降低负面环境影响（例如温室气体排放、污染和拥堵）。

这个目标可以用以下的多种方式达到。第一种方式，是在城市边缘设置市区配送中心（UDC），这样大型运送车辆无须进入城区即可存储货物。本地投递和收取可以通过 UDC 在更合适的时间、用更合适的车辆进行。

第二种方式中的措施，包括使用适当的工具使货物投递和收取的环境效率更高。这些工具包括 ICT 和所谓"智慧"技术，用于合理化投递和收取，以使运输里程最小化、货车负载最大化、拥堵中的等待时间最小化。这些技术包括能实现追踪和监控的无线射频识别（RIFD）芯片、使用 GPS 的智能交通管理系统，以及基于无线通信的使货物配送更加高效的物流系统。

第三种方式，包括设计适当的游戏规则和限制，例如低排放区、拥堵费、非停车区和装卸区等。按照目前的提议，这将由出行生态系统模块 1 来设计。

但模块 4 还是可能会面临一些特殊的挑战,以下便将探讨这些挑战。

模块 4 面临的特殊挑战

具体来说,可以找到四个挑战。

第一,竞争的限制。出于种种原因,用竞争的力量来帮助模块 4 达成其目标的适用范围将是有限的。这会让模块 4 的工作和模块 3 的大不相同,模块 3 中只是在最后一部分提到竞争可以起到非常重要的作用。

竞争限制可能会施加到特殊位置的仓库(即市区配送中心)上。它们可能固定成本很高(不论是专门建造的还是购买的),投资也是大块头且不可分割的——要么整个仓库,要么没有仓库。所以进场成本很高。这还带来一个问题,即是否需要公共补贴,从资金上支持 UDC(按照目前的提议,这是模块 1 需要考虑的问题)。

在用于物流等用途的 ICT 和软件使能系统上的竞争范围会更大,因为在这些领域应该会有多家相互竞争的提供商。

第二,对各种既得利益的负面影响带来的敏感性。因采取的措施受到负面影响的诸多利益群体,很可能带来一些敏感棘手之处,这可能让模块 4 的工作更加困难。紧随如拥堵费、低排放区、停车和装卸限制之类的措施而来的限制和成本,很可能会对很多依赖供应链和私家车主的各方带来负面冲击。受影响的人,也应该会发出反对的声音。这就使模块 4 协调委员会和 MIE 管理委员会中的政府官员代表尤为重要,尤其是在政策设计和执行方面。

第三，成本和收益分配不平等。可能采用的政策和措施带来的成本和收益分配不平等，会让情况更加复杂。例如，交通提供商可能会发现它们的成本较之以往有所上升，因为它们要向市区配送中心支付仓储费用和转运的费用。预期它们会尝试把这些成本转嫁到顾客身上，而它们到底能转嫁多少要取决于竞争压力。但这些措施执行后，拥堵得到缓解，出行时间缩短，其他人会因此得益。安排赢家来补偿输家在实际操作上很有难度，这意味着城市政府官员可能要想办法走出这样的两难，这也再次说明他们在创新生态系统实施过程中的重要性。

第四，社会效益远大于个人利益。模块 4 的努力将带来的环境改善对社会的好处，很可能会远远大于直接或间接提供最后一英里解决方案的企业参与者得到的好处。因此，仅凭现在的市场价格是不太可能解决问题的。所以，如果模块 4 要实现目标，政府补贴、税收、限制和新的游戏规则需要发挥关键的作用。这也意味如果现有提议被采纳，如果要确保货物投递和收取的重新组织取得成功，那么在设计和实施所需的各种措施中，模块 1 将是至关重要的。

整体管理 MIE——管理委员会的作用

既然我们在本章中运用了"自下而上"的分析方法（以对解决方案和生态系统参与者的综合探讨开篇），那么在结尾的时候来讨论"顶层"，即我们提议负责管理整个 MIE 的管理委员会，也是恰当的。在这一部分里，我们将探讨管理委员会应该发挥的作用。

管理委员会具备政治影响力的必要性

MIE 的管理委员会必须要具备必要的政治影响力，才能完成需要做到的，生态系统才能达成其目标，到目前为止，这一点应该已经很清楚了。我们一直在特别强调，凭目前状态下的市场，是不足以实现目标的。因此市场的作用虽然仍然重要，但也需要政治决策和政治协调的补充。

此外，我们也强调过，系统需要做出许多复杂和敏感的政治决定，其成功执行需要更大的决心和影响力。因此管理委员会需要得到城市政治领导人的认可和最大的支持，否则 MIE 就很可能会失败。不过还是有好消息，中国政府已经向污染和相关环境问题宣战，这把 MIE 的目标变成了中国所有城市的最高要务，尤其是在较大的城市。这应该足以使建立有效的管理委员会成为一项优先的政治任务。

MIE 整体的管理委员会的目标

城市政治领导的第一项任务，是定义管理委员会和 MIE 一致要达到的目标。但这项任务可能有些棘手，政治领导人需要谨慎摸索，避免一系列暗藏危险的"堤礁"。比如说，他们想要大胆选择目标，以鼓励、激励系统中的参与者，同时他们也担心现实比设想更困难，为了避免沮丧、绝望，因而也不愿过于大胆。最重要的是选定的目标必须是在选定的时间内可以达成的。

第二项任务也很重要，这些目标要用可操作的方式表述，要可以衡量和监控。原因是只有这样，生态系统的成效才能评估。

只有基于成效指标,才有可能评估建立、运营这一生态系统所带来的巨大成本,对比其所带来的好处是否合理。此外,将成效指标透明地公布至公共领域,不但能给生态系统的参与者关于他们工作的反馈,帮助他们学习、改进,还能向广大公众告知取得的成绩和存在的困难。这样的透明和公开,应该可以增进公众对这项公认的艰巨任务的理解和支持。

选择合适的参与者担任管理委员会成员

到目前为止,我们已经明确让合适的参与者担任管理委员会成员有多么关键。这包括以下参与者:政府相关部门中有足够影响力的代表;生态系统中重要部分的一些关键参与者,他们的活动和支持对系统的成功是不可或缺的;会因系统的成功而获得利益的代表性利益相关方;代表性的消费者-用户,他们将是生态系统提供的服务及其活动带来的改变的用户,他们的支持对系统成功也十分重要;可以提供可靠的独立建议的独立专家学者,他们了解中国或世界其他地方的相关经验,他们会在必要时提出批评意见。

选择合适的参与者担任生态系统四个模块中每个协调委员会的成员

鉴于我们设计的生态系统是一个分解、模块化的系统,所以从一开始就要确保生态系统四个模块中每个协调委员会的成员都是合适的,这一点也同等重要。因为协调委员会将派代表到整个生态系统的管理委员会中,也因为这两个委员会将会紧密协作,所以两方中一方的成功,必须依赖于另一方的成功。

管理委员会可能的职权范围

管理委员会的职权范围,自然是该由城市的政治领导人选定。但他们或许可以考虑以下的职权范围建议:

- 定义整个生态系统、管理委员会和协调委员会的目标和成效指标;
- 建立一套通用设计原则和规则来指导四个模块以及整个MIE的设计(例如生态系统中应设计尽可能开放的进场和竞争的原则);
- 增加(或减少)委员会成员;
- 定义模块间接口规则,使四个模块的活动能够合理协调(细节见下文);
- 与城市政治系统剩余部分联络、协调,确保对计划保持足够的政治支持和理解;
- 与媒体沟通,确保公众理解、支持计划;
- 定期制作关于生态系统活动的报告,报告应包括:根据选定成效指标衡量的总体成效,系统重要部分的成效,生态系统优势评估,生态系统劣势评估,其他相关问题。
- 与在中国或世界其他地方有相关经验的有关机构联络、沟通;
- 在需要时与参与者和其他利益相关方分析并解决重大问题;
- 其他。

模式间接口规则的重要性

我们之前在本章前面部分已经探讨过，本章提议的 MIE 的设计是基于分解和模块化的原则。这些原则的好处已经详细探讨过，此处不再赘述。

根据这样的设计，如果这个生态系统要有效运转，我们提议的四个模块需要有效协调。每个模块需要达到基本自主、独立，同时接口规则也十分必要，这样每个模块才能提供其他模块所需要的，以确保整个生态系统有效运转。

管理委员会和四个模块的协调委员会的一个关键作用，便是制定接口规则，以确保其有效运转。随着时间推移，一些规则也一定是需要调整的，一些规则可能需要大幅修改或是舍弃，还可能需要增添一些新的规则，才能使生态系统进化、持续有效运转。

结论

温室气体排放、污染和拥堵本身即是重大的环境问题。但同样具有挑战性的，首先是决定要改善现状（如果无法根治这些问题）应该做什么，其次是要有效实施已决定的行动，以确保能够取得选定的系统目标所定义的成功。

本章不图开出药到病除的妙方，而且这样简单的解决方案也不存在。本章也已经详细探讨了挡在有效解决方案面前的诸多困难和复杂之处。因此我们对眼前任务的难易，也不该抱有美好的幻想。如果说我们能看到什么美好的希望，那就是选择适当的概念框架可以大大提高成功的概率。本章提出的概念框架是创新生态系统。尽管这个框架本身无法保证什么,但希望本章的内容已经表明,这至少提供了一种更加缜密的思维方式,来思考需要解决的问题,思考前进的一些可能的方式。或许我们真正能够寄望的也只有这一点了。

参考文献

Baldwin, Carliss Y. and Kim Clark. (1997) Managing in an Age of Modularity. *Harvard Business Review,* September-October, 84-93.

——. (2000) *Design Rules: The Power of Modularity.* Boston, MA: MIT Press.

Fransman, Martin. (2014) *Changing Patterns of Innovation in Global Companies in the Evolving ICT Ecosystem: Re-Inventing Company Innovation in Thought and Practice.* Brussels: European Commission.

Langlois, Richard N. and Paul L. Robertson. (1992). Networks and Innovation in a Modular System: Lessons From the Microcomputer and Stereo Component Industries. *Research Policy,* August.

——. (1995). *Firms, Markets and Economic Change: A Dynamic Theory of Business Institutions.* New York: Routledge.

Simon, Herbert A. (1962) The Architecture of Complexity. *Proceedings of the American Philosophical Society* 106 (6), December 12: 467-482.

图书在版编目(CIP)数据

中国经济与世界经济：转型与挑战 / 张瑾，张来明编著；国务院发展研究中心公共管理与人力资源研究所译. —北京：商务印书馆，2023
ISBN 978-7-100-22113-9

Ⅰ.①中… Ⅱ.①张… ②张… ③国… Ⅲ.①世界经济—经济发展—文集 Ⅳ.① F113.4-53

中国国家版本馆 CIP 数据核字（2023）第 045436 号

权利保留，侵权必究。

中国经济与世界经济
——转型与挑战

张瑾　张来明　编著
国务院发展研究中心公共管理与人力资源研究所　译

商　务　印　书　馆　出　版
（北京王府井大街36号　邮政编码100710）
商　务　印　书　馆　发　行
北　京　冠　中　印　刷　厂　印　刷
ISBN 978-7-100-22113-9

2023年5月第1版　　开本 880×1230　1/32
2023年5月北京第1次印刷　　印张 13¼

定价：76.00元